CAHIERS
D'ÉCONOMIE POLITIQUE

PAPERS
IN POLITICAL ECONOMY

Histoire de la pensée et théories

History of Thought and Theories

75

Économie et philosophie de l'exploitation

The Economics and Philosophy of Exploitation

2018

Publié avec le soutien du CNRS, de l'université de Paris Nanterre,
de l'UPJV-CRIISEA et de Sciences Po Lille

L'Harmattan

Depuis 1974, les *Cahiers d'économie politique* sont un lieu privilégié pour les discussions théoriques qui prennent en compte toute la dimension historique de la discipline économique. Considérant que l'étude des auteurs passés et les débats actuels en analyse économique peuvent mutuellement s'enrichir, ils publient des articles qui relèvent de l'histoire de la pensée économique, de la philosophie économique, ou qui se situent à l'intersection de l'histoire de la pensée et de la théorie économique contemporaine ou de l'histoire économique.
Les *Cahiers d'économie politique* publient deux numéros par an, généralement en juin et décembre. Un de ces deux numéros est thématique. Les numéros thématiques publient des sélections d'articles proposés dans le cadre de colloques ou de journées d'étude. Ces manifestations sont organisées par la revue ou par des institutions universitaires sur le principe d'un appel à communication. Pour envisager qu'un colloque soit publié dans la revue, il est nécessaire que le responsable prenne contact dès l'organisation de la manifestation avec le comité de rédaction des *Cahiers*.

Since 1974, *Papers in Political Economy* have published and participated to the main theoretical discussions by paying a particular attention to the historical aspects of economic analysis. Considering that the study of past authors and present debates are complementary, the PPE publish papers on history of economic thought, economic philosophy, or papers overlapping fields of history of economic thought and contemporary economic theory or economic history.
Papers in Political Economy is a biannual journal, usually published in June and December. One of the two yearly issues is thematic and includes papers presented at a workshop or conference and selected among responses to an open call for papers. For proceedings to be published in this form, conference organizers are invited to contact the journal's editorial board at a very early stage.

Adresse • Address

Site Internet : http://www.cahiersdecopo.fr/

Éditeur : Éditions L'Harmattan, 5-7, rue de l'École Polytechnique, 75005 Paris

Tél. : 01 40 46 79 10 – Site Internet : http://www.editions-harmattan.fr

Éditeur électronique : CAIRN, http://www.cairn.info/

Instructions aux auteurs • Notes for contributors

Les *Cahiers d'économie politique* acceptent les articles en français et en anglais. Normes de publication disponibles sur le site internet : http://www.cahiersdecopo.fr/

Papers in Political Economy accept papers in French and in English. For a full and complete guide for authors, please go to: http://www.cahiersdecopo.fr/

5-7, rue de l'École Polytechnique, 75005 Paris

www.editions-harmattan.fr

ISBN : 978-2-343-16509-7
EAN : 9782343165097

SOMMAIRE

CONTENTS

ÉCONOMIE ET PHILOSOPHIE DE L'EXPLOITATION : INTRODUCTION

Fabrice Tricou et Antoine Rebeyrol

La notion d'exploitation capitaliste a animé des débats académiques, mais aussi nourri les luttes politiques, d'une bonne partie du XXe siècle. Dans la ligne marxiste orthodoxe, elle est fondée sur la théorie de la valeur travail et elle se trouve donc affectée par le discrédit analytique dans lequel cette approche est progressivement tombée. Or il est possible de déconnecter exploitation capitaliste et théorie de la valeur, comme l'attestent plusieurs contributions à ce numéro : en reliant l'exploitation à la justice, ou bien en l'associant à la domination, ou encore en la pensant en termes monétaires. On sait d'ailleurs que la notion d'exploitation a été reprise dans les années 1980 par les travaux du « marxisme analytique », et tout particulièrement de John E. Roemer (*A general theory of exploitation and class*, Harvard University Press [1982]), qui fonde l'exploitation sur des dotations inégales (ce qui permet d'associer injustice et domination). Trente ans après, la notion se trouve remise en jeu avec un texte marquant de Marc Fleurbaey, qui distingue quatre « *facets of exploitation* » ([2012] Fondation Maison des sciences de l'homme, *Working Papers Series*, n° 11 ; [2014] *Journal of Theoretical Politics*, vol. 26, n° 4, p. 653-676) : répartition inégale des ressources, échange inégal, instrumentation d'autrui, comportement opportuniste de passager clandestin. Aujourd'hui, le concept d'exploitation se développe à la croisée de diverses disciplines, notamment la théorie économique et la philosophie politique ; et de diverses perspectives interdisciplinaires, comme les théories de la justice et la théorie sociale critique.

Réunissant économistes et philosophes, mais aussi sociologues et juristes, un séminaire intitulé « Économie et philosophie de l'exploitation » et co-organisé par EconomiX et Sophiapol (ainsi que l'ANR Phicentrav) s'est tenu à l'Université Paris Nanterre de 2014 à 2016. Il a donné lieu les 19 et 20 janvier 2017 à un colloque intitulé « Théories de l'exploitation ». Un appel à contributions pour le présent numéro thématique des CEP a ensuite été ouvert. Le séminaire « Économie et philosophie de l'exploitation » a parallèlement nourri un numéro de la revue *Actuel Marx*, intitulé « L'exploitation aujourd'hui » et essentiellement consacré à l'analyse des formes contemporaines du phénomène. Tous deux publiés en 2018, le numéro 63 d'*Actuel Marx* et le numéro 75 des *Cahiers d'économie politique* célèbrent ainsi, à leur façon, le bicentenaire de la naissance de Marx...

Les contributions présentées dans ce numéro thématique des CEP relèvent de perspectives qui illustrent la diversité d'approches ou de saisies de l'exploitation, mais qui se font écho les unes les autres : l'histoire des pensées anciennes (Bourdeau) ou récentes (Lazzeri) de l'exploitation ; les théories économiques de l'exploitation, fondées ou non sur la valeur travail (Benetti et Rebeyrol ; Cartelier ; Le Masne) ; les philosophies économiques de l'exploitation, comme injustice (Favereau ; Tricou) ou comme domination (Renault) ; et l'anthropologie économique de l'exploitation (Sindzingre ; Darmangeat).

S'attachant à l'histoire des idées, Vincent Bourdeau note la proximité des usages de l'expression « exploitation de l'homme par l'homme » avec l'invention du langage des classes sociales. Selon lui, la fixation de cette formule, autour de 1830, découle de l'explication de la société à partir de sa division antagoniste en deux classes sociales (la bourgeoisie et le prolétariat), qui remplace l'opposition schématique entre industrieux et oisifs, qui prévalait depuis 1789. « L'exploitation de l'homme par l'homme » appelle, selon les idéaux républicains, le dépassement des divisions de la société, par leur intégration dans une architecture institutionnelle particulière, suivant certaines thèses saint-simoniennes.

Associant histoire des théories et travail théorique, Pierre Le Masne s'interroge d'abord sur les origines de la théorie de l'exploitation de Marx, qu'il trouve chez Quesnay et Turgot, ainsi que chez Smith et Ricardo. Il défend alors que Marx s'est interdit une mesure empirique de l'exploitation, en s'appuyant sur une mesure ricardienne de la valeur en temps de travail. Tout en conservant l'idée que le travail est l'origine de la valeur, il avance enfin une mesure en prix, dérivée de la théorie du surplus de Quesnay et ayant pour cadre la comptabilité nationale.

Suivant une perspective analytique, Carlo Benetti et Antoine Rebeyrol recherchent une reformulation cohérente de la conception de Marx selon laquelle l'exploitation est la conséquence directe de la séparation entre les travailleurs et les moyens de production. À cette fin, il faut selon eux poursuivre une méthode initiée par Smith et prolongée par Marx, en opposant deux états d'une même économie selon que l'exploitation y est ou non présente. En s'appuyant sur Torrens, ils proposent une définition du surplus valable même en l'absence d'exploitation. C'est l'appropriation de ce surplus par des non-travailleurs qui constitue l'exploitation.

S'intéressant lui aussi au *Capital*, Emmanuel Renault défend que la théorie marxienne de l'exploitation capitaliste repose sur deux prémisses qui sont largement indépendantes et qu'il est intéressant de séparer : une théorie de la valeur et une théorie de la domination. S'attachant seulement à ce second pilier, il distingue les différentes formes de domination à l'œuvre dans le mécanisme de l'exploitation capitaliste. Il reste cependant que domination et valeur sont associées dans l'exploitation capitaliste, dans la mesure où les formes spécifiquement capitalistes de la domination (qui sont impersonnelles) sont fondées sur l'exigence de valorisation du capital.

Cherchant à développer une théorie économique de l'exploitation salariale, Jean Cartelier rejette toute théorie de la valeur, qu'elle reconnaisse la spécificité du « rapport salarial » (en version marxienne), ou qu'elle considère la relation salariale comme une relation d'échange générique (en version walrassienne). Suivant une perspective monétaire, le salaire est le paiement pour lequel certains individus, ne pouvant être producteurs de marchandises, acceptent de travailler au sein d'une entreprise sous le contrôle et pour le compte d'un entrepreneur. L'exploitation proprement salariale tient ici à l'écart de la position économique du salarié vis-à-vis de la norme marchande de l'individu libre et responsable.

Confrontant le programme conventionnaliste à Marx, Olivier Favereau trouve une base de convergence dans l'antagonisme entre justification et exploitation, puisqu'en situation d'exploitation la grandeur des uns tient à la petitesse des autres (Boltanski et Chiapello). Il y a cependant divergence entre les valeurs objectives mobilisées par Marx et les valeurs normatives avancées par l'économie des conventions. La conjonction ne peut donc s'opérer qu'en séparant le grand projet marxien de dénonciation de l'injustice capital/travail de la théorie de la valeur-travail. Partant de la perspective conventionnaliste, la distinction de l'entreprise et de la société permet de faire apparaître un usage indu du droit de propriété par les actionnaires qui s'approprient le revenu proprement collectif de l'organisation qu'est l'entreprise. C'est alors un autre rapprochement, avec l'exploitation au sens de Proudhon, qui s'ouvre.

En s'attachant à l'exploitation productive et en déterminant l'exploitation comme une injustice, Fabrice Tricou isole l'exploitation anomique, associée au comportement individualiste et opportuniste de sous-contribution et/ou de sur-rétribution. Il distingue ensuite deux formes systémiques d'exploitation. Il y a d'une part l'exploitation statutaire, notamment féodale, dont la dénonciation opère comme critique axiologique de l'organisation hiérarchique par une vision égalitaire. Il y a d'autre part l'exploitation mystificatrice, particulièrement capitaliste, dont la démonstration repose sur la spécification asymétrique de la relation salariale et sur l'élucidation théorique de la notion de profit.

Se consacrant à une critique des courants de droite et de gauche du libertarisme, Christian Lazzeri cherche à évaluer la cohérence et la validité du rapport établi entre liberté négative, justice acquisitive et exploitation. À cette fin, il pose une définition préliminaire du concept d'exploitation puis précise quelles propriétés du concept les divers auteurs libertariens mobilisent. Il apparaît que la seule définition du concept d'exploitation qui soit possible dans une perspective libertarienne repose sur l'asymétrie entre les libres transactions marchandes et la coercition exercée par des groupes sociaux ou par l'État.

Prenant le capitalisme périphérique en contexte exemplaire, Alice Sindzingre s'intéresse aux relations entre le concept d'exploitation et celui d'infériorisation, faisant référence aux croyances et aux normes qui amènent un individu à en placer un autre dans une position inférieure. Malgré l'association empirique fréquente de l'exploitation et de l'infériorisation, elle conclut à une difficulté théorique, l'exploitation semblant impliquer l'infériorisation alors même que la définition de l'exploitation capitaliste d'un être humain (qui suppose une commune humanité) paraît incompatible avec celle de son infériorisation (qui exclut la commune humanité).

Considérant un large échantillon de sociétés, Christophe Darmangeat établit que l'existence de paiements constitue un bon indice de la présence de la richesse, et donc des inégalités économiques et de l'exploitation, que celle-ci prenne ou non la forme de l'esclavage. Dans une problématique matérialiste, l'origine techno-économique des paiements n'apparaît pas située dans le stockage alimentaire *stricto sensu* mais, plus largement, dans la production de biens meubles, durables et nécessitant une importante quantité de travail.

La rubrique « Débats » de la présente livraison des CEP est un rebond de la « table ronde » organisée lors du colloque « Économie et philosophie de l'exploitation » de janvier 2017, autour de l'article « The facets of exploitation » de Marc Fleurbaey. Stéphane Haber, Claire Pignol et Élisabeth Tovar avaient alors adressé des questions et des commentaires à Marc Fleurbaey, qui avait répondu à ces réactions. Ces remarques sont ici reprises et développées sous la forme de trois notes auxquelles Marc Fleurbaey répond dans un texte final.

Stéphane Haber se demande si le pluralisme propre à la notion d'exploitation, qui présente plusieurs « facettes » selon Marc Fleurbaey, a comme corrélat le pluralisme des concepts de base de la théorie sociale critique (exploitation, domination, aliénation...) ou si, à l'inverse, le concept d'exploitation présente une primauté épistémologique.

Claire Pignol note d'une part une ouverture excessive de l'exploitation issue d'une distribution inégale des ressources : toute injustice ressentie n'est pas exploitation, notamment quand elle tient à un don immérité (et non à une action humaine préjudiciable). Elle remarque d'autre part une limite de l'exploitation inhérente à l'échange inégal : la désapprobation morale des validations marchandes n'est pas épuisée par la seule dénonciation de prix injustes, mais peut aussi exprimer une condamnation intrinsèque ou déontologique de l'activité commerciale.

Élisabeth Tovar s'interroge d'abord à propos de la multidimensionnalité de l'exploitation : une hiérarchie des formes d'exploitation existe-t-elle ? Une combinaison des déterminants de ces formes d'exploitation est-elle possible ? Elle questionne aussi les frontières du modèle : l'exploitation n'est-elle possible que dans le cadre supposé d'échanges marchands entre individus rationnels ? Elle se demande enfin quelle hiérarchie doit prévaloir entre la justice et l'exploitation : faut-il penser l'exploitation comme injustice, ou alternativement poser l'absence d'exploitation comme prérequis d'un déploiement de la justice ?

Marc Fleurbaey répond finalement aux objections émises et présente quelques réflexions inspirées par les commentaires proposés. De façon inédite, il note que l'exploitation par comportement de passager clandestin est un trait caractéristique profond du capitalisme : « Les entreprises capitalistes sont en effet des machines à externaliser les coûts sociaux et environnementaux, ainsi que les risques financiers du fait de leur responsabilité limitée (légale ou liée au phénomène "too big to fail"). Elles jouent donc de façon systématique un rôle de passager clandestin nuisant à la santé physique et mentale des travailleurs, à la stabilité économique et à l'équilibre des écosystèmes, tout ceci induisant des charges pour l'État et les contribuables chargés de prendre en charge les conséquences. Il y a bien sûr beaucoup d'entreprises vertueuses qui s'efforcent de se comporter de façon responsable, mais les incitations économiques ordinaires ne les y poussent guère. »

On pouvait penser qu'il y avait exploitation capitaliste aux trois sens de l'instrumentalisation de « ressources humaines » entendues comme moyens salariaux, de la manipulation des prix grâce à un pouvoir de marché spécifique, de l'inégalité illégitime des dotations en capital. Mais l'externalisation des coûts sociaux et environnementaux ainsi pointée par Marc Fleurbaey montre que sa quatrième « facette de l'exploitation » (le *free riding*) peut, elle aussi, éclairer l'exploitation proprement capitaliste…

LES MUTATIONS DE L'EXPRESSION « EXPLOITATION DE L'HOMME PAR L'HOMME » CHEZ LES SAINT-SIMONIENS (1829-1851)

Vincent Bourdeau

« Pourquoi les travailleurs sont-ils pauvres ? »,
Jules Leroux, « De l'économie politique considérée comme science »,
in *Revue encyclopédique*, vol. 57, mars 1833, p. 532.

Cet article analyse l'apparition de l'expression « exploitation de l'homme par l'homme » sous la monarchie de Juillet dans les milieux saint-simoniens et suit son évolution jusqu'en 1851. L'expression permet de comprendre la société issue de la Révolution française à partir de la division antagoniste du social en deux classes : la bourgeoisie et le prolétariat, qui remplacent le schème industrieux/oisifs utilisé par Saint-Simon auparavant. Les saint-simoniens républicains resituent l'exploitation au sein du monde industriel lui-même, affirmant qu'elle doit être surmontée non en niant les divisions de la société, mais en les intégrant dans une architecture institutionnelle spécifique.

Transformations in the expression "exploitation of man by man" among Saint-Simonians (1829-1851)

This article analyses the emergence of the expression "exploitation of man by man" under the July monarchy in Saint-Simonian circles and follows its evolution until 1851. The expression enables those circles to understand post-revolutionary society as a divided society between two antagonistic social classes: the bourgeoisie and the proletariat. This new vision of society replaces the industrious/idle scheme used by Saint-Simon. Republican Saint-Simonians resituate exploitation within the industrial world itself, claiming that this exploitation must be overcome not by denying the divisions of society, but by integrating them into a specific institutional architecture.

Mots clés : exploitation, saint-simoniens, républicanisme, classes sociales, société, XIXe siècle.

Keywords: exploitation, Saint-Simonians, republicanism, social classes, society, XIXth century.

JEL : B14, J53

Introduction

Le langage de la classe ou des classes sociales a disparu des débats savants et de l'arène publique depuis les années 1980[1]. Le terme d'« exploitation », qu'on lui associe habituellement, a connu une éclipse durable dont il n'est sorti que récemment[2]. Dans son ouvrage de 1988, *Les classes sociales en France. Un débat inachevé (1789-1989)*, Larry Portis [1988] note que tout au long du XIXe siècle, l'apparition puis l'éclipse du concept de « classes sociales », de même que le reflux d'une analyse sociale, historique ou politique plaçant la « lutte » ou les antagonismes de classes au cœur de la vie des sociétés, sont largement tributaires de la présence ou de l'absence d'un discours adverse qui fait le choix du consensus social comme grille de lecture de la réalité[3]. Porté par plusieurs courants scientifiques ou polémiques, depuis les approches conservatrices du social jusqu'au durkheimisme en passant par l'inspiration leplaysienne, ce discours place au cœur de ses conclusions l'intégration sociale. Il soutient que les logiques cohésives du social sont la « norme » des sociétés, quand la conflictualité en serait une forme pathologique[4]. Notre hypothèse, du fait de la proximité des usages de l'expression « exploitation de l'homme par l'homme » avec l'invention du langage de la ou des classes sociales, consistera à comprendre l'apparition et la fixation de cette formule, à la fin des années 1820 et au début des années 1830, comme un effet de la compréhension de la société à partir de la division antagoniste de cette dernière en deux classes sociales : la bourgeoisie et le prolétariat, qui remplacent le schème industrieux/oisifs que l'on trouve de façon prééminente entre 1789 et 1830[5]. Approfondissant cette hypothèse, il

1. Pour une étude approfondie des usages historiques et historiographiques de la « classe » ou des « classes », voir Gareth Stedman Jones [1983]. On trouvera dans le premier chapitre en particulier, « Class struggle and the Industrial Revolution », une analyse précise du cadre marxiste ou léniniste qui a pu guider une série d'interprétations, dans le monde anglophone, de l'apparition d'une conscience de classe, distincte d'une conscience « corporatiste » du monde ouvrier [voir *ibid.*, p. 25-75].

2. Voir par exemple Fleurbaey [2014].

3. Il étend l'analyse au-delà de cette période d'ailleurs, montrant les flux et reflux du concept de « classe sociale » dans l'histoire du XXe siècle.

4. Voir Portis [1988]. Voir en particulier [*ibid.*, p. 175] : « Le concept d'"intégration" sociale fondée sur un "consensus" politique est un aspect essentiel de l'idéologie moderne. » Une lecture du socialisme sous cet angle est proposée dans Callegaro et Lanza [2015].

5. Sur l'apparition, sous la Révolution française, de l'opposition oisifs/industrieux ou encore propriétaires fonciers, classe stérile / travailleurs, classe productive, voir Rademacher [2001, partie IV, p. 50 et suivantes]. Pour une histoire plus ample du concept de classe, voir Piguet [1996]. L'auteure montre comment le mot « classe », à l'origine, chez les Physiocrates, a pour ambition d'exposer une compréhension

s'agira de comprendre que cette apparition et cette fixation s'opèrent dans le voisinage d'idéaux républicains grâce auxquels, croit-on alors dans certains milieux saint-simoniens, il devient possible de surmonter les divisions de la société non en les niant, mais en les intégrant dans une version spécifique de l'architecture institutionnelle.

Lorsqu'en mars 1833, Jules Leroux interroge la légitimité des prétentions scientifiques de l'économie politique, il pose une question où se loge selon lui le mystère des sociétés modernes en voie d'industrialisation : « Pourquoi les travailleurs sont-ils pauvres ? » Si le travail est source de la richesse, ainsi que nous l'apprend l'économie politique classique et la théorie de la valeur fondée sur le travail, comment concevoir en effet que les « travailleurs » qui créent cette richesse soient dans un état, dont tout le monde dresse le constat, de dénuement matériel et spirituel[6] ? Comment expliquer la pauvreté dans ou par le travail ? La *Revue encyclopédique*, où paraît l'article de Jules Leroux, est à cette date dirigée par son frère Pierre et par Hippolyte Carnot. Jean Reynaud, aux côtés de ces deux figures du saint-simonisme républicain, en est déjà l'un des pivots intellectuels. Cette revue est devenue le refuge d'une élite lettrée saint-simonienne en rupture avec l'École du même nom traversée alors par des dissensions profondes[7]. En effet, pour les saint-simoniens dissidents qui ont rejoint la *Revue encyclopédique*, le saint-simonisme doit prendre en compte plus vigoureusement les revendications ouvrières et affirmer son attachement à des institutions politiques rénovées, républicaines, aptes à prendre en charge la solution de la question sociale. Jules Leroux, dans cet article, renvoie dos à dos les économistes classiques d'un côté, qui n'ont pas su associer lecture économique du social et traitement politique de la pauvreté, et, de l'autre, les tenants d'une science sociale qui viendrait se substituer intégralement à la science économique et politique. Il plaide au contraire pour le retour d'une économie *politique*, insistant sur les deux versants que comporte le nom de cette science, deux versants que l'actualité politique invite à combiner selon lui.

En 1833, en effet, la tension entre la politique menée par le gouvernement nouvellement installé par la révolution de juillet 1830 et les attentes déçues

scientifique du fonctionnement social, à distance de la conflictualité dont le terme « ordre » (civil), jusque-là privilégié, est porteur. L'ouvrage décrit une « repolitisation » de l'usage du terme sous la Restauration. Pour notre part, nous nous focalisons sur la période suivante, la monarchie de Juillet.

6. Procacci [1993].

7. Sur le schisme, voir Régnier [2015]. Ph. Régnier souligne que les « républicains, les chrétiens », comme ils étaient désignés par Enfantin, avaient préféré suivre Bazard lors de la fracture qui traverse le mouvement saint-simonien en août 1831 [*ibid.*, p. 40 et suivantes].

des républicains se nourrit des revendications ouvrières, celles portées par les Canuts lyonnais en 1831 par exemple[8]. Au cours de cette période charnière s'installe une nouvelle manière de comprendre la société : la division conflictuelle entre bourgeoisie et prolétariat est appréhendée comme un ressort essentiel du fonctionnement, ou plutôt du dysfonctionnement, des sociétés industrielles, dans la mesure où une classe, la bourgeoisie, est accusée d'en exploiter une autre, le prolétariat.

On assiste ainsi à une alliance entre d'un côté une frange déclassée de la bourgeoisie, dotée d'un fort capital scolaire et culturel, et, de l'autre, un monde ouvrier qui cherche à protéger les formes traditionnelles de l'activité de production face aux conditions économiques et sociales que lui réservent les transformations de l'industrie. La figure d'un Jean Reynaud, polytechnicien, ingénieur des Mines, ancien saint-simonien, tôt acquis à la cause républicaine autant qu'à celle des travailleurs de la soie en 1831, illustre cette alliance[9]. C'est dans un tel contexte qu'apparaît l'expression « exploitation de l'homme par l'homme », pour en exiger l'« abolition » ou la « fin ».

L'expression « fin de l'exploitation de l'homme par l'homme » ou « abolition de l'exploitation » circule dans les milieux saint-simoniens après la mort de Saint-Simon (1760-1825)[10]. En 1848, cette expression devient mot d'ordre politique parmi les partisans d'une république sociale aux côtés de deux autres slogans : « droit au travail » et « organisation du travail par l'association »[11]. Articulé à ces deux autres revendications, le rejet ouvrier de l'exploitation de l'homme par l'homme s'appuie sur une opposition entre d'un côté l'univers des travailleurs et de l'autre celui des oisifs, comme c'était déjà le cas dans les écrits de Saint-Simon à la fin des années 1810[12]. Mais surtout, sous ce slogan, en 1848, se trouve dénoncée une fracture à l'intérieur même du monde du travail entre d'un côté les ouvriers et de l'autre les

8. Voir Gribaudi [2015]. Il faut noter, comme le fait Maurizio Gribaudi, que les procès républicains sont concomitants des révoltes ouvrières [*ibid.*, chapitre 8, « 1830-1834 quatre ans de luttes », p. 285-331].

9. Sur la figure de Reynaud, voir Griffiths [1965].

10. Pour une lecture contemporaine de la formule « exploitation de l'homme par l'homme », avec les outils de la philosophie politique analytique, voir Vrousalis [2017].

11. Sur l'expression « droit au travail » en 1848, voir Bouchet [2006].

12. Dans *Le Politique*, où l'on trouve la métaphore des frelons et des abeilles, en 1819, mais aussi plus tardivement dans l'année (novembre 1819-février 1820) dans *L'Organisateur* où se donne à lire la « supposition » de Saint-Simon, appelée plus tard parabole, dans laquelle Saint-Simon imagine une société expurgée de son élite administrative et militaire sans que cela mette en péril son existence [voir Saint-Simon, 2012].

capitaines d'industrie, les entrepreneurs ou capitalistes selon les termes utilisés pendant la période, fracture dont une partie des saint-simoniens ont pris la mesure dès la fin de la période de la Restauration et surtout aux débuts de la monarchie de Juillet. Il ne s'agit plus alors d'opposer les travailleurs aux oisifs, mais certains travailleurs à d'autres travailleurs. L'« exploitation de l'homme par l'homme » stigmatise ceux qui occupent une place spécifique dans la division du travail où, du fait de la détention du capital ou de la proximité fonctionnelle avec cette détention, ils en sont venus à diriger le travail d'autrui en vue de son exploitation, c'est-à-dire en vue d'en obtenir un profit estimé illégitime[13].

Une telle déchirure du monde industriel est très éloignée de l'analyse du monde social et de sa réorganisation que proposait Saint-Simon. Ce dernier, en effet, s'inscrivait dans ce moment de valorisation de l'industrie comme régime social nouveau que les contemporains décrivaient sous le terme d'« industrialisme »[14]. Il cherchait avant tout à promouvoir le travail – au sens large – contre les groupes sociaux parasites qui comprenaient à ses yeux aussi bien les fonctionnaires, le personnel politique, les militaires, les aristocrates oisifs que le clergé catholique. Pour Saint-Simon, les classes dirigeantes pouvaient être dénoncées lorsqu'elles occupaient une fonction politique – ou d'encadrement – en dehors de toute inscription réelle dans le tissu productif. L'exploitation est ainsi pensée alors comme un obstacle externe au monde du travail venant freiner l'expansion possible de ce dernier, la dénonciation du parasitisme est le canal principal par lequel elle se voit stigmatisée. Elle n'est pas thématisée en tant que telle pour décrire les relations sociales. On la retrouve surtout, pour ne pas dire exclusivement, dans la devise saint-simonienne « exploitation du globe », où le terme exploitation garde encore un sens positif[15].

La devise « exploitation de l'homme par l'homme » a été développée chez les saint-simoniens, héritiers de la réflexion sociale de Saint-Simon dont ils déplacent les lignes principales. La formule est utilisée et commentée dans l'*Exposition de la doctrine de Saint-Simon,* non seulement dans le texte de la *Deuxième année,* 1829-1830 (2e éd. 1832), mais déjà notablement dans

13. La lecture que nous proposons cherche à défendre l'idée que les luttes politiques et sociales, lorsqu'elles ont convergé, comme ce fut le cas dans les années 1830, ont abouti à raffiner l'appréhension de la « classe industrieuse ». Sur cette manière de comprendre l'expression et ses prolongements, on ne peut que renvoyer à l'étude de Gareth Stedman Jones, « Class Struggle and the Industrial Revolution », dans l'ouvrage déjà cité [Jones, 1983].

14. Sur ce sujet, voir Jarrige [2011], Leroux [2010].

15. Usage positif associé à l'exploitation de ressources naturelles, des mines en particulier.

l'*Exposition 1re année* (1829), texte écrit par Barthélemy Prosper Enfantin, Hippolyte Carnot, Henri Fournel et Charles Duveyrier quelques années après la mort de Saint-Simon. Dans ces textes, on trouve une analyse de l'exploitation qui modifie la lecture critique de la société que l'on trouvait chez Saint-Simon. Ce dernier proposait une théorie implicite de l'exploitation en termes de domination exercée par les oisifs sur les travailleurs. Chez les héritiers saint-simoniens, la théorisation de l'exploitation va à la fois prendre en charge l'analyse de la domination des classes productives par les classes stériles, telle qu'on la trouvait chez Saint-Simon, mais aussi peu à peu la déplacer du côté d'une scission interne au monde industriel lui-même[16]. L'usage du terme d'exploitation, par différence avec parasitisme, explicite le mécanisme économique à l'œuvre dans les rapports sociaux de domination. Si l'on veut comprendre la spécificité de l'expression « exploitation de l'homme par l'homme », ce sont donc à ces textes et à cette période très resserrée, 1829-1833, qu'il faut s'attacher.

À partir de ces éléments introductifs, on comprend que l'élaboration du concept d'exploitation se joue moins entre Saint-Simon et saint-simoniens contre Marx, comme une histoire de ce concept invite à le penser, qu'entre Saint-Simon et les saint-simoniens, ou du moins certains d'entre eux[17]. La lecture qui oppose Marx aux saint-simoniens n'est possible que si l'on s'en tient à l'idée d'un saint-simonisme figé dans Saint-Simon. Marx aurait seul développé un concept rigoureux d'exploitation en proposant une analyse scientifique et économique du phénomène, phénomène propre à la sphère productive et aux rapports noués entre capitalistes et travailleurs dans la fabrique de la survaleur[18].

16. Un exemple de cela chez Saint-Simon, dans *L'organisateur*, Onzième Lettre : « [L]'organisation sociale doit avoir pour objet [...] de combiner le plus utilement possible tous les travaux particuliers dans les sciences, dans les beaux-arts et dans les arts-et-métiers. [...] Qu'on juge, d'après cela, à quel point elle atteindrait s'il n'y avait presque aucune force perdue, si les hommes, cessant de se commander les uns aux autres, s'organisaient pour exercer sur la nature des efforts combinés, et si les nations suivaient entre elles le même système » [Saint-Simon, 2012, p. 2209-2210]. L'exploitation du globe par des industriels unis et coopérants est implicitement mise en avant.

17. Sur ce point, voir les interprétations, prolongeant celles d'Engels, proposées par Pierre Jalée dans les années 1970 [Jalée, 1974, p. 11 et suivantes ; Jalée, 1976, chapitre 1].

18. Si l'on résume, Marx permettrait de faire deux pas supplémentaires par rapport à une théorie de l'exploitation mal dégrossie chez Saint-Simon et les saint-simoniens : il permettrait d'en produire une théorie économique complète et scientifique, en particulier lorsqu'il analyse l'exploitation en contexte capitaliste ; par ailleurs, il produirait une théorie de l'aliénation à partir d'une analyse interne de l'activité de travail, théorie qui permettrait de préciser, en le limitant, l'usage du concept d'exploitation. Dans le saint-simonisme, nous aurions au contraire une glorification du travail – sans critique interne – et une analyse superficielle de l'exploitation limitant cette dernière à la question de la prédation ou de la violence, y compris raffinée dans les formes civiles de la propriété privée. Donc une vision naïve du travail

Si l'on s'attache à la figure et aux productions du dernier Saint-Simon dans les années qui précèdent sa mort, celles de son virage « socialiste » comme l'a appelé Philippe Régnier [1982-1983] dans sa thèse, on peut, à bon droit, maintenir une telle lecture[19]. Mais si l'on prolonge cette lecture par une étude des écrits postérieurs à la mort de Saint-Simon, chez les saint-simoniens donc, dans l'*Exposition de la doctrine de Saint-Simon*, on constate une rupture précisément autour d'une redéfinition de l'exploitation. Il faut aller encore au-delà, puisque cette rupture théorique est contemporaine d'un éclatement du saint-simonisme dès le début des années 1830, après la révolution de Juillet. La rupture théorique prépare et annonce la rupture politique. En effet, la mutation de l'analyse de l'exploitation s'accomplit surtout chez des auteurs qu'on peut qualifier de post-saint-simoniens, analyse qu'ils insèrent dans une critique de la concurrence et de l'organisation du travail. On peut montrer alors que cette mutation, chez des saint-simoniens *et* républicains comme Jean Reynaud ou Constantin Pecqueur, est à l'origine de la formulation théorique de l'exploitation de l'homme par l'homme. Les ouvriers parisiens de 1848 puisent à ces sources pour forger des slogans de lutte dans les années 1840 et en 1848 (qu'il s'agisse de la « fin » de l'exploitation de l'homme par l'homme ou de son « abolition »). À ce stade de l'histoire de l'expression – et alors que Marx n'a pas produit sa théorie de l'exploitation et est un parfait inconnu en France –, c'est bien à l'intérieur d'une analyse du régime capitaliste que vient se loger l'analyse de l'exploitation, en tant que cette dernière est strictement articulée à une critique de la concurrence qui pèse sur le salaire.

Ainsi, un premier moment de notre réflexion s'attachera à restituer les premières formulations d'une théorie de l'exploitation chez les héritiers directs de Saint-Simon, premières formulations qui exposent une théorie de l'exploitation directe, à la façon dont Saint-Simon, peu ou prou, tentait de la formuler implicitement. Un deuxième et un troisième temps visent à restituer la manière dont s'opère, autour de la théorie de l'exploitation, un dégagement du saint-simonisme historique par lequel se joue le rapprochement d'ex-saint-simoniens avec des courants républicains radicaux. Deux formes d'exploitation – indirecte – s'y dessinent dans un voisinage non exclusif de l'économie politique ou de la science sociale *et* de la politique. L'attachement aux idéaux républicains de ces acteurs saint-simoniens

d'un côté, et une sous-estimation des enjeux de l'exploitation par défaut d'une analyse économique rigoureuse de l'autre. La comparaison Marx/Saint-Simon et saint-simoniens n'étant pas au cœur de ce travail, nous n'en dirons pas plus sur ce sujet, sinon en conclusion.

19. Voir Régnier [1982-1983, p. 81 et suivantes].

explique en partie, selon nous, l'orientation nouvelle qu'ils font subir à l'expression « exploitation de l'homme par l'homme », participant en ce sens lointainement à la construction spécifique du droit du travail dont Alain Supiot [2014, p. 24] a pu dire qu'elle était, dans le cas de la France, traversée par une « conception politique des relations de travail ». Chez les saint-simoniens ralliés aux idéaux de la république se dessine en effet une position complexe, peut-être paradoxale, qui consiste à relier le saint-simonisme, soit la « science sociale » dont Saint-Simon s'est fait le promoteur infatigable, à l'héritage politique de la Révolution française[20]. Le dernier moment de notre analyse se veut confirmation d'une telle hypothèse, dans la mesure où l'expression « abolition de l'exploitation de l'homme par l'homme » devient un véritable slogan politique parmi les ouvriers au cours de la Révolution de 1848 qui vise en février à instaurer une république d'un type spécifique, une république sociale[21].

1. La théorie de l'exploitation directe : de Saint-Simon aux saint-simoniens

Dans les écrits de Saint-Simon, la théorie de l'exploitation ne fait une apparition qu'implicite. Saint-Simon cherche à préserver un espace social, le monde des producteurs, pensé comme solidaire même si traversé par un ordonnancement hiérarchique des hommes. De ce monde dépend la survie de la société comprise comme un tout solidaire qui, à plus ou moins court terme, ne doit plus comporter que des travailleurs associés. Qu'il y ait des relations de subordination au sein de ce monde est parfaitement admis ; que ces relations de subordination puissent être le levier d'une forme d'exploitation, cela ne traverse pas les premières analyses de Saint-Simon. Les saint-simoniens vont faire évoluer sur ce point le système de pensée dont ils héritent[22].

À la fin des années 1820, de nombreux saint-simoniens éprouvent le besoin de publier l'enseignement de la doctrine de Saint-Simon qu'ils propagent

20. Sur ce paradoxe, dont l'histoire des républicains saint-simoniens que nous retraçons à travers l'odyssée de l'expression « exploitation de l'homme par l'homme » tente de nuancer le caractère paradoxal, voir Brahami [2016].

21. Sur l'expérience de 1848 comme instauration d'une république sociale, voir Hayat [2014].

22. Une première version consiste d'ailleurs, dans un esprit proche de Saint-Simon, à penser l'exploitation comme rapport des travailleurs réunis aux ressources qui permettent la mise en œuvre du travail, à travers par exemple la formule que l'on trouve en tête des journaux saint-simoniens : « exploitation du Globe ».

oralement dans des conférences publiques de plus en plus fréquentées. Ils sont tous d'anciens rédacteurs du *Producteur*, journal qui a paru dès 1825 et pendant un an à la mort de Saint-Simon (octobre 1825-octobre 1826). Dans l'*Exposition de la doctrine de Saint-Simon (1re année)*, ils entendent prendre acte du fait que la société est « divisée en deux camps » : ceux qui œuvrent à la réalisation des richesses sociales, les « travailleurs pacifiques », et ceux qui vivent de ces richesses sans participer à leur création, les « militaires » pour le dire dans la langue imagée du saint-simonisme[23]. Dès l'introduction, le thème de l'exploitation domine le texte : « Les chrétiens devaient *affranchir* l'esclave, ils devaient détruire l'exploitation *directe* de l'homme par l'homme, aussi ont-ils été traités par les *ultras* du temps comme des révolutionnaires[24]. » Cette formulation introductive propose donc une première acception de l'expression : exploitation *directe* de l'homme par l'homme. Le texte se poursuit en soulignant que « l'exploitation de l'homme par l'homme, sans être directe, existe encore »[25]. Se dessine alors une deuxième acception de l'expression : une exploitation indirecte de l'homme par l'homme. Il convient donc de présenter ces deux formes de l'exploitation – directe et indirecte – repérées par les promoteurs de la doctrine de Saint-Simon.

Si une précaution liminaire dans l'*Exposition (1re année)* semble vouloir indiquer qu'il y a eu décroissance de l'exploitation au cours de l'histoire humaine, en réalité le chapitre consacré à l'exploitation vise à montrer que cette décroissance concerne l'exploitation « directe » tandis qu'une exploitation « indirecte » est de plus en plus présente :

> « [e]n nous occupant du crédit, des banques, des relations à établir entre les directeurs des travaux industriels et les hommes qui les exécutent, nous avons été forcés, avant toutes choses, de déblayer le terrain sur lequel nous nous placions, et, dans ce but, nous avons employé nos efforts à démontrer la *décroissance constante de l'influence des militaires*, c'est-à-dire de l'EXPLOITATION DE L'HOMME PAR L'HOMME, et en même temps les *progrès des travailleurs pacifiques*, c'est-à-dire de l'EXPLOITATION DU GLOBE PAR L'INDUSTRIE[26]. »

On trouve dans ces formulations une reprise du vocabulaire de Saint-Simon. Les militaires sont ceux qui usent de la force pour, sans travailler, se nourrir du travail des autres. Ils viennent donc faire obstacle à la seule

23. Bouglé et Halévy [1924, p. 72], ouvrage désormais cité : *Exposition (1ère année)*.

24. *Ibid.*, p. 74.

25. *Ibid.*

26. *Ibid.*, p. 84-85.

exploitation qui vaille, celle du globe par les travailleurs solidaires. Reste qu'au sein de l'exploitation du globe par l'industrie, des formes d'exploitation indirecte persistent et se développent, et elles méritent d'être renvoyées (même si sous une forme dite indirecte) du côté de l'« exploitation de l'homme par l'homme ». L'exploitation directe, associée à la violence et considérée comme un véritable ressort historique – en tant qu'elle suscite le refus de ceux qui la subissent –, a un caractère cru, visible : elle relève de la prédation pure et simple.

La sixième séance (ou sixième chapitre) expose en long la théorie de l'exploitation des saint-simoniens. Dans l'introduction, un abrégé la présente ainsi :

> « L'homme a jusqu'ici exploité l'homme. Maîtres, esclaves ; patricien, plébéien ; seigneurs, serfs ; propriétaires, fermiers ; oisifs et travailleurs, voilà l'histoire progressive de l'humanité jusqu'à nos jours ; ASSOCIATION UNIVERSELLE, voilà notre avenir ; *à chacun suivant sa capacité, à chaque capacité suivant ses œuvres*, voilà le DROIT nouveau, qui remplace celui de la *conquête* et de la *naissance* : l'homme n'exploite plus l'homme ; mais l'homme, associé à l'homme, exploite le monde livré à sa puissance[27]. »

La 6e séance ne s'en tient pas toutefois à la critique de l'exploitation directe, elle adopte un point de vue organique contre l'inégale « répartition des instruments et des produits de l'industrie », point de vue où se loge une critique de l'exploitation indirecte. Elle propose ainsi une autre constitution de la propriété par la suppression de l'héritage (la séance 8 revient sur cette question de la propriété pour critiquer les thèses adverses sur ce sujet)[28]. C'est donc essentiellement la 6e séance de l'*Exposition (1re année)* qui dégage le sens nouveau que prend l'expression « exploitation de l'homme par l'homme » chez ces héritiers de Saint-Simon.

S'affirme alors un lien de causalité entre la situation sociale privilégiée de certains et le sort dégradé des classes les plus nombreuses : « [L]a société sera désormais organisée pour l'amélioration du sort MORAL, physique et intellectuel de la classe la plus nombreuse et la plus pauvre ; et [...] pour obtenir cette amélioration constante, TOUS les privilèges de la naissance, SANS EXCEPTION, seront abolis, chacun devant être placé selon sa capacité et récompensé selon ses œuvres[29]. » Pour comprendre ce lien de

27. *Ibid.*, p. 94.

28. *Ibid.*, p. 96.

29. *Ibid.*, p. 104-105.

causalité – et la solution pratique qui s'en déduit –, il faut en passer par une théorie de l'exploitation indirecte.

2. La théorie de l'exploitation indirecte : la division sociale du travail

L'exploitation *indirecte* chez les saint-simoniens met au jour l'idée d'une exploitation dissimulée, par opposition à une exploitation « directe » qu'ils associent à des mécanismes où la violence se manifeste immédiatement, sans fard. L'exploitation directe se caractérise par une domination ostensible[30]. Cette forme directe de l'exploitation est censée appartenir au passé. La société française en 1829-1830 abrite cependant les deux tendances de l'exploitation, comme le note l'*Exposition (1re année)*. Toutes deux, dans leur modernité, sont soumises à des phénomènes de dissimulation mais qui pourtant ne les renvoient pas à une identité commune : l'exploitation directe n'a pas disparu, elle s'exprime dans des formes adoucies, partiellement dissimulées ou recouvertes, même si toujours visibles bien sûr, puisqu'il s'agit là du trait qui la définit. À cette exploitation directe s'ajoute l'« exploitation indirecte » qui concerne plus particulièrement le monde industriel lui-même où les phénomènes de dissimulation ne sont plus seulement liés à des formes adoucies de l'exploitation directe, mais constituent un mode propre de l'exploitation.

La sixième séance (25 février 1829), intitulée « Transformation successive de l'exploitation de l'homme par l'homme », s'ouvre ainsi : « Après avoir montré dans l'*antagonisme*, le fait le plus saillant que présentent toutes les organisations sociales du passé, nous avons suivi, dans ses termes les plus généraux, la décroissance de l'exploitation de l'homme par l'homme, qui, jusqu'à ce jour, en a été l'expression la plus vive[31]. » L'exploitation est donc la « manifestation » de l'antagonisme, c'est-à-dire du manque de coordination des actions des hommes, ou des groupes sociaux constitutifs des sociétés dans les différentes formes historiques de leur existence. Cet antagonisme non réfréné est source de guerre, si bien que les saint-simoniens décrivent

30. Le cheminement de l'exploitation connaît dans l'histoire, si l'on suit la lecture des saint-simoniens de l'*Exposition*, une trajectoire à peu près inverse de celle que trace Marx dans ses écrits qui précèdent le *Capital*. On le note en particulier dans les usages qu'ils font du terme « directe » ou « indirecte » associé à « exploitation » : dans le *Manifeste*, Marx voit dans l'exploitation passée, féodale, « une exploitation voilée par les illusions religieuses et politiques » et dans l'exploitation capitaliste « une exploitation ouverte, éhontée, directe, dans toute sa sécheresse » [voir Marx, 1994, p. 402].

31. *Exposition 1re année* [Bouglé et Halévy, 1924, p. 235].

l'Histoire comme une longue suite d'antagonismes sociaux prenant la forme d'une guerre sociale. Les sociétés sont ainsi en proie à ces « associations plus ou moins militaires », qui font écho à la définition première de l'exploitation de l'homme par l'homme, l'exploitation « directe ». Ces thèses sur l'histoire ont été forgées par Augustin Thierry, l'ancien secrétaire de Saint-Simon, qui thématise donc une guerre des classes même si chez lui les classes renvoient à des ordres sociaux hétérogènes, relevant d'univers sociaux distincts par leurs fonctions (l'antagonisme ne se loge pas au sein du monde du travail)[32] :

> « L'antagonisme, l'empire de la force physique, l'exploitation de l'homme par l'homme, sont sans doute aujourd'hui considérablement affaiblis ; ils ne se manifestent plus même que sous des formes tellement adoucies et détournées, qu'il paraît difficile d'abord de les apprécier : néanmoins ils subsistent sous ces formes, et leur intensité est encore fort grande[33]. »

L'exposé précise bien qu'il s'agit d'étudier les « faits développés sous l'empire de la dernière époque organique »[34], c'est-à-dire à l'époque contemporaine.

L'*Exposition* repère ainsi deux domaines dans lesquels l'exploitation directe se maintient – sous des formes nouvelles – mais aussi un domaine à part où l'exploitation « indirecte » a pris place : l'exploitation commerciale (1) et politique (2) pour les deux premiers domaines, et l'exploitation industrielle (3) pour le troisième.

1) Ainsi, concernant l'exploitation commerciale, l'*Exposition (1re année)* énonce que ce « n'est plus le pillage, ce ne sont plus même des possessions territoriales que convoitent les parties belligérantes ; ce sont maintenant, dans le plus grand nombre de cas, des privilèges commerciaux qu'elles se disputent »[35]. La guerre commerciale entre nations est ainsi la première forme de l'exploitation directe qui s'est maintenue en une version moderne adoucie. En partie voilée, la violence physique a cédé la place à une *agressivité* commerciale, mais qui, comme telle, est encore perceptible dans les relations entre nations.

2) Une deuxième forme d'exploitation directe peut être repérée : « Au sein des sociétés modernes, l'empire de la force physique se témoigne encore, d'une manière évidente, dans les formes gouvernementales, dans

32. Sur la pensée de l'histoire développée par Augustin Thierry, voir Déruelle et Potin [2018].

33. Bouglé et Halévy [1924, p. 236].

34. *Ibid.*

35. *Ibid.*, p. 237.

la législation, et surtout dans les relations établies entre les sexes, relations dans lesquelles la femme reste frappée de l'anathème porté contre elle autrefois par le guerrier, et se présente comme devant être soumise à une tutelle éternelle[36]. » L'exploitation directe se maintient dans des formes politiques ou juridiques qui excluent certains groupes sociaux du pouvoir gouvernemental. Ici, si l'on peut parler d'une forme adoucie, c'est parce que cette exploitation s'inscrit précisément dans des formes politiques ou juridiques qui la voilent sans la cacher complètement, puisque ces formes inscrivent l'exclusion dans leurs codes, lois ou règlements.

3) Reste l'exploitation industrielle qui jouit d'un statut spécifique. Le texte qui en fait état doit être cité un peu longuement :

> « Enfin l'exploitation de l'homme par l'homme, que nous avons montrée dans le passé sous sa forme la plus directe, la plus grossière, l'esclavage, se continue à un très haut degré dans les relations des propriétaires et des travailleurs, des maîtres et des salariés : il y a loin, sans doute, de la condition respective où ces classes sont placées aujourd'hui, à celle où se trouvaient dans le passé les maîtres et les esclaves, les patriciens et les plébéiens, les seigneurs et les serfs. Il semble même, au premier aperçu, que l'on ne saurait faire entre elles aucun rapprochement ; cependant on doit reconnaître que les unes ne sont que la prolongation des autres. Le rapport du maître au salarié est la dernière transformation qu'a subie l'esclavage. Si l'exploitation de l'homme par l'homme n'a plus ce caractère brutal qu'elle revêtait dans l'antiquité ; si elle ne s'offre plus à nos yeux, aujourd'hui, que sous des formes adoucies, elle n'en est pas moins réelle. L'ouvrier n'est pas, comme l'esclave, une propriété directe de son maître ; sa condition, toujours temporaire, est fixée par une transaction passée entre eux : mais cette transaction est-elle libre de la part de l'ouvrier ? Elle ne l'est pas, puisqu'il est obligé de l'accepter sous peine de la vie, réduit, comme il l'est, à n'attendre sa nourriture de chaque jour que de son travail de la veille[37]. »

On pourrait penser qu'on a ici affaire à une simple variante de l'exploitation directe, adoucie comme le veut l'évolution des sociétés modernes, et certaines expressions peuvent le laisser penser. Pourtant, les saint-simoniens parlent bien d'exploitation indirecte, et l'on peut se demander pourquoi. La raison en est que cette exploitation prend place au sein d'un univers pensé comme solidaire depuis Saint-Simon, l'exploitation est indirecte en un premier sens où elle vient renverser la solidarité supposée du monde des industriels. Cette exploitation ne peut être qualifiée de directe car elle a cessé d'être un

36. *Ibid.*

37. *Ibid.*, p. 238.

phénomène ostensible de prédation d'un groupe sur un autre, lequel groupe jouit d'une forme de privilège qui lui permet de se nourrir du travail d'autrui directement puisque le travailleur ne s'appartient plus mais appartient à un maître, un patricien, un seigneur. Elle est indirecte en ce sens qu'intégré au groupe des industriels, le rapport d'exploitation est réintroduit là où il est censé avoir disparu[38].

On voit ainsi que la réflexion autour de la question de l'exploitation industrielle, à travers la formule « exploitation de l'homme par l'homme » et à ce moment du développement du saint-simonisme, porte bien davantage sur l'exploitation « indirecte » que sur l'exploitation directe. L'exploitation indirecte s'ancre dans le rapport du maître à l'ouvrier qui devient un rapport salarial, ainsi que le suggère explicitement le texte cité. Plutôt que la prédation, ou la violence physique, c'est une forme d'accord des parties engagées dans ce rapport d'exploitation qui caractérise l'exploitation indirecte. Parce que solidaires, les membres du monde industriel mettent en place un mode détourné, indirect, d'exploitation. On pourrait juger, ainsi que l'indiquent les auteurs, qu'une *mobilité sociale* atténue cette forme d'exploitation indirecte, dans la mesure où l'exploité d'aujourd'hui peut devenir l'exploiteur de demain ; bref que la forme d'exploitation indirecte que constitue le contrat de travail aurait le mérite de ne pas être figée dans une structuration de la société inamovible – comme l'était la société d'ordres –, mais telle n'est pas leur analyse : « Les avantages et les désavantages propres à chaque position sociale se transmettent *héréditairement* ; les économistes ont pris soin de constater un des aspects de ce fait, l'*hérédité de la misère*, lorsqu'ils ont reconnu dans la société l'existence d'une classe de *prolétaires*[39]. » La suite du texte utilise le vocabulaire de l'exploitation (il s'agit maintenant de cette exploitation indirecte, médiée par le contrat de travail, le travailleur n'étant plus la propriété du maître) de façon tout à fait explicite pour décrire non plus des rapports d'exploitation entre oisifs et travailleurs, mais entre des individus qui devraient être solidaires du fait de la fonction qu'ils occupent dans la société, à savoir la fonction de produire. Il est alors nécessaire d'introduire des termes comme celui de « classe » ou de « prolétaires » pour rendre compte de cette exploitation indirecte. Les soutiens financiers du

38. Sur la critique de l'exploitation directe, il faut nuancer le privilège des saint-simoniens. Ils partagent en effet, notamment sur la question de l'esclavage et de son abolition, un combat qui est le fait de libéraux, de philanthropes et d'un grand nombre de courants religieux en cours de transformation (protestants notamment). Sur ces questions, voir Grenouilleau [2017]. Je remercie un rapporteur anonyme d'avoir attiré mon attention sur ce point.

39. Bouglé et Halévy [1924, p. 239].

saint-simonisme, appartenant à la bourgeoise industrielle ou à la banque, ne s'y trompent pas. Ils perçoivent ce changement de vocabulaire et d'analyse au point de s'en effrayer un peu. À cette période, les mécènes qui ont soutenu l'œuvre prosélyte de Saint-Simon délaissent peu à peu ses héritiers, malgré les quelques réticences qui se manifestent encore chez ces derniers à opposer frontalement ouvriers et chefs d'industrie dans leurs écrits. Ces traces sont la source, me semble-t-il, d'une seconde explication du caractère indirect de l'exploitation. Cette seconde explication tient moins à l'analyse de la division du travail social où une classe de capitalistes est identifiée et mise en opposition au prolétariat, qu'à des subdivisions qui touchent le prolétariat lui-même.

3. La théorie de l'exploitation indirecte : la division sociale du travail ouvrier

L'exploitation indirecte s'explique en effet en un deuxième sens dans les écrits de l'*Exposition (1re année)*. Là encore, un texte mérite d'être cité un peu longuement :

> « Aujourd'hui, la masse entière des travailleurs est exploitée par les hommes dont elle utilise la propriété ; les chefs de l'industrie subissent eux-mêmes cette exploitation dans leurs rapports avec les propriétaires, mais à un degré incomparablement plus faible ; et à leur tour ils participent aux privilèges de l'exploitation qui retombe de tout son poids sur la classe ouvrière, c'est-à-dire sur l'immense majorité des travailleurs. Dans un tel état de choses, l'ouvrier se présente donc comme le descendant direct de l'esclave et du serf ; sa personne est libre, il n'est plus attaché à la glèbe[40], mais c'est là tout ce qu'il a conquis, et, dans cet état d'affranchissement légal, il ne peut subsister qu'aux conditions qui lui sont imposées par une classe peu nombreuse […] investie du monopole des *richesses*, c'est-à-dire de la faculté de disposer à son gré, et même dans l'*oisiveté*, des *instrumens de travail*[41]. »

Le deuxième moment de l'analyse de l'exploitation indirecte s'appuie encore sur l'idée d'une division sociale opposant les oisifs aux industriels : les simples propriétaires de capitaux étant assimilés au fond à des oisifs masqués. Comme si, en dernier ressort, l'exploitation devait toujours être rapportée à l'oisiveté. Mais le fait qu'il y ait, au sein du monde des industriels, des

40. *Glèbe*, « motte de terre », a la même racine que « globus », le *globe*. La *glèbe* renvoie à la terre d'un propriétaire à laquelle un paysan est attaché à la naissance.

41. *Ibid.*, p. 238.

alliances entre certains travailleurs – les chefs de l'industrie – et oisifs, voilà le pas que franchissent les héritiers de Saint-Simon. Par là ils attaquent de front l'un des piliers de la doctrine de Saint-Simon : à savoir la nécessité d'une hiérarchie sociale comme fondement de l'ordre des sociétés. D'un point de vue théorique, il s'agit d'une rupture décisive qui aura des conséquences très concrètes sur le devenir de l'école saint-simonienne. Une distance entre l'analyse sociale de Saint-Simon et celle de certains saint-simoniens est désormais creusée. La leçon de cette séance, en somme, tient au constat qu'il n'y a pas de solidarité des travailleurs : ce monde, lui aussi, est fracturé. Ce que décrit ici l'*Exposition (1re année)* anticipe sur le plan théorique les déchirements que va connaître le mouvement saint-simonien quelques mois plus tard.

La sixième séance donne à lire une théorie complexe de l'exploitation qui repose sur des antagonismes non seulement de fonctions mais de classes, sur une division sociale du travail ouvrier, malgré quelques formules elliptiques qu'il vaut la peine d'expliciter. Formules elliptiques en effet, car s'attaquer frontalement aux chefs d'industrie, c'est revenir sur la solidarité organique que Saint-Simon a voulu voir à l'œuvre – et imposer politiquement, notamment dans sa *Lettre aux ouvriers* de 1821 – entre tous les industriels[42]. Ainsi, l'*Exposition* retourne le point de vue de Saint-Simon : loin de voir dans les chefs d'industrie les bienveillants protecteurs des ouvriers, ils sont plutôt décrits comme participant « aux privilèges de l'exploitation qui retombe de tout son poids sur la classe ouvrière ». Pourquoi « participent-ils » ? Ils le font car ayant la main sur le contrat de travail, ils peuvent répercuter dans la négociation les prélèvements, quand il y en a (c'est-à-dire quand ils ne sont pas eux-mêmes propriétaires de tous les facteurs mis en œuvre dans le processus de production), opérés par les purs « oisifs » (propriétaires fonciers notamment). C'est donc à ce titre aussi qu'on peut parler d'une « exploitation » indirecte, masquée par le contrat de travail qui se négocie entre le travailleur et le chef d'industrie, mais où plane, au bénéfice du second contre le premier, l'ombre des privilèges d'autres acteurs de la société, privilèges dont les effets négatifs sont transférés du côté seulement des ouvriers situés au bas de l'échelle sociale du monde des industriels.

Tout ce développement de la 6e séance appartient à la théorie critique du saint-simonisme, au versant de l'étude historique des progrès de l'association,

42. La *Lettre aux ouvriers* est un extrait du *Système industriel*. Elle a été rédigée en novembre 1821. Dans la lettre, Saint-Simon s'adresse en réalité moins aux ouvriers qu'il ne parle à leur place et en leur nom. Il leur dicte ce qu'ils doivent penser et dire : « [N]ous sommes et [...] nous devons être vos subordonnés » [Saint-Simon, 2012, p. 2628].

dont les obstacles rencontrés sous le régime du salariat, ici dénoncés, sont le dernier terme. Reste à présenter un versant organique, c'est-à-dire une solution pour mettre un terme à l'exploitation y compris dans sa dernière version. C'est ce que s'attache à faire « la superbe question de l'organisation matérielle de la société, ou, en d'autres termes, de la *constitution de la propriété* ». Il s'agit là d'une « seconde série de travaux » qui concerne l'organisation[43]. On ne peut donc penser l'exploitation en dehors du couple qu'elle forme avec l'organisation, l'anneau qui les relie étant le « droit au travail » qui doit venir non seulement protéger les industriels contre les oisifs, ainsi que Saint-Simon le revendiquait déjà à la fin des années 1810, mais aussi les industriels contre eux-mêmes. Une certaine régulation des relations industrielles est perçue désormais comme nécessaire. Il n'est pas étonnant qu'en 1848 le slogan « abolition de l'exploitation de l'homme par l'homme » soit associé systématiquement à deux autres : « droit au travail » et « organisation du travail ».

Le point essentiel pour ces saint-simoniens réside en ce que la « propriété est un fait social, soumis, comme tous les autres faits sociaux, à la loi du progrès ; elle peut donc, à diverses époques, être entendue, définie, réglée de diverses manières »[44]. Empêcher que le contrat de travail ne puisse rejouer sous une forme masquée l'exploitation impose, selon eux, une solution radicale, celle qui consiste à interdire la propriété particulière des « instruments du travail » : « La loi de progression que nous avons observée tend à établir un ordre de choses dans lequel l'État, et non plus la famille, héritera des richesses accumulées, en tant qu'elles forment ce que les économistes appellent le *fonds de production*[45]. » Il ne s'agit pas d'une « communauté des biens » mais d'un « principe de la classification et de la rétribution selon les capacités et les œuvres »[46].

Comme le dit l'*Exposition, 2e année*, la transformation de la société postrévolutionnaire en société industrielle – un corps social uni par le travail – réside dans l'établissement d'une « *propriété* SOCIALE » comme fonds de

43. Ces citations sont extraites de l'« Introduction » de l'*Exposition (1re année)*, voir Halévy et Bouglé [1924]. Il faut noter sur ce point que tous les saint-simoniens, malgré des trajectoires divergentes, se sont saisis de cette question. La réorganisation de la circulation du capital, voulue par exemple par les frères Pereire, qui se concrétise sous le Second Empire, doit se lire dans cette optique. Le *Crédit mobilier* des frères Pereire a pour objectif de remettre en cause les formes jugées archaïques de propriété.

44. « 8e Séance. Théories modernes sur la propriété », *Exposition (1re année)*, voir Halévy et Bouglé [1924, p. 244].

45. *Ibid.*, p. 248.

46. *Ibid.*, p. 249.

la production[47]. Ainsi faut-il s'intéresser selon les saint-simoniens moins au « travail industriel en lui-même », comme le note la douzième leçon, qu'aux « relations sociales des hommes qui l'exécutent »[48].

Cet aspect organique va passer par la suite dans le vocabulaire ouvrier et militant sous le nom de « droit au travail » et d'« organisation du travail » : l'organisation du travail est pensée comme une reconquête des instruments du travail, le droit au travail comme l'accès réglé à ces instruments. S'intéresser aux « relations sociales des hommes qui [...] exécutent le travail », dès le lendemain de la révolution de Juillet, c'est, pour un certain nombre de saint-simoniens dissidents, les lire à travers une grille républicaine. Cette grille, par la figure des citoyens égaux qui en est constitutive, permet de penser des relations sociales non hiérarchiques : la relation entre citoyens devient le cadre adéquat pour penser les relations entre « les hommes qui exécutent le travail ».

4. Un virage républicain dans la théorie de l'exploitation

La *Revue encyclopédique*, revue reprise par Hippolyte Carnot[49] et son frère, est un foyer de la sortie du saint-simonisme par le prisme « républicain ». Il s'agit en effet pour ces jeunes saint-simoniens d'intégrer une dimension plus fortement égalitaire aux relations sociales qui façonnent le monde industriel. Cette revue est animée par Pierre Leroux et Jean Reynaud sur le plan intellectuel. On doit à ce dernier le développement d'une critique politique de l'« exploitation de l'homme par l'homme », en particulier dans son article de 1832 intitulé « De la nécessité d'une représentation spéciale pour les prolétaires »[50]. Cet article, qui connaît très vite une certaine notoriété au point d'être republié sous forme de brochures à bon marché, fait le constat d'une société divisée en classes, division que des hiérarchies

47. *Exposition de la doctrine de Saint-Simon, 2e année*, voir Carnot *et al.* [1830, p. 154].

48. *Ibid.*

49. Carnot était, aux côtés d'Enfantin, Duveyrier et Fournel, l'une des chevilles ouvrières de l'*Exposition de la doctrine de Saint-Simon*, dont certains résumés de la première année ont paru au « Bureau de la *Revue encyclopédique* » (résumé établi par Hippolyte Carnot). Je remercie un rapporteur anonyme pour cette dernière précision.

50. Voir Reynaud [1832]. Cet article d'avril 1832 ne paraît en réalité que le 20 juin 1832. Les cahiers de mai et juin prennent aussi du retard. Les circonstances politiques – les manifestations républicaines – sont grandement responsables de ces soubresauts éditoriaux que connaît la *Revue*. Sur tous ces détails, on se rapportera à l'étude précise et précieuse déjà citée de Griffiths [1965]. Pour plus de détails sur l'histoire plus générale de ce rapprochement entre saint-simonisme et républicanisme, je me permets de renvoyer à mon article [Bourdeau, 2019, *à paraître*].

industrielles ne sauraient contenir. Le constat sociologique (la bourgeoisie contre le prolétariat) se prolonge dans la revue par la quête d'une économie politique coopérative plutôt que concurrentielle, économie politique adossée à une représentation politique du prolétariat. Cette économie politique coopérative est défendue par Jules Leroux, frère de Pierre. Reprenons ces deux fils afin de montrer comment, dans la *Revue encyclopédique*, ils sont reliés[51].

Selon Reynaud [1832], la société moderne est tout entière contenue dans le « peuple » qui comprend cependant deux classes distinctes, « les prolétaires et les bourgeois » [*ibid.*, p. 12] :

> « Je nomme prolétaires les hommes qui produisent toute la richesse de la nation, qui ne possèdent que le salaire journalier de leur travail et dont le travail dépend de causes laissées en dehors d'eux, qui ne retirent chaque jour du fruit de leur peine qu'une faible portion incessamment réduite par la concurrence, qui ne reposent leur lendemain que sur une espérance chancelante comme le mouvement incertain et déréglé de l'industrie, et qui n'entrevoient de salut pour leur vieillesse que dans une place à l'hôpital ou dans une mort anticipée » [*ibid.*, p. 12-13].

À cette description du prolétariat, Reynaud oppose celle de la bourgeoisie :

> « Je nomme bourgeois les hommes à la destinée desquels la destinée des prolétaires est soumise et enchaînée, les hommes qui possèdent des capitaux et vivent du revenu annuel qu'ils leur rendent, qui tiennent l'industrie à leurs gages et qui l'élèvent et l'abaissent au gré de leur consommation, qui jouissent pleinement du présent, et n'ont de vœu pour leur sort du lendemain que la continuation de leur sort de la veille et l'éternelle continuation d'une constitution qui leur donne le premier rang et la meilleure part » [*ibid.*, p. 13].

Il n'y a donc pas d'accord général ou universel possible quant à la version bourgeoise de l'économie politique puisque, pour la bourgeoisie, il va de soi que sa position sociale l'invite « à éliminer peu à peu le gouvernement de toute intervention sociale », alors que les prolétaires développent, à l'inverse, des théories économiques qui demandent « peu à peu au gouvernement des mesures de prévoyance et d'association » et exigent « de lui par conséquent une garantie plus assurée et une moralité plus solide ». L'économie politique est ainsi scindée en deux blocs, l'un représentant la « liberté », l'autre l'organisation en matière d'industrie [*ibid.*].

51. Le passage qui suit reprend des analyses proposées dans Aramini et Bourdeau [2015].

Cette déchirure du corps social, qui est aussi une déchirure de la science et de la vérité (dont Reynaud propose une suture sur le plan politique par la mise en place de deux chambres, l'une haute occupée par la bourgeoisie, l'autre basse occupée par les prolétaires, de manière à équilibrer leurs intérêts), est précisément ce que l'économie politique devrait pouvoir corriger par ses analyses et non contribuer à creuser comme elle le fait selon lui. Or, sur le plan pratique (mauvais choix budgétaires, erreurs en matière d'imposition comme le suggère Pereire, autre contributeur de la *Revue encyclopédique*), comme sur le plan théorique, l'économie politique renforce les convulsions du corps social. Elle n'a pas su répondre aux « questions vitales », comme les appelle Jules Leroux : « Pourquoi ceux qui travaillent sont-ils pauvres ? », « Pourquoi cette lutte des machines et des travailleurs ?», « Pourquoi notre cœur s'émeut-il à la vue de ces choses ? »[52]. Il faut donc reconnaître la division sociale du monde industriel pour organiser son association, et non postuler l'unité intrinsèque de ce monde pour en appeler à son fonctionnement autonome et spontané.

Le nouveau sous-titre de la *Revue encyclopédique*, à partir d'avril 1832, « Liberté, égalité, association », répond à une telle quête d'une économie politique rénovée. Elle consistera à donner toute son ampleur à la thématique de l'association – dans toutes les traductions pratiques et scientifiques qu'elle peut rencontrer, et ce sans sacrifier l'idéal de liberté et d'égalité légué par la Révolution française. À ce moment-là, « l'exploitation de l'homme par l'homme », dans les écrits théoriques, cède la place au thème de l'« organisation du travail » (en 1840, c'est le titre du best-seller de Louis Blanc tiré d'articles de journaux qu'il avait fait paraître sur le sujet, republié de nombreuses fois, diffusé en brochures, en extraits, notamment dans la *Réforme*). Dans « organisation du travail » ne figure pas l'expression « exploitation de l'homme par l'homme »[53].

En 1848, on trouve l'expression « exploitation de l'homme par l'homme » (précédée des termes « abolition », « refus », « plus de », etc.) dans les pétitions et les mots d'ordre des manifestants ouvriers. Elle appartient au « programme » de février qui espère par l'instauration de la république voir s'établir une république du travail, une république sociale. On ne s'étonnera donc pas de voir surgir l'expression dans les colonnes des journaux d'ouvriers ou travailleurs qui cherchent à défendre les institutions nouvelles brièvement mises en place entre février et juin 1848, notamment

52. Voir Leroux [1833, p. 532-533].

53. Voir Blanc [1847].

la *Commission du gouvernement pour l'organisation du travail*, réunie au Palais du Luxembourg. Une fois la *Commission* dissoute, après le 15 mai, et alors que Louis Blanc et Albert (membres du gouvernement provisoire et chargés de cette commission) sont de plus en plus marginalisés au sein de l'exécutif, les délégués du Luxembourg (élus par leurs corps de métiers) se réunissent en une association, la *Société des corporations unies*, et fondent un journal, le *Journal des travailleurs*, éphémère titre qui connaît 6 numéros entre le 4 et le 25 juin. Le *Journal des travailleurs* se place sous l'autorité de deux devises, inscrites de chaque côté du titre : « Organisation du travail » d'un côté et « Plus d'exploitation de l'homme par l'homme » de l'autre. Le journal est décrit comme ayant été « fondé par les ouvriers délégués au Luxembourg ». Dans la même veine, quelques mois plus tard, à la fin de l'année 1848, *Le Travail affranchi* animé par Alphonse Toussenel et François Vidal prend le relais de ces revendications. Le texte programme du journal se présente de la manière suivante :

> « Notre programme, c'est le programme de février, le programme de la République démocratique et sociale.
>
> [...] En février, le peuple, guidé par le sentiment qui est la raison instinctive des masses, a demandé :
>
> ***Le droit au travail ;***
>
> ***L'abolition de toute exploitation de l'homme par l'homme ;***
>
> ***L'organisation du travail par l'association.***
>
> Nous fondons un journal pour développer ce programme, pour défendre le droit au travail et les droits des travailleurs, pour combattre et pour faire disparaître, s'il plaît à Dieu, l'exploitation sous toutes les formes, pour propager théoriquement et pratiquement les principes d'organisation du travail et de solidarité.
>
> Ce journal sera le moniteur des associations d'ouvriers. La politique y tiendra peu de place ; elle sera complètement subordonnée à l'économie sociale[54]. »

François Vidal, auteur de ces lignes, est un proche de Louis Blanc. Ce dernier voit en lui un spécialiste de premier plan de l'économie sociale, très admiratif en 1846 de son ouvrage *De la répartition des richesses ou de la justice distributive* paru chez le libraire-éditeur Capelle. Il fait appel à lui, ainsi qu'à Constantin Pecqueur, pour assurer le bon déroulement des travaux de la *Commission du Luxembourg*. C'est surtout chez ce dernier, Pecqueur, que

54. Voir Vidal [1848]. Sur les journaux qui défendent la Commission du Luxembourg, voir Bourdeau [2015].

l'on trouve, encore en 1849, un usage militant et théorique de l'expression « exploitation de l'homme par l'homme ». Pecqueur, comme Vidal dont il est l'ami, est perçu comme un théoricien de l'économie sociale (par opposition à la seule « économie politique ») par les chefs socialistes (et Louis Blanc en particulier), du fait de son ouvrage somme publié en 1842 : *Théorie nouvelle d'économie sociale et politique, ou Études sur l'organisation des sociétés.*

En 1849-1850, il fonde un journal théorique plus que pratique, *Le Salut du Peuple*, dans lequel il entend prendre la défense des travaux et du projet de la *Commission du Luxembourg*[55]. Pecqueur dès l'introduction du premier numéro (décembre 1849) évoque l'« exploitation des travailleurs par le salaire »[56], mettant un nom technique sur cette « exploitation indirecte » que les héritiers de Saint-Simon continuaient à ne désigner que sous l'expression « exploitation de l'homme par l'homme ». Il valorise lui aussi, comme Vidal et Blanc, le rôle de l'État comme régulateur des associations, pour éviter « l'exploitation » des unes par les autres, et donc le retour de la concurrence[57]. Dans une « lettre au citoyen Proudhon », Pecqueur rappelle tout ce que le socialisme de 1848 doit aux saint-simoniens, qui ont légué comme enseignement que « la propriété est la forme générale de l'exploitation de l'homme par l'homme »[58]. Pecqueur avait été brièvement, dans sa jeunesse, correspondant rue Monsigny – siège du journal *Le Globe* alors saint-simonien – pour la propagation de la doctrine de Saint-Simon (sa tâche consistait à animer, avec d'autres, les échanges épistolaires avec les lecteurs, tâche qu'on ne confiait qu'à ceux qui avaient fait la preuve d'une belle expertise et maîtrise des écrits saint-simoniens). Dans le numéro 3 du 10 février 1850 du *Salut du Peuple*, Pecqueur publie une longue étude intitulée « L'usure n'est qu'une des formes de l'exploitation de l'homme par l'homme »[59]. Il peut par là redéfinir l'exploitation comme le fait de refuser à autrui « les conditions indispensables, les voies et moyens directs de son développement »[60]. Il y propose une analyse du rapport salarial qui thématise directement la question de l'exploitation sous l'angle de la plus-value. Pour Pecqueur, le rapport de l'offre à la demande qui détermine le

55. *Le Salut du Peuple*, journal de Pecqueur qui paraît entre 1849 et 1850, a fait l'objet d'une réimpression en 1967 [voir Pecqueur, 1967].

56. Pecqueur [1967a, p. 9].

57. Pecqueur [1967b, p. 24].

58. Pecqueur [1967c].

59. Pecqueur [1967d].

60. *Ibid.*, p. 16.

prix est soumis à la « rareté », au « caprice », « à toute la versatilité de la plus brusque fortune »[61], dès lors « la *plus-value* résultant de ce rapport doit donc être considérée comme une forme de l'usure, ou ce qui est plus solide, comme une des manières d'exploiter son prochain, de retirer du produit de son travail, plus que l'équivalent de ce travail »[62]. Poursuivons la citation un peu longuement et pour conclure :

> « Il y a usure dès qu'on reçoit plus qu'on ne donne ; et c'est cette inégalité qui légitime, dit-on, l'interdiction de l'usure : fort bien ! Mais, dans l'échange arbitraire, généralement on reçoit plus ou moins qu'on ne donne ; car la valeur relative des deux produits soumis à l'échange est déterminée non seulement par la qualité et la quantité, par le temps de travail ou les frais de production ; mais par le rapport de l'offre à la demande. Il y a plus : les *frais de production* même, sont, en général, déterminés par la seule somme de richesses nécessaire pour entretenir la vie *mourante* de l'ouvrier ; ou comme dirait Ricardo, pour permettre au travailleur, à la bête de somme, de *se sustenter* et de *propager sa race*. Et la tendance de cette loi est au *minimum* à l'abaissement continu des salaires. Donc, la même interdiction frappe légitimement le pacte d'échange[63]. »

Nous avons là, certainement, non pas tous les développements d'une théorie économique de l'exploitation, mais au moins les premières pierres d'une telle théorie. On y trouve même une théorie qui place l'origine de la plus-value dans le contexte social de la production. La plus-value est le fruit de l'« offre » et de la « demande », c'est-à-dire du contexte social de l'échange qui ne peut être individuellement accaparé. De cette analyse découle une théorie sociale alternative, la théorie des fonctions ou des associés fonctionnaires, et la nécessité d'un droit social plutôt qu'individuel[64].

Pour Pecqueur, la « plus-value » n'appartient pas plus au capitaliste qu'au travailleur, elle appartient à la « société tout entière »[65]. C'est pourquoi il est besoin d'un « centre régulateur et pondérateur des relations économiques, lequel serait l'émanation directe des intéressés et resterait incessamment dans leur dépendance »[66]. C'est ce que Pecqueur appelle « l'échange socialement

61. *Ibid.*, p. 17.

62. *Ibid.*

63. *Ibid.*

64. À nouveau, la théorie de l'exploitation ouvre sur une théorie de l'organisation du travail dont l'étape intermédiaire est la reconnaissance d'un droit au travail.

65. *Ibid.*, p. 18.

66. *Ibid.*, p. 19.

arbitré » contre l'« échange arbitraire »[67]. Il « faut ici l'intervention permanente d'un centre désintéressé, qui représente la prévoyance et la justice sociale, ou le Peuple souverain ; une institution ou magistrature expresse, émanation pure du suffrage universel »[68]. Suit alors, pour clore cette analyse économique de l'exploitation et la présentation de la solution politique qu'il convient d'adopter pour y remédier, une longue liste de citations de différents pères de l'Église ou saints célèbres en appui de la démonstration. Il s'agit dans l'esprit de Pecqueur, alors qu'une contre-révolution est menée par les élites conservatrices et catholiques contre les institutions de février, de montrer que la vraie religion est du côté de la république sociale.

Conclusion

En 1848, « l'abolition de l'exploitation de l'homme par l'homme » prend un tour constructif alors même que la Révolution de février semble vouloir mettre en place de nouveaux modes de fonctionnement de l'économie. Si le slogan est toujours présent, il est, quantitativement, écrasé par ce qu'il appelle implicitement de ses vœux : l'organisation du travail, versant pratique du « droit au travail » que les ouvriers souhaitent inscrire dans la Constitution[69]. La classe des « producteurs » de Saint-Simon s'est effritée pour mettre au jour la scission sans doute la plus grande qui caractérise l'époque moderne, celle des capitalistes et des travailleurs, mais aussi, au sein même des travailleurs, celle qui oppose alliés des propriétaires et ceux qui leur sont soumis. La position de pouvoir que l'on peut occuper dans le rapport salarial, sans être soi-même propriétaire, devient un élément déterminant de la théorie de l'exploitation : notamment dans l'une des versions de l'exploitation indirecte chez les héritiers de Saint-Simon, comme nous avons essayé de le montrer. Mais si ce pouvoir existe, soutiennent-ils alors, c'est parce qu'indirectement il est possible de répercuter sur le dernier maillon de la chaîne, le prolétaire, le poids que fait peser sur le contrat le pouvoir du propriétaire.

---

67. *Ibid.*

68. *Ibid.*, p. 21.

69. Pour la seule année 1848, on trouve 255 ouvrages ou imprimés qui portent dans leur titre les termes « organisation » et « travail ». S'agissant de l'expression « exploitation de l'homme par l'homme », une recherche identique, portant sur l'année 1848 et sur tous les titres d'ouvrages ou imprimés comprenant les termes « exploitation » et « homme », ne donne pour résultat qu'une seule occurrence.

Dans les débats qui ont cours pendant la période pour savoir quelle forme devrait prendre l'association ouvrière, Pecqueur note que vouloir encore défendre « l'association entre le capital et le travail, c'est reconnaître et sanctionner à neuf l'exploitation de l'homme par l'homme »[70]. Le capital ici renvoie bien à la propriété des instruments de travail et Pecqueur insiste pour que cet aspect-là soit au centre de la réorganisation sociale, grâce à une propriété sociale des instruments (machines) ou des fonds de production (terre) : « [I]l ne doit plus y avoir de patrons, mais uniquement des travailleurs égaux. Le capital ou l'instrument de travail doit donc être social, collectif, désapproprié et non individualisé. Sans cela vous aurez toujours des ouvriers, des serviteurs, des subalternes qui travailleront chez un maître, vous aurez un état-major de la production qui gouvernera, par le fait de son capital, la masse des citoyens et décidera de leur avenir[71]. » Une telle proposition ne se comprend que dans la fusion, qui émerge dans les années 1830, de deux courants, républicain et saint-simonien. Cette fusion scelle l'alliance paradoxale de la politique et de la science sociale que les mutations du concept d'exploitation sous la monarchie de Juillet ont rendue possible.

70. Pecqueur [1967e, p. 9].

71. *Ibid.*

Références bibliographiques

Aramini, Aurélien et Bourdeau, Vincent [2015], « Synthèse et association. La *Revue encyclopédique* de Leroux, Reynaud et Carnot », in Bouchet Thomas *et al.* [2015].

Bouchet, Thomas, Bourdeau, Vincent, Castleton, Edward, Frobert, Ludovic et Jarrige, François (dir.) [2015], *Quand les socialistes inventaient l'avenir. Presse, théories et expériences, 1825-1860*, Paris : La Découverte.

Bouchet, Thomas [2006], « Le droit au travail sous le "masque des mots" : les économistes français au combat en 1848 », *French Historical Studies*, vol. 29, n° 4, p. 595-619. <halshs-00140968>, vérifié le 01.06.2017.

Bouglé, Célestin et Halévy, Élie (dir.) [1924], *Exposition de la doctrine de Saint-Simon ou Doctrine de Saint-Simon* (1re année, 1829), Paris : Marcel Rivière.

Bourdeau, Vincent [2015], « En défense du Luxembourg (1849-1851). *Le Travail affranchi* (janvier 1849-juin 1849), *Le Salut du Peuple. Journal de la science sociale* (décembre 1849-mai 1850), *Le Nouveau Monde. Journal historique et politique* (juillet 1849-mars 1851) », in Bouchet Thomas *et al.* [2015].

Bourdeau, Vincent, Chappey, Jean-Luc, Vincent, Julien (dir.) [2019, *à paraître*], *Les Encyclopédismes en France à l'ère des révolutions (1789-1850)*, Besançon : Presses universitaires de Franche-Comté, coll. « Archives de l'imaginaire social ».

Bourdeau, Vincent [2019, *à paraître*], « Un encyclopédisme républicain sous la monarchie de Juillet : Jean Reynaud (1806-1863) et l'*Encyclopédie nouvelle* », in Bourdeau Vincent *et al.* [2019, *à paraître*].

Brahami, Frédéric [2016], *La Raison du Peuple. Un héritage de la Révolution française (1789-1848)*, Paris : Les Belles Lettres.

Callegaro, Francesco et Lanza, Andrea (dir.) [2015], *Le sens du socialisme. Histoire et actualité d'un problème sociologique*, Revue *Incidence. Philosophie, littérature, sciences humaines et sociales*, n° 11, automne.

Carnot, Hippolyte, Enfantin, Prosper, Duveyrier, Charles et Fournel, Henri [1830], *Exposition de la doctrine de Saint-Simon, 2e année*, Paris : Au bureau de l'*Organisateur* et du *Globe*.

Déruelle, Aude et Potin, Yann [2018], *Augustin Thierry. L'histoire pour mémoire*, Rennes : Presses universitaires de Rennes.

Fleurbaey, Marc [2014] « The facets of exploitation », *Journal of Theoretical Politics*, 26, p. 653-676.

Hayat, Samuel [2014], *Quand la République était révolutionnaire. Citoyenneté et représentation en 1848*, Paris : Seuil.

Grenouilleau, Olivier [2017], *La Révolution abolitionniste*, Paris : Gallimard, coll. « Bibliothèque des Histoires ».

Gribaudi, Maurizio [2015], *Paris, ville ouvrière. Une histoire occultée, 1789-1848*, Paris : La Découverte.

Griffiths, David Albert [1965], *Jean Reynaud, encyclopédiste de l'époque romantique. D'après sa correspondante inédite*, Paris : Marcel Rivière.

Jalée, Pierre [1974], *L'exploitation capitaliste. Initiation au marxisme*, Paris : Maspero.

Jalée, Pierre [1976], *Le projet socialiste : approche marxiste*, Paris : Maspero.

Jarrige, François [2011], « Naissance de l'industrialisme au XIXe siècle », in Collectif, *Sortir de l'industrialisme*, Lyon : Le Pédalo Ivre.

Leroux, Jules [1833], « De l'économie politique considérée comme science », *Revue encylopédique*, vol. 57, mars.

Leroux, Thomas [2010], *Le Laboratoire des pollutions industrielles, Paris, 1770-1830*, Paris : Albin Michel.

Marx, Karl [1994 (1848)], *Le Manifeste communiste*, in *Philosophie*, Paris : Gallimard, coll. « Folio ».

Pecqueur, Constantin [1842], *Théorie nouvelle d'économie sociale et politique, ou Études sur l'organisation des sociétés*, Paris : Capelle.

Pecqueur, Constantin [1967], *Le Salut du Peuple. Journal de la Science Sociale (1849-1850)*, Paris : Éditions d'Histoire Sociale (EDHIS).

Pecqueur, Constantin [1967a], « Introduction », *Le Salut du Peuple*, n° 1, décembre 1849, in Pecqueur, Constantin [1967].

Pecqueur, Constantin [1967b], « Qu'est-ce que l'État ? », *Le Salut du Peuple*, n° 1, décembre 1849, in Pecqueur, Constantin [1967].

Pecqueur, Constantin [1967c], « Première Lettre au citoyen Proudhon », *Le Salut du Peuple*, n° 1, décembre 1849, in Pecqueur, Constantin [1967].

Pecqueur, Constantin [1967d], « L'usure n'est qu'une des formes de l'exploitation de l'homme par l'homme », *Le Salut du Peuple*, n° 3, 10 février 1850, in Pecqueur, Constantin [1967].

Pecqueur, Constantin [1967e], « Exigences du prolétariat », *Salut du Peuple*, n° 5, 10 avril 1850, in Pecqueur, Constantin [1967].

Piguet, Marie-France [1996], *Classe. Histoire du mot et genèse du concept : des physiocrates aux historiens de la Restauration*, Lyon : Presses universitaires de Lyon.

Portis, Larry [1988], *Les classes sociales en France. Un débat inachevé (1789-1989)*, Paris, Les Éditions ouvrières.

Procacci, Giovanna [1993], *Gouverner la misère. La question sociale en France, 1789-1848*, Paris : Seuil.

Rademacher, Ingrid [2001], « La Science sociale républicaine de Pierre-Louis Roederer », *Revue française d'histoire des idées politiques*, vol. 1, n° 13, p. 26-55.

Régnier, Philippe [1982-1983], *Les idées et les opinions littéraires des saint-simoniens (1825-1835)*, vol. I, thèse pour le doctorat de 3e cycle, 1982-1983 [Usuel Saint-Simonisme, cote : 103, Bibliothèque de l'Arsenal].

Régnier, Philippe [2015], « Les premiers journaux saint-simoniens ou l'invention conjointe du journal militant et du socialisme. *Le Producteur* d'Enfantin et Rodrigues et *L'Organisateur* de Laurent et Bazard », in Bouchet Thomas *et al.* (dir.) [2015].

Reynaud, Jean [1832], « De la nécessité d'une représentation spéciale pour les prolétaires », *Revue encyclopédique*, vol. 54, avril.

Saint-Simon, Henri [2012], *Œuvres complètes*, vol. III, sous la direction de Juliette Grange, Pierre Musso, Philippe Regnier et Frank Yonnet, Paris : PUF.

Stedman Jones, Gareth [1983], *Languages of class. Studies in English working-class history 1832-1982*, Cambridge: Cambridge University Press.

Supiot, Alain [2004], *Qu'est-ce que le droit du travail*, Paris : PUF.

Vidal, François [1846], *De la répartition de la richesse ou de la justice distributive*, Paris : Capelle.

Vidal, François [1848], « Notre programme », *Le travail affranchi*, numéro spécimen, 31 décembre [Bibliothèque de l'Arsenal, cote : 10115 JO].

Vrousalis, Nicholas [2017], « Exploitation of Man by Man: A Beginner's Guide », texte disponible en ligne : www.vrousalis.net/exploitation.pdf, lien vérifié le 1er juin 2017.

D'OÙ VIENT LA THÉORIE DE L'EXPLOITATION DE MARX ?

Pierre Le Masne[1]

Le papier s'interroge sur les origines de la théorie de l'exploitation de Marx et insiste sur le rôle de Quesnay et de Turgot. L'approche marxiste de l'exploitation doit également à Smith et Ricardo, mais en s'appuyant trop sur Ricardo et sur une mesure en temps de travail de la valeur, Marx rend la mesure empirique de l'exploitation impossible. Il est mis en avant une mesure en prix, dérivée de la théorie du surplus de Quesnay et conservant l'idée que le travail est l'origine de la valeur. La comptabilité nationale doit être la base de l'analyse et il est nécessaire de prendre en compte le rôle de l'État.

Where does Marx's exploitation theory come from?

The paper wonders about the origin of Marx's exploitation theory and insists on the influence of Quesnay and Turgot. The Marx's exploitation theory owes also to Smith and Ricardo. But relying too much on Ricardo and on a measurement of value in labour time, Marx renders impossible a measurement of exploitation. We put forward a price measurement of exploitation, based on Quesnay's surplus theory which maintains the idea that labour is the origin of value. National accounting should be the basis of analysis and it is necessary to take account of the role of the State.

Mots clés : exploitation, Marx, Quesnay, Turgot, reproduction.
Keywords: exploitation, Marx, Quesnay, Turgot, reproduction.

Codes JEL : B14, B51

---

1. Pierre Le Masne est maître de conférences émérite à l'Université de Poitiers et chercheur au CRIEF (EA 2249). Il remercie les deux rapporteurs anonymes pour leurs utiles remarques.

Introduction

La théorie de l'exploitation est au centre de l'œuvre de Karl Marx. Marx s'est intéressé à l'exploitation à partir de ses contacts avec le mouvement ouvrier et révolutionnaire. *Le Capital* cite des travaux de médecins et d'inspecteurs de fabrique qui dénoncent les conditions de vie d'une large partie de la population britannique.

Marx a aussi été sensible à l'influence d'économistes. Pour certains analystes, Marx a été influencé par Adam Smith et surtout par David Ricardo[2]. D'autres, comme Wilhelm Lexis, Pierre Moride, Hector Denis, Jean Bénard [1958] ou Jacques Nagels [1970], insistent sur le rôle de François Quesnay. Selon Hector Denis [1904, p. 97], « si grande que soit la distance qui sépare Marx des physiocrates, il est impossible de ne pas être porté à penser que l'œuvre à laquelle Marx a consacré une si prodigieuse puissance d'analyse, est réellement tissée sur la trame du Tableau de Quesnay ». Lexis [1895, p. 26] a déjà remarqué « une analogie frappante entre le produit net de Quesnay et la survaleur de Marx » tandis que Moride [1908, p. 61] note : « Plus-value et produit net sont deux théories appliquées du même objet. Dans les deux cas, il s'agit d'un excédent disponible. » Joseph Schumpeter [1954, p. 238] observe une similarité frappante entre la conception générale de la théorie de Marx et celle de Quesnay.

Ce papier insiste sur l'influence des physiocrates et d'Anne Robert Jacques Turgot sur la théorie de l'exploitation. Cette influence, affirmée par Marx lui-même, est aujourd'hui parfois oubliée, en particulier d'auteurs se réclamant de Marx[3]. Marx emprunte à la théorie du surplus de Quesnay et à la théorie de la valeur-travail de Ricardo. Mais Ricardo n'a pas toujours été de bon conseil pour Marx, car l'idée de Ricardo de ramener les divers éléments de la valeur d'échange à un temps de travail, reprise par Marx, rend impossible la mesure empirique de l'exploitation. La théorie de l'exploitation exposée, qui maintient l'idée que la valeur est expliquée par le travail, s'appuie largement sur Quesnay et Turgot ; basée sur la comptabilité nationale, elle aboutit à des mesures en prix.

Il est procédé en trois temps. Les étapes historiques de la construction d'une théorie de l'exploitation par Marx sont retracées. La théorie de la

2. Henri Denis [1966] ainsi que Jean Boncœur et Hervé Thouément [2000] mettent en avant l'influence de Ricardo.

3. Pierre Salama et Tran Hai Hac [1992] ainsi que Ben Fine et Alfredo Saad-Filho [2012] ne parlent pas de Quesnay dans leur introduction à Marx.

survaleur de Marx est présentée, à partir des *Théories sur la plus-value* et du *Capital* et en montrant l'influence sur elle des physiocrates et de Turgot. La théorie de l'exploitation de Marx (basée sur un raisonnement en temps de travail) est comparée à une théorie dérivée de Quesnay et Turgot et mesurant l'exploitation en prix ; une procédure de mesure du taux d'exploitation à partir de la comptabilité nationale est esquissée. Cette procédure tient compte du rôle fiscal de l'État.

Nous utilisons le terme de « survaleur » pour traduire *Mehrwert,* plutôt que « plus-value ». Pour *Le Capital,* livre I, nous nous référons à la 4e édition allemande (1890) et à sa traduction française de 2016. Nous citons Marx avec une référence en français puis une référence en allemand[4].

1. Un bref historique de la théorie de l'exploitation chez Marx

Les *Manuscrits de 1844* montrent que Marx a déjà beaucoup lu en économie, Smith, Ricardo, Say. Marx consacre plusieurs pages aux physiocrates, qu'il considère alors comme une pensée de transition entre les mercantilistes et Smith [Marx, 1994, p. 261 ; Marx et Engels, 1981, p. 386] : les physiocrates ont une vision trop étroite du travail productif en le limitant à l'agriculture. Marx voit dans le prolétariat la force qui doit permettre « l'abolition de l'aliénation » [Marx, 1994, p. 393 ; Marx et Engels, 1981, p. 518], et ne parle pas d'« exploitation ». Il dénonce la paupérisation et cite à l'appui Wilhelm Schulz [1843], Constantin Pecqueur [1842], Charles Loudon [1842], Eugène Buret [1840].

Idéologie allemande [1845-46] et Misère de la philosophie [1847]

Dès l'*Idéologie allemande,* Marx et Engels [1976, p. 417 ; 1970a, p. 391] considèrent les physiocrates comme des précurseurs : « L'économie politique [...] fut élevée au rang de science particulière par les physiocrates d'abord, et c'est depuis eux qu'on la traite comme telle. » Marx et Engels [1976, p. 414 ; 1970a, p. 388] présentent l'exploitation comme le tort fait à un homme, et relient ainsi éthique et économie :

> « La science proprement dite de cette théorie de l'utilité, c'est l'économie ; chez les physiocrates, elle apparaît avec son contenu véritable, car ce sont eux qui ont proposé les premiers une vue d'ensemble systématique de

4. Toutefois quelques textes non traduits sont cités seulement en allemand. *Misère de la philosophie,* publié en français, est cité uniquement dans cette langue.

> l'économie [...]. Le rapport d'utilité a un sens tout à fait précis, il signifie que je tire un profit du tort que je fais à un autre (exploitation de l'homme par l'homme). »

Les physiocrates sont les fondateurs d'une théorie de l'exploitation [Marx et Engels, 1976, p. 416 ; 1970a, p. 390-391] : « Le contenu de la théorie de l'exploitation, négligé par Helvétius et d'Holbach, fut développé et systématisé, à l'époque où écrivait ce dernier, par les physiocrates. »

Marx [2015, p. 281-288] rédige fin 1846-début 1847 des notes détaillées[5] sur le droit naturel de Quesnay et l'analyse du *Tableau*, à partir du recueil d'Eugène Daire [1846] qui vient d'être publié.

Dans *Misère de la philosophie*, Marx [1972a, p. 79] met en avant des socialistes anglais, qui ont « proposé l'application égalitaire de la théorie ricardienne » : Thomas Hodgskin [1827], William Thomson [1824] et surtout John Bray. Bray [1839] reprend l'idée de Ricardo que le travail seul donne de la valeur et ajoute (cité par Marx [1972a, p. 81]) :

> « Chaque homme a un droit indubitable à tout ce que son travail honnête peut lui procurer [...]. Les capitalistes et les propriétaires ne font que donner à l'ouvrier, pour son travail d'une semaine, une partie de la richesse qu'ils ont obtenue de lui la semaine d'avant, c'est-à-dire que pour quelque chose, ils ne lui donnent rien (*nothing for something*) [...]. Aussi longtemps que ce système de l'inégalité des échanges sera en vigueur, les producteurs seront toujours aussi pauvres. »

Bray s'illusionne toutefois en considérant l'inégalité comme provenant de l'échange, et Marx [1972a, p. 88] affirme le primat de la production sur l'échange. Marx adhère déjà à une approche du travail issue de Ricardo : le travail explique la valeur. Marx [1972a, p. 113-114] revient également à Quesnay en se référant à l'*Analyse du Tableau économique* (voir annexe 1) : « Le docteur Quesnay a fait de l'économie politique une science ; il l'a résumée dans son fameux *Tableau économique*. Outre les mille et un commentaires qui ont paru sur ce tableau, nous en possédons un du docteur lui-même. C'est l'"analyse du tableau économique". »

Travail salarié et Capital [1849] et Grundrisse [1857-58]

Dans *Travail salarié et Capital*, Marx considère le travail comme une marchandise que le capitaliste achète à un prix inférieur à ce qu'elle permet

5. Ces notes sont en allemand.

de produire ; toutefois, le terme d'exploitation n'est pas prononcé. Selon Marx [1965, p. 211 ; 1970, p. 407], le capital est du travail accumulé.

Dans les *Grundrisse*, Marx [1969, p. 274-282 ; 1976, p. 243-248] considère qu'il a trois prédécesseurs importants à propos de valeur, les physiocrates, Smith et Ricardo. Les physiocrates [Marx, 1969, p. 276-277 ; 1976, p. 243-244] :

> « [...] distinguent le capital de l'argent et conçoivent le premier sous sa forme de valeur d'échange autonome, susceptible de se conserver et de s'accroître dans la production. Ainsi donc, ils considèrent le rapport pour lui-même ; il n'est plus, à leurs yeux, un moment de la circulation simple ; il est au contraire une présupposition de celle-ci et, en en sortant, il se rétablit constamment comme tel. Les physiocrates sont donc les pères de l'économie politique. Ils comprennent également que la création de plus-value par le travail salarié représente l'autovalorisation, c'est-à-dire la réalisation du capital. »

Les physiocrates ont compris qu'il suffit au travail humain [Marx, 1969, p. 277-278 ; 1976, p. 244] :

> « [...] de diriger le métabolisme chimique (dans l'agriculture) au moyen de quelques machines ou de surveiller la reproduction vitale (élevage) pour obtenir un surproduit, c'est-à-dire pour transformer ces substances naturelles en une forme dénuée de valeur d'usage en une forme riche de valeur. La forme véritable de la richesse générale est donc l'excédent des produits de la terre (céréales, bétail, matières premières). »

Le terme de *Mehrwert* apparaît dans les *Grundrisse* et Marx [1969, p. 283-291 ; 1976, p. 255-260] y définit de façon précise la survaleur. Le temps de travail socialement nécessaire (TTSN) à la reproduction de la force de travail est distingué du temps consacré au surtravail.

Autres travaux

Dans la *Contribution à la critique de l'économie politique* de 1859, Marx passe en revue les économistes qui ont fait avancer la compréhension de la valeur, William Petty, Pierre de Boisguilbert, Benjamin Franklin, James Steuart. Marx [1972b, p. 36 ; 1980, p. 137] est élogieux vis-à-vis de Ricardo : « Contrairement à Adam Smith, David Ricardo a nettement dégagé le principe de la détermination de la valeur de la marchandise par le temps de travail et il montre que cette loi régit également les rapports de production bourgeois qui semblent le plus en contradiction avec elle. »

Marx revient sur les physiocrates dans ses *Théories sur la plus-value* (écrites en 1861-63) et tente de présenter son propre *Tableau économique*[6]. Il évoque encore les physiocrates en 1878 dans un chapitre de l'*Anti-Dühring* [Marx, 1971, 1972c] et réaffirme à cette occasion[7] que les physiocrates sont les premiers interprètes méthodiques du capitalisme. Le livre I du *Capital* se réfère souvent à des physiocrates : Nicolas Baudeau, Pierre-Samuel Dupont de Nemours, Pierre-Paul Le Mercier de la Rivière, Guillaume Le Trosne, Mirabeau père, Mirabeau fils, et Quesnay. Dans le livre II du *Capital*, Marx développe, souvent en s'appuyant sur Quesnay, les divers circuits du capital, les théories du capital fixe et circulant, enfin les notions de reproduction simple et élargie. À côté du livre II publié par Engels, les manuscrits de Marx du livre II [Marx, 2008] contiennent des notes de lecture sur les physiocrates qu'Engels n'a pas reprises dans son édition du livre II[8].

Nous expliquons la dette de Marx à l'égard des physiocrates et de Turgot à partir des *Théories sur la plus-value* et du *Capital.*

2. L'apport des physiocrates et de Turgot à la théorie de l'exploitation de Marx

Les similitudes entre survaleur et « produit net » sont montrées, d'autres emprunts de Marx aux physiocrates sont analysés, et les avances annuelles de Quesnay sont rapprochées du capital variable.

Survaleur et produit net

Selon Marx [TPV1[9], p. 26 ; TM1, p. 7], les physiocrates ont été les premiers à voir l'origine de la survaleur dans la production : « Avant les physiocrates, on explique la plus-value – c'est-à-dire le profit sous la forme du profit – uniquement à partir de l'échange, par la vente de la marchandise au-dessus de sa valeur. » Tandis que pour Marx [TPV1, p. 33 ; TM1, p. 14] : « Les physiocrates ont recherché l'origine de la plus-value non plus dans la sphère

6. Lettre de Marx à Engels du 6 juillet 1863 [Marx et Engels, 1979, p. 170-175 ; 1970b, p. 148-152] ; également, Christian Gehrke et Hans Kurz [1995].

7. Lettre de Marx à Engels du 7 mars 1877 [Marx et Engels, 1970c, p. 452].

8. On y trouve [Marx, 2008, p. 135-140] plusieurs extraits de Quesnay, Baudeau, Le Trosne et Turgot. Marx s'intéresse aux « reprises » et au renouvellement des avances primitives.

9. Nous renvoyons aux pages des *Théories sur la plus-value*, t. 1 (notées TPV1 [Marx, 1974]), puis à celles des *Theorien über den Mehrwert*, t. 1 (notées TM1 [Marx, 2000]).

de la circulation mais dans celle de la production immédiate, jetant ainsi les bases de l'analyse de la production capitaliste. »

Les physiocrates sont les premiers à avoir compris le capital [Marx, TPV1, p. 31 ; TM1, p. 12] :

> « C'est essentiellement aux physiocrates que revient le mérite d'avoir analysé le capital dans les limites de l'horizon bourgeois, ce qui fait d'eux les véritables pères de l'économie moderne. Premièrement, ils ont analysé les divers éléments matériels dont est fait et en lesquels se décompose le capital tout au long du processus de travail. On ne peut faire grief aux physiocrates d'avoir, comme leurs successeurs, conçu comme capital ces modes matériels d'existence, instruments, matières premières, etc., sans tenir compte des conditions sociales dans lesquelles ils apparaissent dans la production capitaliste ; autrement dit, de les avoir saisis sous la forme où ils sont des éléments du procès de travail en général et indépendamment de la forme générale de ce procès, faisant ainsi du mode capitaliste de production un mode de production naturel et éternel. »

Marx [TPV1, p. 32 ; TM1, p. 13] reconnaît le capital circulant dans les « avances annuelles » et le capital fixe dans les « avances primitives ». Les physiocrates ont appelé avec raison travail productif le travail créateur de survaleur[10] [Marx, TPV1, p. 33 ; TM1, p. 14] :

> « Ils ont eu tout à fait raison de poser ce principe fondamental : seul est productif le travail qui crée une *plus-value*, dont le produit contient donc une valeur supérieure à la somme des valeurs consommées pendant sa production. La valeur des matières premières et du matériel étant donné, la valeur de la puissance de travail étant, elle égale au salaire minimal, cette plus-value ne peut manifestement consister qu'en la quantité de travail fournie par l'ouvrier au capitaliste et excédant celle qu'il reçoit, lui, dans son salaire. Elle n'apparaît pas sous cette forme il est vrai chez les physiocrates, car ils n'ont pas encore ramené la valeur en général à sa substance simple, quantité ou temps de travail. »

Selon Marx [TPV1, p. 37 ; TM1, p. 19], la productivité du travail agricole apparaît aux physiocrates comme « un don de la nature, une force productive de celle-ci », alors qu'il faut parler de « collaboration des forces naturelles – multiplication de la force de travail humaine par l'emploi et l'exploitation des forces naturelles ». Marx sous-estime cependant le rôle du travail dans l'économie physiocratique. En effet, Mirabeau et Quesnay [1760, p. 119] discernent le rôle du travail : « Le produit vient de deux agens [*sic*] combinés.

10. Dans *Le Capital*, Marx [C1, p. 490 ; K1, p. 532] réaffirme que « seul est productif le travailleur qui produit de la survaleur pour le capitaliste ou qui sert à valoriser le capital ». C1 réfère au livre I du *Capital* [Marx, 2016], K1 au livre I de *Das Kapital* [Marx, 2013].

Ces deux agens sont le travail de l'homme et le don de la nature. Cette bonne mère double, triple et décuple quelquefois ce que le travail de l'homme lui a confié. » Quesnay [2005, p. 199] affirme que « le produit du travail des hommes qui cultivent la terre, peut être le double ou le triple de celui de la fabrication des marchandises de main-d'œuvre ». Le travail industriel reproduit son propre coût mais pas plus : il est « stérile »[11] car non générateur de surplus. Le travail agricole produit 2 ou 3 fois ce qu'il coûte et génère donc un surplus.

L'analyse du travail progresse chez Turgot, qui, selon Marx [TPV1, p. 42 ; TM1, p. 24], « présente d'ailleurs par endroit le pur don de la nature comme un surtravail, et d'autre part il explique la nécessité pour le travailleur de fournir ce qui dépasse son salaire strict par le fait qu'il est coupé des conditions de travail et que celles-ci se présentent en lui en tant que propriété d'une classe qui en fait commerce ».

Marx souligne, en citant Turgot [Marx, TPV1, p. 42-43 ; TM1, p. 24-25], que le travail du laboureur produit plus que son salaire :

> « Dès que le travail du laboureur produit au-delà de ses besoins, il peut, avec ce superflu que la nature lui accorde en pur don au-delà du salaire de ses peines, acheter le travail des autres membres de la société. Ceux-ci en lui vendant ne gagnent que leur vie ; mais le laboureur recueille, outre sa subsistance, une richesse indépendante et disponible, qu'il n'a point achetée et qu'il vend. Il est donc l'unique source des richesses qui par leur circulation animent tous les travaux de la société, parce qu'il est le seul dont le travail produise au-delà du salaire du travail. »

L'excédent n'est pas pour Turgot un don de la nature mais résulte [Marx, TPV1, p. 45-46 ; TM1, p. 27] « du travail d'autrui à qui la productivité de la nature confère le pouvoir de produire des moyens de subsistance au-delà de ses propres besoins, mais qui, de par son existence de travail salarié, en est réduit à ne s'approprier du produit du travail que ce qui lui est nécessaire pour lui procurer sa subsistance ».

Marx [TPV1, p. 46 ; TM1, p. 27] cite Turgot en indiquant qu'il a dépassé les physiocrates : « Le cultivateur produit son propre salaire et en outre le revenu qui sert à salarier toute la classe des artisans et autres stipendiés. [...] Le propriétaire n'a rien que par le travail du cultivateur (et donc pas par pur

11. L'affirmation de l'absence de surplus dans l'industrie est erronée. Mais si l'industrie est stérile en termes de produit net, elle ne l'est pas pour Quesnay en termes modernes de valeur ajoutée.

don de la nature[12]) ; il reçoit de lui sa propre subsistance et ce avec quoi il paie les travaux des autres stipendiés [...]. »

Les physiocrates et Turgot, même s'ils limitent la survaleur à l'agriculture [Marx, TPV1, p. 46 ; TM1, p. 28], ont « une conception juste de la plus-value en la considérant comme le produit du travail du salarié, même si, par ailleurs, ils conçoivent ce travail lui-même sous la forme concrète qu'il prend dans les valeurs d'usage ».

Avec son concept de survaleur, Marx généralise le « produit net » des physiocrates. Dans *Le Capital*, Marx [C1, p. 222 ; K1, p. 243] présente surproduit et produit net de façon identique : « Nous appelons surproduit (surplus produce, produit net) la part du produit dans laquelle la survaleur se représente. » Certains éléments étaient déjà chez Petty qui voit l'origine de la survaleur dans le travail non payé et pour lequel [Marx, TPV1, p. 198 ; TM1, p. 152] « la rente en général est une surplus-value, un produit net ». Quesnay est proche de distinguer produit net absolu et relatif, comme Marx distingue survaleur absolue et relative[13]. Smith [1991] étend la survaleur à l'industrie et parle de travail en général [Marx, TPV1, p. 83 ; TM1, p. 56-57].

D'autres emprunts de Marx

Marx emprunte d'autres éléments aux physiocrates et à Turgot :

1) Les physiocrates sont les premiers à opposer la production à la « circulation »[14] [Delmas et Demals, 1995]. Le produit net naît au cours de la production et se réalise ensuite dans la circulation. Marx [TPV1, p. 43 ; TM1, p. 25] dit à propos des physiocrates et de Turgot, comme il pourrait dire de son propre système :

> « Voyons à présent comment naît la plus-value. Elle ne tire pas sa source de la circulation, mais s'y réalise. Le produit est vendu à sa valeur, pas au-dessus. Pas d'excédent du prix sur la valeur. Mais parce qu'il est vendu à sa valeur, le vendeur réalise une plus-value. Ce n'est possible que parce que lui-même n'a pas payé entièrement la valeur qu'il vend, ou parce que le produit contient un élément de valeur qu'il n'a pas payé, pas compensé par un équivalent. Et tel est bien le cas pour le travail agricole. »

12. Le contenu de la parenthèse est ajouté par Marx ; sur ce point, Turgot [1997, p. 166].

13. Le produit net absolu est obtenu en imposant des périodes de travail gratuites par le système des corvées. Il est plus rentable d'employer un misérable salarié savoyard qu'un salarié français [Quesnay, 2005, p. 990].

14. Mirabeau, Quesnay et Butré [2014, p. 682] parlent du « cercle de dépenses et d'échanges qu'on appelle circulation ».

2) La notion de travail productif est introduite par les physiocrates [Malle, 1991] et reprise par Smith, Ricardo et Marx. Pour les physiocrates, le travail industriel est stérile parce qu'il ne crée pas de surplus. L'industrie, « additive », ajoute le salaire des ouvriers au prix des matières premières pour obtenir la valeur des biens vendus. L'agriculture, « multiplicative », obtient dix grains de blé à partir d'un grain semé, et produit des biens agricoles valant plus que les frais engagés : Marx [C1, p. 188 ; K1, p. 205-206] cite à ce propos Le Mercier de la Rivière [1767, p. 424-425] et adhère à sa distinction entre secteur « additif » (improductif) et secteur « multiplicatif » (productif). Les échanges marchands sont en général des échanges équivalents, mais Marx [C1, p. 522-523 ; K1, p. 563-564], à la suite de Turgot, reconnaît une exception, l'achat de la force de travail : le salaire n'est pas le prix du travail, mais le prix de la force de travail, qui produit plus que son coût.

3) Le concept de « reproduction » vient de Quesnay. La reproduction est de 5 milliards dans le *Tableau* de *Physiocratie* [Quesnay, 2005, p. 552] sur lequel se base Marx (voir annexe 1). La reproduction est la somme du produit net (2 milliards) et des « reprises » (3 milliards), composées d'avances annuelles (2 milliards) et d'intérêts (1 milliard). Les avances annuelles physiocratiques comprennent les salaires des ouvriers agricoles et les rétributions des fermiers, ainsi que des consommations intermédiaires (CI) ; mais les CI agricoles sont éliminées du *Tableau*, et les avances annuelles se réduisent à une simple masse salariale. Les « intérêts » compensent la dépréciation des avances primitives (amortissement) et permettent de tenir compte du risque. La reproduction comporte deux parties, celle des avances annuelles qui concerne les agriculteurs et celle des avances primitives (relative au capital fixe engagé).

Marx raisonne aussi en termes de reproduction. La « reproduction simple » présentée au livre II du *Capital* correspond au *Tableau* de Quesnay : le capital se reproduit à l'identique d'année en année. Le fonds de travail (capital variable) se reproduit également [Marx, C1, p. 551 ; K1, p. 593] : « Le capital variable n'est donc qu'une forme phénoménale historique particulière du fonds de moyen d'existence ou du fonds de travail dont le travailleur a besoin pour sa propre reproduction et qu'il doit toujours produire et reproduire lui-même dans tous les systèmes de production sociale. » Pour Marx [C2.2, p. 46 ; K2, p. 311], comme pour Quesnay, la reproduction comprend deux parties : « La reproduction englobe à la fois la reproduction (c'est-à-dire l'entretien) de la classe capitaliste et de la classe ouvrière, partant aussi la reproduction du caractère capitaliste de l'ensemble du procès de production. »

Marx [C2.2, p. 48 ; K2, p. 393-394] note que « la reproduction simple, à la même échelle apparaît ainsi comme une abstraction » et que cette reproduction sans accumulation est un préalable à l'étude de la reproduction élargie. Quesnay raisonnait de façon analogue dans la *Philosophie rurale* (ou dans *Physiocratie*). Le *Tableau* du chapitre VII de la *Philosophie rurale* est statique et correspond à une reproduction simple, tandis que le chapitre IX est consacré à la croissance (reproduction élargie).

Avances annuelles et capital circulant

Marx remarque que Turgot et Dupont de Nemours utilisent avant Smith le terme de capital (plutôt que celui d'avances). Les physiocrates ont par ailleurs compris les différentes formes prises par le capital au cours de la production [Marx, C2.1, p. 174 ; K2, p. 189] :

> « Chez Quesnay, la différence entre le capital fixe et le capital circulant apparaît comme la distinction des avances primitives et des avances annuelles. Il présente correctement cette différence comme une différence au sein du capital productif, incorporé au procès de production immédiat. Dès lors qu'il n'admet comme capital productif que le capital employé dans l'agriculture, donc le capital du fermier, ces différences ne se produisent que pour le capital du fermier. De là résulte également la rotation annuelle d'une partie du capital, tandis que l'autre a une rotation plus longue (de dix ans). En passant, au cours de leur exposé, les physiocrates appliquent aussi ces différences à d'autres sortes de capital, au capital industriel en général [...]. De plus Quesnay ramène correctement la différence entre ces deux éléments du capital productif à leur manière différente d'entrer dans la valeur du produit fini [...]. »

Les physiocrates ont vu les 3 formes prises par le capital circulant : capital marchandise, capital argent, capital productif. Selon Marx [C2.1, p. 178 ; K2, p. 192-193], Smith ne voit que les deux premières formes et ne comprend pas que le capital productif est également un capital circulant. Marx est critique de l'approche smithienne du capital qui confond la distinction capital fixe/capital circulant avec la distinction capital constant/capital variable. En revanche, selon Marx [C2.1, p. 202-203 ; K2, p. 221-222] :

> « Chez les physiocrates nous ne trouvons pas trace de cette confusion. La distinction entre avances annuelles et avances primitives ne se rapporte qu'aux différentes périodes de reproduction des différents éléments du capital, spécialement du capital agricole ; leurs idées relatives à la production de la plus-value forment une partie de leur théorie indépendante de ces distinctions, et d'ailleurs la partie qu'ils donnent comme la plus pénétrante de leur théorie. »

Les physiocrates considèrent les salaires comme des avances annuelles [Marx, C2.1, p. 195 ; K2, p. 213] : « Les physiocrates inscrivent avec raison la fraction du capital avancée pour le salaire parmi les avances annuelles, par opposition aux avances primitives. » Ils se sont selon Marx [C2.1, p. 196 ; K2, p. 214] rapprochés du concept de capital variable. Ce rapprochement va encore plus loin que ce qu'a compris Marx, comme nous le montrons maintenant.

Avances annuelles et capital variable

Dans la *Philosophie rurale* [Mirabeau, Quesnay et Butré, 2014], Quesnay construit des comptes de l'agriculture, avec 7 secteurs agricoles, et passe de ces comptes au *Tableau*. Nous résumons ce passage des comptes au *Tableau*, et d'avances annuelles contenant des consommations intermédiaires (CI) à des avances sans CI ; plus de détails sont donnés dans Pierre Le Masne [2016].

Les comptes de la *Philosophie rurale* (tableau 1) donnent les dépenses des 7 secteurs de l'agriculture (au total 6,3672 milliards). Les avances annuelles correspondent aux trois premières lignes du tableau 1, salaires des ouvriers, rétributions des fermiers, dépenses de fourrage (CI). La masse salariale (salaires plus rétributions) est de 2,4092 milliards, les CI de 0,9 milliard, et le total des avances annuelles de 3,3092. Les équilibres ressources-emplois de cette économie sont donnés en annexe 2.

Dans le *Tableau*, Quesnay tient compte seulement des échanges qui contribuent au produit net. Deux secteurs (les bestiaux et le commerce rural), dont le produit net est nul, sont éliminés ; les CI agricoles de fourrage disparaissent en même temps. Les avances annuelles de 2 milliards, composées uniquement de salaires et rétributions, sont désormais une simple masse salariale. Le tableau 2 présente cette économie simplifiée ne tenant compte que des transactions contribuant au produit net, sans CI agricoles (et sans la production pour elle-même de la classe stérile, qui ne contribue pas au produit net).

Quesnay appelle taux de produit net le rapport du produit net (PN) aux avances annuelles (AA) : dans le tableau 2, le taux de produit net est de 100 % car des avances annuelles de 2 milliards sont à l'origine d'un produit net de 2 milliards (PN/AA = 2/2 = 100 %). Le taux de survaleur de Marx (C1, p. 210 ; K1, p. 230) est le rapport s/v de la survaleur s au travail nécessaire v (capital variable). Dans le tableau 2, v (masse salariale ou capital variable)

Tableau 1. Les comptes de l'agriculture (chapitre VII, *Philosophie rurale*)

(unité : millions de livres tournois)	**Culture du grain (S. I)**	**Vignes (S. II)**	**Bois (S. III)**	**Prairies (S. IV)**	**Autres parties (S. V)**	**Bestiaux (S. VI)**	**Commerce rural (S. VII)**	**Ensemble**
Consommations intermédiaires (fourrage)	0	0	0	0	0	600	300	900
Salaires	771	225	225	50	200	300	100	1871
Rétributions des fermiers	300	75	28,8	14,4	0	0	120	538,2
Intérêts des fermiers	608	30	135	24	20	0	240	1057
Produit net (1)	1071	300	300	250	80	0	0	2001
Produit total	**2750**	**630**	**688,8**	**338,4**	**300**	**900**	**760**	**6367,2**
Avances annuelles (2)	1071	300	253,8	64,4	200	900	520	3309,2
Avances primitives	6080	300	600	240	200	2150	2400	11970
Avances totales (3)	7151	600	853,8	304,4	400	3050	2920	15279,2
Taux produit net ((1)/(2))	100%	100%	118,2%	388,2%	40%	0	0	60,5%
Taux de profit ((1)/(3))	15,0%	50,0%	35,1%	82,1%	20%	0	0	13,1%
Population (Milliers)	7168	1800	1896	496	1680	3260	1200	17500

est de 2 milliards, et s (survaleur ou produit net) de 2 milliards : le taux de survaleur de Marx, 2/2 ou 100 %, est identique au taux de produit net de Quesnay. Pour le taux de produit net comme pour le taux de survaleur, le surproduit est rapporté à la seule masse salariale [Roll, 1956, p. 270].

D'autres comparaisons sont possibles entre Quesnay et Marx. On peut, en s'inspirant cette fois de Marx, dériver du tableau 1 une composition organique du capital (c/v) chez Quesnay, différente selon les secteurs (6 081/1 071 ou 5,68 pour le grain, et 300/300 ou 1 pour la vigne). Le taux de produit net est également différent selon les secteurs.

Marx a lu de Quesnay ce qui est dans Daire (1846)[15] mais n'a pas lu la *Philosophie rurale*, et ne voit pas la relation entre les comptes de l'agriculture et le *Tableau.* Marx n'a pas pu déduire complètement le concept de taux de survaleur de celui de taux de produit net, parce qu'il ne comprend pas assez précisément la composition des avances annuelles. Il est cependant fortement influencé par la notion de taux de produit net.

Tableau 2. TES relatif au *Tableau* de Quesnay

(unité : millions de livres tournois)	**Consommations interm. Classe productive**	**Consommations interm. Classe stérile**	*Consommation finale des Salariés agricoles (a)*	*Consommation finale des Fermiers (b)*	*Formation (b.) de capital fixe des Fermiers (c)*	**Emplois finals Classe productive (a + b + c)**	**Consommation finale Classe stérile**	**Consommation finale Propriétaires**	**Total Emplois finals**	**Total Emplois**
Classe productive	0	1000	*875*	*225*	*900*	2000	1000	1000	**4000**	**5000**
Classe stérile	0	0	*675*	*225*	*100*	1000	/	1000	**2000**	**2000**
Total	**0**	**1000**	*1550*	*450*	*1000*	**3000**	**1000**	**2000**	**6000**	**7000**
Valeur ajoutée	**5000**	**1000**								
Produit net	*2000*									
CCF	*1000*									
Rétributions fermiers	*450*									
Salaires	*1550*	*1000*								
Total Ressources	**5000**	**2000**								

15. Roll [1956, p. 131] remarque que la connaissance de Marx de la littérature physiocratique est limitée.

Le concept de capital variable n'est pas dégagé par les physiocrates, dont l'analyse du travail n'est pas assez systématique, mais Turgot le donne presque. Marx clarifie, étend et systématise ce qui était en germe chez Quesnay et surtout chez Turgot.

Marx au-delà des physiocrates, de Smith et de Ricardo

Marx [TPV1, p. 29 ; TM1, p. 6] affirme que « tous les économistes sans exception commettent la même faute : ils ne considèrent pas la plus-value en tant que telle mais sous la forme particulière du profit et de la rente ». Le produit net de Quesnay est une rente. Smith et Ricardo parlent de profit mais n'ont pas de concept intermédiaire équivalent à la survaleur de Marx. Marx est le seul à distinguer deux étapes, la création de survaleur puis son appropriation par des capitalistes (industriels, commerciaux ou financiers) et des rentiers : survaleur, profit et rente sont différents mais liés.

3. La théorie de l'exploitation : Ricardo-Marx ou Quesnay-Turgot-Marx ?

Une première théorie de l'exploitation, que nous appelons Ricardo-Marx, reposant sur une mesure de la valeur des marchandises en temps de travail socialement nécessaire (TTSN), est comparée à une seconde théorie, voisine mais différente, que nous appelons Quesnay-Turgot-Marx. Cette deuxième approche mesure la valeur « vénale » des marchandises (leur valeur d'échange) en prix de marché.

La valeur vénale chez Quesnay

Le calcul de la valeur de la production agricole repose pour Quesnay sur une procédure comptable simple (tableau 1). Dans chaque secteur, on ajoute aux salaires des ouvriers agricoles les rétributions des fermiers puis un « intérêt » (10 % du capital du fermier). Un prix de revient du secteur en résulte. En déduisant du prix de vente de la production le prix de revient, on obtient un produit net. Le taux de produit net (ou de survaleur) rapporte dans les divers secteurs le produit net à la masse salariale agricole (salaires plus rétributions).

L'« intérêt » physiocratique de 10 % des avances primitives permet d'entretenir ces avances et de compenser divers risques ; si ces risques ne se réalisent pas, l'« intérêt » permet au fermier d'augmenter ses avances. Marx [1971, p. 285 ; 1972c, p. 235] montre l'importance de ce concept :

> « Sans cet intérêt, le fermier, agent principal de l'agriculture, n'avancerait pas à cette dernière cette mise de fonds. De ce point de vue déjà, l'appropriation par le fermier de la partie de l'excédent de revenu agricole représentant l'intérêt est, d'après les physiocrates, une condition de la reproduction tout aussi nécessaire que la classe des fermiers elle-même et par suite cet élément ne peut pas compter dans la catégorie du "produit net" ou "revenu net" national ; car ce dernier est caractérisé précisément par le fait qu'il peut être consommé sans égard aux besoins immédiats de la reproduction nationale. Mais d'après Quesnay, ce fonds d'un milliard sert pour la majeure partie aux réparations et aux renouvellements partiels de la mise de fonds qui deviennent nécessaires en cours d'année ; il sert en outre de fonds de réserve contre les accidents ; il sert enfin, où c'est possible, à l'enrichissement de la mise de fonds et du capital d'exploitation ainsi qu'à l'amélioration du sol et à l'extension de la culture. »

La CCF et le risque sont pris en compte dans l'« intérêt » physiocratique. Marx, dans sa « reproduction simple », tient compte de la CCF mais ne veut pas tenir compte du risque de l'entrepreneur[16].

La valeur vénale des biens agricoles dépend enfin pour Quesnay de la politique douanière. Si les échanges extérieurs sont ouverts, le prix du blé monte, ce qui stimule la production et augmente le produit net. Quesnay explique la valeur d'échange des marchandises de façon multifactorielle. Le risque et la politique douanière interviennent.

Valeur et valeur d'échange chez Marx

La théorie de l'exploitation de Marx est liée à sa théorie de la valeur-travail, influencée par Hegel et par Ricardo. Ricardo [1977, p. 25] veut une mesure de la valeur d'échange à partir du seul travail, mais se rend compte des difficultés. Marx pose une explication de la valeur à partir du travail qui va au-delà de Ricardo. D'une part, il introduit les concepts de travail abstrait et de force de travail, qui n'existent pas chez Quesnay, Smith et Ricardo. D'autre part, il se place dans une logique hégélienne en distinguant l'essence des phénomènes (la valeur) de sa forme phénoménale (la valeur d'échange). La valeur d'échange des marchandises se réfère à un arrière-fond qui l'explique, la valeur, produit du travail social.

16. Ce choix lui est reproché par le courant néoclassique.

Dès le chapitre 1 du *Capital*, Marx [C1, p. 41 ; K1, p. 51] affirme : « [...] la valeur d'échange ne peut être en tout état de cause que le mode d'expression, la "forme phénoménale" d'une teneur dissociable d'elle » et « [...] il faut réduire les valeurs d'échange des marchandises à quelque chose qui leur est commun et dont elles représentent une quantité plus ou moins grande ». Les marchandises résultent du travail abstrait, qualifié de substance sociale [Marx, C1, p. 42 ; K1, p. 52] : « Tout ce qui est encore visible dans ces choses, c'est que pour les produire on a dépensé de la force de travail humaine, accumulé du travail humain. C'est en tant que cristallisation de cette substance sociale, qui leur est commune, qu'elles sont des valeurs : des valeurs marchandes. »

Marx [C1, p. 42-43 ; K1, p. 53-54] ramène la valeur au TTSN :

> « Une valeur d'usage ou un bien n'a donc une valeur que parce qu'en elle est objectivé ou matérialisé du travail humain abstrait. Comment alors mesurer la grandeur de sa valeur ? Par le quantum de "substance constitutive de valeur" qu'elle contient, par le quantum de travail. La quantité de travail elle-même se mesure à sa durée dans le temps, et le temps de travail possède à son tour son étalon, en l'espèce de certaines fractions du temps, l'heure, la journée, etc. C'est donc seulement la quantité de travail socialement nécessaire ou le temps de travail socialement nécessaire à la fabrication d'une valeur d'usage qui détermine la grandeur de sa valeur... En tant que valeurs, toutes les marchandises ne sont que des mesures de temps de travail coagulé. »

La valeur surplombe la valeur d'échange [Roubine, 2009, p. 308]. Marx [C1, p. 51 ; K1, p. 62] affirme une relation entre ces deux notions, mais sans proportionnalité stricte. Il nuance l'idée que la marchandise est l'unité d'une valeur d'usage et d'une valeur d'échange, comme il l'a posé au chapitre 1 du *Capital* [Marx, C1, p. 63 ; K1, p. 75] :

> « À la lettre, il est faux de dire, comme nous l'avons fait au début de ce chapitre pour parler de manière courante, que la marchandise est valeur d'usage et valeur d'échange. La marchandise est valeur d'usage ou objet d'usage, et "valeur". Elle se présente comme cette identité double qu'elle est dès lors que sa valeur présente une forme phénoménale propre distincte de sa forme naturelle, qui est la forme de la valeur d'échange, et elle ne possède jamais cette forme si on la considère isolément, mais uniquement dans son rapport de valeur ou d'échange, à une deuxième marchandise, d'espèce différente. Mais enfin, une fois qu'on est averti, cette façon de parler ne fait de mal à personne et sert à formuler les choses plus brièvement. »

La dernière phrase de la citation précédente apporte de la confusion. Marx affirme qu'on peut parler de « valeur » pour « valeur d'échange ». Au livre I du *Capital*, Marx [C1, p.156 ; K1, p. 173] affirme que la valeur d'échange s'écarte exceptionnellement de la valeur : « On peut certes vendre des marchandises à des prix qui s'écartent de leur valeur, mais cet écart apparaît comme une infraction à la loi de l'échange de marchandises. Dans sa configuration la plus pure, celui-ci est un échange d'équivalents, donc pas un moyen de s'enrichir en valeur. »

Après avoir affirmé que la valeur d'échange est une forme phénoménale et la valeur une essence, Marx devrait déduire la valeur d'observations sur les valeurs d'échange. Pourtant, il reprend au livre I du *Capital* la méthode de Ricardo[17] et additionne divers TTSN pour calculer une valeur des marchandises. Certains éléments relèvent du capital constant, et d'autres du capital variable. Les éléments relevant du capital constant sont d'abord les matières premières incorporées dans la marchandise [Marx, C1, p. 181 ; K1, p. 198], ce que Marx appelle des « consommations productives » (aujourd'hui CI) ; ce sont ensuite des consommations de moyens de production [Marx, C1, p. 196-197 ; K1, p. 215], que la comptabilité nationale appelle aujourd'hui consommation de capital fixe (CCF)[18]. Les éléments relevant du capital variable sont le TTSN du travail nécessaire à la reproduction de la force de travail et le TTSN de la survaleur. La valeur totale d'une marchandise est la somme des 4 éléments évoqués, en TTSN.

Marx [C1, p. 101 ; K1, p. 116] introduit des prix en comparant le contenu en travail de l'unité monétaire à celui de la marchandise : « Le prix est le nom monétaire du travail objectivé dans la marchandise. » Mais le prix évoqué est un prix théorique en TTSN. Marx [C1, p. 511 ; K1, p. 553] définit le taux de survaleur s/v comme le rapport de deux temps de travail : celui du surtravail à celui du temps nécessaire à la reproduction de la force de travail. Le taux de survaleur peut également être mesuré par des rapports de prix : s/v = survaleur/capital variable = survaleur/valeur de la force de travail. Mais Marx se réfère à un prix théorique en TTSN et non à un prix de marché. Le taux de survaleur est mesuré à partir de valeurs en TTSN et non de valeurs en prix.

17. Ricardo [1977, ch. 1]. L'influence de Ricardo sur la méthode de Marx est notée par Lexis [1895, p. 25].

18. Marx [C1, p. 378 ; K1, p. 408] note que « comme toute autre composante du capital constant, la machinerie ne crée aucune valeur, mais transfère sa propre valeur au produit qu'elle sert à fabriquer ».

Du temps de Marx, les statistiques étaient peu développées. Sans mesure empirique des valeurs d'échange, il était tentant de recourir à des exemples théoriques, dans lesquels on se donnait des valeurs (en temps de travail). Le développement de la comptabilité nationale a rendu cette façon de raisonner obsolète. Il faut aujourd'hui partir des valeurs d'échange observées et les ramener à une essence, la valeur créée par le travail.

Ricardo-Marx ou Quesnay-Turgot-Marx ?

Marx reprend de Smith et Ricardo l'idée que le travail est une « substance sociale ». Cette « substance sociale » devrait donc servir de base à la mesure. Mais la mesure en TTSN de la valeur des marchandises et du taux d'exploitation pose de redoutables problèmes comptables :

- La mesure du temps de travail des salariés débouche sur la question de la complexité du travail. Marx [C1, p. 48 ; K1, p. 59] affirme que : « Le travail plus complexe ne vaut que comme élévation à une puissance supérieure ou plutôt comme multiplication du travail simple. » Mais comment tenir compte du rapport de valeur entre travail complexe et travail simple, sinon avec des prix de marché ?

- Comment mesure-t-on la part du travail nécessaire et celle du surtravail dans une entreprise ? Il est très difficile de les déduire des caractéristiques techniques de la production. Si on soustrait un prix de revient d'un prix de vente, on retombe sur une comptabilité en prix.

- Les CI importées sont-elles mesurables en temps de travail ?

- La mesure en temps de travail de la CCF est délicate : comment peut-on calculer l'usure des équipements en TTSN ? Mieux vaut, comme le fait la comptabilité nationale, pratiquer des observations statistiques sur la durée de vie passée des équipements et le taux de renouvellement.

La comptabilité nationale n'existait pas du temps de Marx. Elle a refusé depuis sa création une mesure de la production en temps de travail. Des comptabilités en temps de travail ont vu le jour [Magaud, 1967 ; Hollard, 1978]. Certains auteurs tentent de passer d'un capital en prix à un capital en temps de travail [Shaïkh, 2016]. Mais ces comptabilités en temps de travail restent des « traductions » de comptabilités en prix. Les économies capitalistes ne mesurent pas leurs productions en temps de travail. Il est impossible de donner une explication monofactorielle de la valeur : on ne peut pas séparer le travail des autres phénomènes sociaux, monnaie, échanges, politiques étatiques. Toute l'économie ne peut être ramenée à un temps de travail, mais l'heure de travail peut être évaluée en prix.

Marx a trop suivi Ricardo dans son addition de temps de travail. Le prix de marché ne peut être directement déduit du seul temps de travail et divers éléments interviennent : les CI et la CCF (de façon différente selon les branches), les formes de la concurrence, les stratégies des entreprises, le rôle de l'État ; une partie des CI est importée.

Le rôle de l'État et les échanges extérieurs

L'État joue un rôle important dans l'économie et ce rôle, renforcé depuis l'époque de Marx, modifie le processus d'exploitation. Marx avait, au moment des *Grundrisse*, l'intention d'écrire d'autres livres après *Le Capital*, notamment sur l'État et les échanges internationaux. Même si certains éléments sur l'État figurent dans *Le Capital*, Marx n'y examine pas les relations entre exploitation et prélèvement fiscal.

Quesnay a le mérite de répondre à sa façon, trop simple par rapport à aujourd'hui : l'État prélève 2/7 du produit net, le clergé reçoit 1/7 et il reste 4/7 pour les simples propriétaires. L'État régalien ne redistribue quasiment rien.

Comment mesurer le taux d'exploitation ?

Nous esquissons une procédure qui part des valeurs d'échange (« forme phénoménale ») et aboutit à la valeur totale et à la valeur de l'heure de travail (« essence »). Cette procédure s'appuie sur la comptabilité nationale et s'inspire de la méthode développée par Anwar Shaïkh et Ahmet Tonak [1994] sur les États-Unis. Un travail sur la France est en cours de réalisation. Les étapes sont les suivantes, à partir du Tableau d'Entrées-Sorties (TES) :

1) La distinction est faite entre secteurs créateurs de survaleur (« productifs » selon Marx) et secteurs non créateurs de survaleur. Les secteurs du TES sont agrégés en 4 macrosecteurs : le secteur 1 qui regroupe toutes les activités créatrices de survaleur (agriculture, industrie, certains services), le secteur 2 du commerce et le secteur 3 de la finance (qui reçoivent de la survaleur du secteur 1 mais n'en génèrent pas eux-mêmes), enfin le secteur 4 des services de l'État.

2) La Production (VAB + CI) correspond à la somme des valeurs d'échange durant une année, aux « *valeurs phénoménales* ». Après déduction des CI et de la CCF, la Production se transforme en Valeur Ajoutée Nette (VAN). Les secteurs 2, 3, 4, non créateurs de survaleur, ajoutent seulement la valeur de leurs coûts salariaux à leurs CI et leur CCF, ce sont des secteurs « additifs ». Le secteur 1 est « multiplicatif », génère l'ensemble de la survaleur, celle qui apparaît dans son propre Excédent Net d'Exploitation (ENE) mais aussi dans l'ENE des secteurs non créateurs de valeurs (commerce, finance). La valeur totale créée par l'économie correspond à la VAN de l'ensemble des secteurs. En divisant la valeur V1 générée par le secteur 1 par le nombre d'heures travaillées, on obtient une valeur par heure travaillée (« essence ») dans le secteur 1. La survaleur S1 du secteur 1 s'obtient en soustrayant de V1 les « rémunérations des salariés » de ce secteur. Le taux d'exploitation « avant prélèvement » du secteur 1 est égal à S1/V1.

3) Le taux d'exploitation précédent est « avant prélèvement », car une partie de la « rémunération des salariés » sert à payer des impôts sociaux auxquels s'ajoutent des impôts fiscaux. Le salarié reçoit d'un autre côté des prestations. Les prélèvements et redistributions vis-à-vis des salariés sont évalués, ce qui modifie le salaire : on peut alors calculer un taux effectif d'exploitation.

4) Il est enfin possible de passer de la survaleur au profit. La survaleur, calculée au niveau de l'ENE, ne tient pas compte des impôts sur les sociétés, qui doivent être soustraits de la survaleur. Le profit est également modifié par le solde des revenus reçus du reste du monde. L'impact sur le profit des importations de CI des pays à bas salaires est mesuré par des techniques de type Leontief.

Conclusion

L'influence des physiocrates et de Turgot sur la théorie de l'exploitation de Marx a été montrée : Quesnay est le « parrain » de Marx, comme l'affirment Gehrke et Kurz [1995, p. 54].

Selon Moride [1908, p. 169], « Marx cite les physiocrates souvent avec éloge, toujours avec bienveillance, procédé peu familier de la part de l'auteur du *Capital*, dont les paroles cinglantes à l'endroit des économistes vulgaires sont connues de tous ». Marx est élogieux vis-à-vis des physiocrates parce qu'il sait ce qu'il leur doit. Quesnay ne développe aucune théorie de l'exploitation, mais Marx construit une partie de la sienne sur la théorie du surplus de Quesnay ainsi que sur certaines remarques de Turgot.

Certains économistes, selon une « nouvelle interprétation », font aujourd'hui de la survaleur une simple forme du profit [Foley, 2000 ; Duménil et Lévy, 2000]. La survaleur n'est plus le point de départ du profit[19] et le taux d'exploitation n'est plus calculé. Contrairement à l'interprétation précédente, la méthode exposée permet de passer de la valeur d'échange à la valeur, puis de calculer une survaleur et un taux d'exploitation. Le profit est déduit de la survaleur.

Schumpeter [1954, p. 241-242] remarque que Quesnay et Leontief ont tous deux réussi à dégager des schémas empiriques opérationnels, ce qui n'est pas le cas de Marx. La remarque est exacte, mais Marx reste celui qui a élaboré le concept d'exploitation, ce qui n'est pas un mince mérite. Ce concept d'exploitation aboutit à des mesures empiriques, en s'appuyant sur la comptabilité nationale.

19. Shaïkh [2016, p. 242] critique cette interprétation : « In Marx, surplus value is the foundation for profit. In the *New Interpretation*, surplus value is merely a form of profit. »

Références bibliographiques

Bénard, Jean [1958], « Marx et Quesnay », *François Quesnay et la Physiocratie*, Paris : INED, t. 1, p. 105-130.

Boncœur, Jean, Thouément, Hervé [2000], *Histoire des idées économiques de Platon à Marx*, Paris : Nathan, t. 1.

Bray, John [1839], *Labour's Wrongs and Labour's Remedy*, Briggate: David Green.

Buret, Eugène [1840], *De la misère des classes laborieuses en Angleterre et en France*, Paris : Paulin.

Daire, Eugène [1846], *Physiocrates*, Paris : Guillaumin, 2 t.

Denis, Hector [1904], *Histoire des systèmes économiques et socialistes*, Paris : Giard et Brière, t. 1.

Denis, Henri [1966], *Histoire de la pensée économique*, Paris : PUF.

Delmas, Bernard, Demals, Thierry [1995], « Karl Marx et la Physiocratie », *Économies et Sociétés*, série *Oeconomia*, n° 1-2, p. 149-173.

Duménil, Georges, Lévy, Dominique [2000], « The Conservation of Value: A rejoinder to Alan Freeman », *Review of Radical Political Economics*, n° 1, p. 119-146.

Fine, Ben, Saad-Filho, Alfredo [2012], *Capital ! Introduction à l'économie politique de Marx*, Paris : Raisons d'agir.

Foley, Duncan [2000], « Recent Developments in the Labor Theory of Value », *Review of Radical Political Economics*, n° 1, p. 1-39.

Gehrke, Christian, Kurz, Hans [1995], « Karl Marx on Physiocracy », *The European Journal of the History of Economic Thought*, vol. 2, n° 1, p. 53-90.

Hodgskin, Thomas [1827], *Popular Political Economy: Four Lectures*, Londres : Tait.

Hollard, Michel [1978], *Comptabilités sociales en temps de travail*, Grenoble : PUG.

Le Masne, Pierre [2016], « Tableau de Quesnay et Tableau de Leontief », *Cahiers d'économie politique*, n° 2, p. 31-64.

Le Mercier de la Rivière, Pierre-Paul [1767], *L'ordre naturel et essentiel des sociétés politiques*, Londres : Nourse et Paris : Desaint.

Lexis, Wilhelm [1895], « The concluding volume of Marx's Capital », *Quarterly Journal of Economics*, Octobre, p. 1-33.

Loudon, Charles [1842], *Solution du problème de la population et de la subsistance*, Paris : Giard frères.

Magaud, Jacques [1967], « Équivalent travail d'une production. Nouvelle méthode de calcul et de prévision », *Population*, n° 2, p. 193-238.

Malle, Silvana [1991], « Marx on Physiocracy », in *Pionners in Economics, François Quesnay (1694-1774)*, Mark Blaug (ed.), Edward Elgar, vol. 2, p. 184-207.

Marx, Karl [1960], *Le Capital, Livre II*, Paris : Éditions sociales, 3 t.

Marx, Karl [1965], « Travail salarié et Capital », *Œuvres, Économie I*, Paris : Gallimard-Pléiade, p. 199-234.

Marx, Karl [1969], *Fondements de la critique de l'économie politique [Grundrisse]*, Paris : Anthropos, t. 1.

Marx, Karl [1970], *Lohnarbeit und Kapital*, Marx Engels Werke (MEW), Berlin: Dietz Verlag, vol. 6, p. 397-423.

Marx, Karl [1971], « Sur l'histoire critique », in Friedrich Engels, *Anti-Dühring*, Paris : Éditions sociales, p. 257-289.

Marx, Karl [1972a], *Misère de la philosophie*, Paris : Éditions sociales.

Marx, Karl [1972b], *Contribution à la critique de l'économie politique*, Paris : Éditions sociales.

Marx, Karl [1972c], « Aus der kritischen Geschichte », in Friedrich Engels, *Anti-Dühring*, MEW, Berlin: Dietz Verlag, vol. 20, p. 210-238.

Marx, Karl [1974], *Théories sur la plus-value*, Paris : Éditions sociales, t. 1.

Marx, Karl [1976], *Ökonomische Manuskripte 1857-58*, Marx Engels Gesamt Ausgabe (MEGA) II 1.1, Berlin: Dietz Verlag.

Marx, Karl [1980], *Zur Kritik des politischen Ökonomie*, MEGA II. 2, Berlin: Dietz Verlag, p. 17-94.

Marx, Karl [1994], « Manuscrits de 1844 », *Écrits de jeunesse*, Paris : Quai Voltaire, p. 257-446.

Marx, Karl [2000], *Theorien über den Mehrwert*, MEW, 26.1, Berlin: Dietz Verlag, t. 1.

Marx, Karl [2008], *Manuskripte zum zweiten Buch des Kapitals*, MEGA II. 11, Sankt Augustin: Akademia Verlag.

Marx, Karl [2013], *Das Kapital*, Band I, II, III, Berlin: Dietz Verlag.

Marx, Karl [2015], « Exzerpte aus Physiokraten », in *Marx-Engels Exzerpte und Notizen Juli 1845 bis Dezember 1850*, MEGA IV.5, Berlin: De Gruyter, p. 281-288.

Marx, Karl [2016], *Le Capital (Livre I)*, trad. Jean-Pierre Lefebvre, Paris : Éditions sociales.

Marx, Karl, Engels, Friedrich [1970 a], *Die deutsche Ideologie*, MEGA I. 5, Berlin: Detlev.

Marx, Karl, Engels, Friedrich [1970 b], *Briefwechsel 1861-67*, MEGA III. 3, Berlin: Detlev.

Marx, Karl, Engels, Friedrich [1970 c], *Briefwechsel 1868-83*, MEGA III. 4, Berlin: Detlev.

Marx, Karl, Engels, Friedrich [1976], *L'idéologie allemande*, Paris : Éditions sociales.

Marx, Karl, Engels, Friedrich [1979], *Correspondance, t. VII, 1862-1864,* Paris : Éditions sociales.

Marx, Karl, Engels, Friedrich [1981], *Exzerpte und Notizen 1843 bis Januar 1845*, MEGA IV. 2, Paris : Dietz Verlag.

Mirabeau (Riqueti Victor, marquis de), Quesnay, François et Butré, (Richard de) Charles [2014 [1763]], *Philosophie rurale ou Économie générale et politique, de l'agriculture*, Romuald Dupuy et Pierre Le Masne (dir.), Genève : Slatkine.

Mirabeau (Riqueti Victor, marquis de), Quesnay, François [1760], *Théorie de l'impôt*, in-4, [sans nom d'éditeur ni lieu d'édition].

Moride, Pierre [1908], *Le produit net des physiocrates et la plus-value de Karl Marx*, Paris : Rousseau.

Nagels, Jacques [1970], *Reproduction et Capital selon Karl Marx*, Université de Bruxelles.

Pecqueur, Constantin [1842], *Théorie nouvelle d'économie sociale et politique*, Paris : Capelle.

Quesnay, François [2005], *Œuvres économiques complètes*, Christine Théré, Loïc Charles et Jean-Claude Perrot (dir.), Paris : INED, 2 t.

Ricardo, David [1977 [1821]], *Des principes de l'économie politique et de l'impôt*, Paris : Flammarion.

Roll, Eric [1956], *A history of Economic Thought*, London: Faber and Faber.

Roubine, Isaac [2009], *Essai sur la théorie de la valeur de Marx*, Paris : Syllepse.

Salama, Pierre et Hai Hac, Tran [1992], *Introduction à l'économie de Marx*, Paris : Repères.

Schulz, Wilhelm [1843], *Die Bewegung der Produktion*, Zürich: Verlag der literarischen Comptoirs.

Schumpeter, Joseph [1954], *History of Economic Analysis*, London: Allen and Unwin.

Shaïkh, Anwar [2016], *Capitalism. Competition, Conflict, Crisis*, Oxford University Press.

Shaïkh, Anwar, Tonak, Ahmet [1994], *Measuring the Wealth of Nations*, Cambridge University Press.

Smith, Adam [1991[1776]], *Recherches sur la nature et les causes de la richesse des nations*, Paris : Flammarion.

Thompson, William [1824], *An Inquiry into the Principles of the Distribution of Wealth*, London: Longman.

Turgot, Anne Robert Jacques [1997 [1766]], *Formation et distribution des richesses*, Paris : Flammarion.

Annexe 1

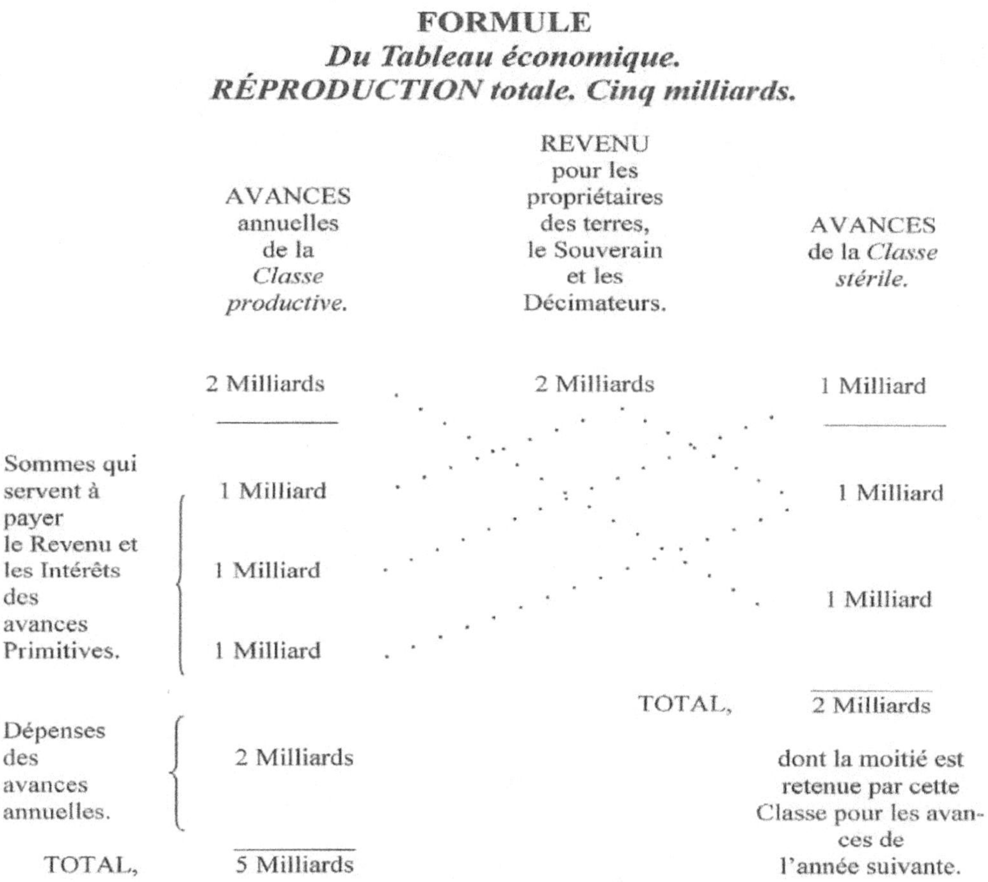

FORMULE
Du Tableau économique.
RÉPRODUCTION totale. Cinq milliards.

	AVANCES annuelles de la *Classe productive.*	REVENU pour les propriétaires des terres, le Souverain et les Décimateurs.	AVANCES de la *Classe stérile.*
	2 Milliards	2 Milliards	1 Milliard
Sommes qui servent à payer le Revenu et les Intérêts des avances Primitives.	1 Milliard		1 Milliard
	1 Milliard		1 Milliard
	1 Milliard		
		TOTAL,	2 Milliards
Dépenses des avances annuelles.	2 Milliards		dont la moitié est retenue par cette Classe pour les avances de l'année suivante.
TOTAL,	5 Milliards		

Tableau A.1. Tableau économique de *Physiocratie* [Quesnay, 2005, p. 552], étudié par Marx

Annexe 2. Le TES de l'économie française d'après la *Philosophie rurale*

(unité : millions de livres tournois)	**Consommations interm. Classe productive**	**Consommations interm. Classe stérile**	*Consommation finale des Salariés agricoles (a)*	*Consommation finale des Fermiers (b)*	*Formation (b.) de capital fixe des Fermiers (c)*	**Emplois finals Classe productive (a + b + c)**	**Consommation finale Classe stérile**	**Consommation finale Propriétaires**	**Total Emplois finals**	**Total Emplois**
Classe productive	900	1545,2	*949,4*	*249*	*951*	2149,4	772,6	1000	**3922**	**6367,2**
Classe stérile	0	0	*921,6*	*289,2*	*106*	1316,8	772,6	1001	**3090,4**	**3090,4**
Total	**900**	**1545,2**	*1871*	*538,2*	*1057*	**3466,2**	**1545,2**	**2001**	**7012,4**	**9457,6**
Valeur ajoutée	**5467,2**	**1545,2**								
Produit net	*2001*									
CCF	*1057*									
Rétributions fermiers	*538,2*									
Salaires	*1871*	*1545,2*								
Total Ressources	**6367,2**	**3090,4**								

Tableau A2. TES de l'économie française (avec ses CI agricoles)

À la différence du tableau 2 qui ne prend en compte que les opérations contribuant à la formation du produit net, le tableau A2 tient compte d'autres opérations ne concernant que la classe « stérile », comme la production de biens industriels pour la classe stérile. La classe productive a également des consommations intermédiaires de fourrage de 900, éliminées du tableau 2 parce que ne contribuant pas directement au produit net.

UNE CONCEPTION ÉCONOMIQUE DE L'EXPLOITATION : SMITH, MARX ET TORRENS

Carlo Benetti[1] *et Antoine Rebeyrol*[2]

Nous privilégions une conception de Marx selon laquelle l'exploitation est la conséquence directe de la séparation des travailleurs de leurs moyens de production, et montrons qu'elle est indépendante de la question de leur niveau de vie. Notre objectif est de présenter une formulation économique cohérente de cette idée, ce qui implique entre autres l'abandon de la théorie de la valeur travail. Notre méthode, dont l'origine remonte à Smith, consiste à comparer deux états d'une même économie selon que le produit du travail appartient ou non entièrement au travailleur. Nous construisons le premier état dans un modèle inspiré de Torrens où le surplus positif se définit par le fait qu'il est égal à l'accumulation nette. L'exploitation apparaît alors comme la pure appropriation de ce surplus par une classe de non-travailleurs.

An economic conception of exploitation: Smith, Marx and Torrens

This paper adopts one of Marx's conceptions of the exploitation of labour as a direct consequence of the legal separation of the workers from their means of production and shows that such exploitation is independent of the issue of their standard of living. Our aim is to propose a coherent economic formulation of this idea which implies, among other things, to give up the labour theory of value. Our analytical method, the origin of which goes back to Smith, consists in comparing two institutionally different states of the same economy according to whether or not the product of labour wholly belongs to the worker. We construct the first state as a model, inspired by Torrens, in which the surplus is defined by the net accumulation. Exploitation then appears as the pure and simple appropriation of such a surplus by a class of non-workers.

Mots clés : surplus, exploitation capitaliste, accumulation du capital.
Keywords : surplus, capitalist exploitation, capital accumulation.

JEL : B12, B14, B51

1. Université de Paris Nanterre, EconomiX.
2. Université de Paris Nanterre, EconomiX.

Nous[3] considérons qu'il existe chez Marx deux approches bien distinctes de l'exploitation capitaliste : la première tient à la séparation, juridique et historique, des travailleurs de leurs moyens de production, tandis que la seconde se rattache à la tradition ricardienne d'une relation décroissante entre les profits et les salaires. Nous privilégions la première option qui sépare la notion d'exploitation de la question du niveau de vie des travailleurs. Notre objectif est de présenter une formulation économique cohérente de cette idée. Pour cela on va inverser la démarche du *Capital* : au lieu d'élaborer la théorie de la valeur travail avant d'établir l'exploitation du travail salarié, on va partir au contraire de ce qu'implique économiquement le concept d'exploitation, sans *a priori* sur la théorie de la valeur, mais plutôt en se demandant quelle théorie des prix peut lui être adéquate.

Dans une première partie, nous montrerons chez Smith l'origine d'une méthode qui consiste à comparer des économies selon que le produit du travail appartient (état 1) ou non (état 2) entièrement au travailleur. Encore faut-il que ces économies soient comparables, donc en théorie qu'elles soient identiques en tout point à l'exception de la propriété des moyens de production, ce qui n'est pas le cas chez Smith. La deuxième partie montre que Marx a approfondi cette méthode : il a reconnu ses effets en supposant contrairement à Smith que les deux états sont caractérisés par les mêmes techniques de production. La limite de son approche est que les deux états restent incomparables du point de vue des valeurs puisqu'ils correspondent à des systèmes de prix différents. L'exploitation étant conçue comme l'appropriation d'un surplus par des non-travailleurs, la troisième partie montre la nécessité – et la difficulté – qu'il y a à définir objectivement un surplus dans un état de l'économie dépourvu d'exploitation, et présente une solution possible, qui est formalisée dans la quatrième partie en nous appuyant sur les intuitions de Torrens relatives à la reproduction[4]. Nous proposons une conception économique de l'exploitation comme pure appropriation du surplus de l'état 1 par une classe de non-travailleurs, dans un modèle où les prix sont indépendants des valeurs travail. Nous privilégions ce cadre d'analyse classique de la reproduction car il est aussi proche que possible de celui de Marx.

---

3. Nous remercions les deux rapporteurs de notre article pour leurs remarques, en particulier celui qui nous a incités à dissocier plus clairement la question de l'exploitation de celle du niveau de vie des travailleurs.

4. Pour une présentation de la pensée de Torrens sur la reproduction, voir Bidard et Klimovsky [2006, chap. 10]. L'idée selon laquelle la théorie de Torrens permet de formuler en dehors de la valeur-travail le problème de l'exploitation posé par Marx a été également développée par Rosell [2017] sur la base d'une analyse en termes physiques de la notion de surtravail chez Torrens.

1. Smith : les deux états de l'économie

Selon Adam Smith, il existe un état primitif et rude qui précède l'accumulation du capital, dans lequel le produit du travail appartient tout entier à l'ouvrier. Dans cet état, les rapports d'échange sont naturellement réglés par les rapports de quantités de travail incorporées à la production des marchandises. « If among a nation of hunters, for example, it usually costs twice the labour to kill a beaver which it does to kill a deer, one beaver should naturally exchange for or be worth two deer » [Smith, 1776, p. 53]. Et il existe aussi un autre état, « avancé », dans lequel le capital a été accumulé (et la terre a été appropriée, mais dans cet article nous négligerons cet aspect). Alors, le produit du travail n'appartient plus tout entier à l'ouvrier. « He must in most cases share it with the owner of the stock which employs him » [Smith, 1776, p. 55]. Dans cet état, les rapports d'échange ne sont plus réglés par les quantités de travail incorporé à la production des biens. Remarquons que cette affirmation de l'existence de deux états, dans lesquels le produit du travail appartient (état 1) ou n'appartient pas (état 2) tout entier au travailleur, correspond à la définition que donnera Marx de l'exploitation en termes généraux, qu'elle soit antique et esclavagiste, féodale ou au contraire capitaliste (laquelle n'en est qu'une forme camouflée par l'apparence de l'égalité entre échangistes). De fait cette méthode de Smith, comparant deux états, est assez naturelle si on recherche une définition de l'exploitation : celle-ci doit nécessairement faire référence à une norme dont elle est absente.

La question est de savoir si les deux états définis par Smith sont ou non comparables. D'après Ricardo : « Even in that early state to which Adam Smith refers, some capital, though possibly made and accumulated by the hunter himself, would be necessary to enable him to kill his game. Without some weapon, neither the beaver nor the deer could be destroyed… » [Ricardo, 1817, p. 22-23]. Cette critique signifie *a contrario* que Ricardo attribue à Smith un état primitif et rude entièrement dépourvu de moyens de production, le travail se faisant « à mains nues ». Si cela est vrai, alors il est clair que la comparaison entre les états 1 et 2 ne permet pas de dégager un concept d'exploitation. Dans l'état 2, il est normal que le produit ne revienne pas tout entier au travailleur puisqu'il ne résulte pas du seul travail mais aussi de moyens de production. Cela ne prouve nullement une exploitation des travailleurs, à laquelle d'ailleurs Smith ne pensait absolument pas.

L'interprétation donnée par Ricardo est néanmoins saugrenue. Des outils de chasse sont présents, même si Smith n'insiste pas sur ce point et n'explicite pas les quantités de travail indirectement nécessaires à la chasse. Surtout,

Smith est très clair sur ce point, le capital présent dans l'état 2 ne réside pas en l'existence de stocks de moyens de production mais en l'usage qui peut en être fait pour en tirer un profit. L'état 2 est introduit de la façon suivante : « As soon as stock has accumulated in the hands of particular persons, some of them will naturally employ it in setting to work industrious people, whom they will supply with materials and subsistence, in order to make a profit... » [Smith, 1776, p. 54]. Le début du chapitre I du livre II est également suffisamment éloquent : si « the greater part of the labouring poor in all countries » ne possède qu'un stock juste suffisant « to maintain him for a few days or a few weeks », ceux dont le stock est au contraire plus important « naturally endeavours to derive a revenue from the greater part of it [...]. His whole stock, therefore, is distinguished into two parts. *That part* which, he expects, is to afford him this revenue, *is called his capital* » [Smith, 1776, p. 294, nous soulignons]. Il en résulte que l'état primitif et l'état avancé ne diffèrent pas par l'absence dans le premier – et la présence dans le second – de moyens de production. C'est l'usage social de ces moyens de production, « in the hands of particular persons », qui est absent dans l'état primitif et présent dans l'état avancé.

David Ricardo, quant à lui, n'imagine pas un état 1 dépourvu d'exploitation. Parce qu'il a repéré la présence d'arcs et de flèches dans « l'état primitif et rude » de Smith, il conclut que « all the implements necessary to kill the beaver and deer might belong to one class of men, and the labour employed in their destruction might be furnished by another class » [Ricardo, 1817, p. 24]. C'est dire que pour Ricardo, dès le « early state » de l'économie, où l'activité économique se réduit à la chasse, il est question de classes sociales et donc de profits et de salaires : le « early state » de Ricardo est une économie capitaliste, la seule qu'il connaisse. Il ne cherche pas à décrire l'état 1, et donc aucune théorie de l'exploitation ne peut être bâtie sur ces bases ricardiennes.

Concluons cette partie. Pour la question de l'exploitation, et même s'il ne l'envisageait pas, Smith a établi une méthode, celle de la comparaison de deux états d'une même économie, états qui ne diffèrent que par la propriété des moyens de production, soit par la présence ou l'absence de l'exploitation. Cherchons une comparaison pour nous faire comprendre. Les économistes se sont posé (Irving Fisher en particulier) la question de savoir si les agents, dans leur attitude pure à l'égard du temps, manifestaient ou non une préférence pour le présent, i.e. manifestaient ou non un taux d'escompte psychologique. Voilà une question qui n'est pas positive, mais qui cependant peut être résolue comme résultat d'une expérience mentale. Supposez mentalement que demain soit absolument identique à aujourd'hui, à ceci près que c'est demain, que la date diffère, mais pas votre revenu, ni votre état, ni vos préférences, etc. Seriez-vous d'accord, à la mode néoclassique des taux marginaux de substitution, pour sacrifier telle ou telle quantité de bien présent contre la promesse de délivrance d'une unité de bien futur ? Votre réponse permettra d'identifier votre préférence absolue pour le présent, à la condition évidemment que toutes les autres circonstances soient identiques pour être neutralisées dans cette expérience mentale. Vous avez une préférence pour le présent si, alors que rien ne change, il vous faut moins d'une unité de bien présent pour compenser la perte d'une unité de bien futur. Mais pour cela il faut être absolument sûr que rien ne change. De même, pour parler d'exploitation, il faudra comparer deux économies absolument identiques sauf en ce qui concerne la question de la propriété des moyens de production.

La théorie marxiste a reçu de Smith un grand héritage[5] pour élaborer son concept d'exploitation : la méthode qui consiste en la comparaison de deux états d'une même économie sans et avec exploitation, et le rôle fondamental de l'institution de la propriété privée des moyens de production. Elle hérite aussi de deux difficultés. Tout d'abord, même si des instruments de chasse sont présents dans l'état primitif de Smith, dans son esprit l'accumulation de ces moyens de production n'est pas du tout comparable avec celle qui existe dans l'état avancé des sociétés. Les états 1 et 2 de Smith diffèrent donc par la technique de production. En outre, dans les deux états les valeurs d'échange sont réglées par des principes différents, qui ne coïncident que dans deux cas particuliers : quelle que soit la technique si le taux de profit est nul (Smith) et, pour un taux de profit positif, si la composition en valeur du capital est la même dans tous les secteurs (Ricardo). En général les deux économies ne sont donc pas comparables entre elles. On va voir que Marx se débarrasse assez facilement de la première difficulté mais pas de la seconde.

2. Marx et la valeur travail

La première section du *Capital* décrit une économie dans laquelle il y a division sociale du travail, mais aucune « détermination capitaliste », i.e. pas de marché du travail, pas de rapport capital/travail, pas de capital au sens de Marx (à savoir un rapport social comme chez Smith, et non une liste de

5. Sur l'héritage de Smith en général Marx écrit : « Dans les contradictions d'A. Smith il y a ceci d'important : elles contiennent des problèmes qu'il ne résout certes pas, mais qu'il formule par le fait qu'il se contredit. La justesse de son instinct sous ce rapport ressort au mieux du fait que ses successeurs adoptent tantôt l'un, tantôt l'autre terme de l'alternative » [Marx, 1962-1963, tome I, p. 160].

biens nécessaires à la production). C'est l'état 1 qui n'a rien de « primitif ». Le travail est effectué dans des conditions « normales », par exemple le « tissage à la vapeur » [1867, p. 566], il est question de la « force productive du travail » qui dépend du « développement de la science et du degré de son application technologique » [1867, p. 567]. *A priori*, le lecteur du livre I du *Capital* n'estime pas que les techniques disponibles dans la première section soient moins efficaces que celles de la seconde section. La première section ne décrit donc pas un état historique arriéré, c'est une construction mentale ou théorique destinée à fournir une norme, celle qui pourra définir l'exploitation par contraste. Cet état pourrait d'ailleurs définir aussi un futur débarrassé de « l'exploitation de l'homme par l'homme ». Les techniques disponibles sont les mêmes dans la première et la seconde section.

Dans la première section du *Capital* s'applique la loi de la valeur travail, celle de l'état rude de Smith. Il n'y a pas de problème car le produit ne se partage pas et revient au travailleur et nous faisons délibérément abstraction des difficultés intrinsèques de la théorie marxiste de la valeur travail et du concept de travail abstrait sur laquelle elle repose. Cependant, Marx sait bien que dans l'économie capitaliste les prix ne sont pas donnés par les valeurs travail. À l'équilibre ils sont égaux aux prix de production. Une difficulté existe à ce stade, car on pourrait considérer que dans un système de prix de production l'état d'absence d'exploitation serait donné par la nullité du taux de profit, ou encore l'établissement du salaire à son niveau maximum. Pasinetti et Garbellini notent ainsi que « in an "ideal" system of prices as understood, for example, by the Ricardian socialist, [...] the wage rate corresponds to the per-worker net product. We shall call it the "complete" wage rate » [2015, p. 74]. L'ambiguïté de Marx justifie cette interprétation qui consiste à penser que l'exploitation apparaît comme une baisse de salaire à partir d'un état 1 donné par le « complete wage rate ». Pourtant, l'état 1 ainsi conçu n'est autre que l'état stationnaire d'une économie capitaliste à profit nul, comme chez Ricardo, tandis que pour Marx un tel état est une contradiction dans les termes. La question normative que pose l'exploitation n'est pas la question positive de la détermination du niveau de vie des travailleurs. Comme nous l'avons annoncé dans l'introduction, nous nous opposons à cette conception de l'exploitation et adoptons l'autre approche de Marx selon laquelle abolir l'exploitation capitaliste ne consiste pas à augmenter les salaires, ce n'est pas une opération de trésorerie[6], c'est au contraire abolir le rapport salarial lui-même.

6. Nous nous opposons donc aussi à la conception de Walras qui écrit : « Peut-être l'abolition du prolétariat, par la suppression des impôts qui pèsent sur le salaire du travail, s'effectuera-t-elle autrement que se sont effectués l'abolition de l'esclavage et du servage. Peut-être en un mot, la révolution sociale

La méthode des deux états, dans la comparaison qui doit permettre de construire le concept d'exploitation, impose non seulement que les techniques soient les mêmes mais aussi les prix relatifs, et Marx n'est pas sorti de cette difficulté, même s'il a pu penser régler le problème, au niveau agrégé seulement, avec son schéma de la transformation des valeurs en prix. Les célèbres égalités agrégées de Marx sont insuffisantes pour une théorie de l'exploitation construite selon la méthode des deux états : bien que la technique soit la même, à cause de la diversité des systèmes de prix on n'est plus en présence de deux états de la même économie mais de deux économies structurellement différentes (par exemple, les dynamiques économiques accessibles ne sont pas les mêmes). La théorie de la valeur travail dans la première section du *Capital* est donc un obstacle.

3. Le surplus

L'exploitation est l'appropriation d'un surplus par les non-travailleurs, comme résultat de la propriété par ces non-travailleurs des moyens de production. Le problème tient au fait que s'il est facile d'identifier un coût salarial dans l'état 2, il n'en va pas de même dans l'état 1. Chez Marx, les états 1 et 2 peuvent être considérés comme physiquement identiques (mêmes inputs et même produit). Mais sur le plan économique, ils sont fondamentalement différents au sens que, contrairement à l'état 2, dans l'économie sans exploitation de la première section du *Capital* il n'est pas possible d'identifier un surplus. Celui-ci n'existe qu'approprié par les capitalistes, il n'apparaît que dans la deuxième section, simultanément au capital.

On doit à Jean Cartelier une analyse convaincante de l'impossibilité d'observer un surplus objectif dans une économie avec division du travail, à la Sraffa ou à la Marx de la section I du *Capital*. Soit un menuisier qui produit des tables avec « le bois et ses outils habituels, consomme une nourriture soignée, boit des vins fins et fume des cigares de luxe. De quel critère dispose-t-on pour déterminer si chacun de ces inputs est indispensable ? » [Cartelier, 2016, p. 145-146]. La réponse n'est pas donnée par l'observation des données physiques du processus de production mais par l'évaluation sociale des différentes marchandises : si leur prix de marché permet l'achat de ces inputs, alors ces derniers sont « nécessaires », sinon rien ne peut être dit.

pourra-t-elle se ramener aux proportions de l'opération de trésorerie ci-dessus décrite » [Walras, 1881, p. 307-308]. Il s'agissait aux yeux de Walras d'établir un emprunt public pour nationaliser les terres et supprimer l'impôt.

Mais nous ne suivons pas J. Cartelier lorsqu'il déduit de son analyse qu'« aucun surproduit ne peut être observé si tous les producteurs sont indépendants, c'est-à-dire s'ils produisent librement pour le marché » [*ibid.*, p. 146]. Cette première « proposition » est complétée par une deuxième : « Heterogeneity of social condition is a necessary condition for a socially objective observation of a surplus [...]. An economy with wage-earners and entrepreneurs fulfils that condition » [Cartelier, 2014, p. 175].

Ces propositions reflètent l'adoption du point de vue de Sraffa selon lequel le surplus est défini dans la production comme différence entre le produit brut des biens et leur utilisation comme input dans l'ensemble de l'économie. Tout change si on considère aussi la reproduction de l'état 1 composé de travailleurs indépendants. On ne se demande pas seulement comment la production est obtenue, mais aussi comment elle est utilisée. On peut alors identifier un concept objectif de surplus avec l'accumulation des inputs (les moyens de production et les biens de consommation des travailleurs). L'accumulation de la différence entre la production et la reconstitution à la même échelle des inputs utilisés est objectivement observable : elle est égale à l'épargne nette des travailleurs. Les biens accumulés sont clairement un surplus, i.e. des biens non nécessaires pour restaurer « the original distribution of the products » [Sraffa, 1960, § 2]. Par conséquent, la division de la société en capitalistes et salariés (l'état 2) n'est pas la condition « nécessaire » de la « socially objective observation of a surplus » comme l'affirme J. Cartelier. Symétriquement, l'égalité de statut des agents n'implique pas qu'aucun surplus ne puisse être objectivement observé. Nous rejetons donc la conception selon laquelle, faute de propriété privée du capital, l'économie de l'état 1 est structurellement stationnaire en ce sens qu'on ne peut pas identifier un surplus objectif.

4. Torrens et l'accumulation

4.1 L'état 1 sans exploitation

L'étape cruciale est la construction de l'état 1 de l'économie qui, suivant la méthode adoptée, doit être tel que l'exploitation dans l'état 2 apparaisse comme l'effet uniquement de l'appropriation des moyens de production par les capitalistes. Cela implique que les deux états que l'on compare représentent la même économie, i.e. les mêmes conditions physiques de production, et les mêmes prix. Ils ont donc les mêmes surplus physiques des marchandises et les mêmes surplus en valeur des différents secteurs.

Nous admettons que les travailleurs propriétaires de leurs moyens de production ne se contentent pas de produire et consommer comme le suggère la section 1 du *Capital* mais qu'ils peuvent aussi investir. Dans l'état 1, la propriété des inputs revient aux travailleurs. Comme dans la section 1 du *Capital*, il n'y a pas de marché du travail et les travailleurs ont directement accès aux moyens de production. Il n'y a pas de capital, pas de profit et tout le produit du travail forme le revenu brut des travailleurs. Par définition, tout ce qui excède la consommation des travailleurs (qui n'est pas nécessairement donnée par un niveau de subsistance) est en même temps accumulation nette d'inputs. Les inputs « nécessaires » sont repérés par la différence entre la production et l'accumulation.

Formellement, l'état 1 est une réinterprétation d'un système d'équations dont l'origine se trouve dans l'œuvre de Torrens [1821]. Considérons le processus de production (1) qui s'est déroulé durant la période précédente, si bien que la quantité produite Y_i, entre les mains du producteur *i*, est disponible au début de la période courante

$$X_{i1}, X_{i2}, \ldots, X_{in} \rightarrow Y_i \qquad (i = 1,\ldots,n) \tag{1}$$

Les quantités X_{ij} (quantité de *j* nécessaire à la production de Y_i) comprennent les inputs matériels et les consommations des travailleurs.

En notant g_i le taux d'accumulation du bien *i*, l'égalité des ressources et des emplois physiques de ce bien s'écrit :

$$Y_i = (1+g_1)X_{1i} + (1+g_2)X_{2i} + \ldots + (1+g_n)X_{ni} = \sum_{j=1}^{n}(1+g_j)X_{ji} \quad (i = 1,\ldots,n) \tag{2}$$

Ce système détermine les g_i.

Sur la base des g_i ainsi déterminés, les prix sont solution des équations représentant les égalités des ressources et des emplois en valeur dans les différents secteurs *i*.

$$Y_i p_i = (1+g_i)(X_{i1}p_1 + X_{i2}p_2 + \ldots + X_{in}p_n) = (1+g_i)\sum_{j=1}^{n} X_{ij}p_j \quad (i = 1,\ldots,n) \tag{3}$$

Le système (2) montre que le surplus du bien *i*, défini par $Y_i - \sum_{j=1}^{n} X_{ji}$, est par construction égal à l'accumulation de ce bien *i*, $\sum_{j=1}^{n} g_j X_{ji}$.

Le système (3) montre que la valeur du surplus du secteur *i*, définie par $Y_i p_i - \sum_{j=1}^{n} X_{ij} p_j$, est égale à la valeur de l'accumulation dans le secteur *i*, $g_i \sum_{j=1}^{n} X_{ij} p_j$.

On suppose que les rendements d'échelle sont constants, que tous les biens sont fondamentaux et que le système (2) défini par la matrice des coefficients et les proportions des productions brutes est viable : il a une solution en $(1 + g_i)$ positive. Puisque la technique satisfait les conditions de Hawkins et Simon, on est en outre assuré que $g_i > 0$ pour tout *i* à l'équilibre, ce dernier étant défini par l'uniformité des taux d'accumulation, ce qui implique la structure homothétique de la production. L'état 1 d'équilibre est donc le sentier de von Neumann. (En déséquilibre, quelques g_i peuvent être négatifs.)

Soulignons enfin que notre état 1 de référence sans exploitation capitaliste, donc sans profit, est une construction qui s'oppose radicalement aux systèmes avec profit nul de la théorie classique, par exemple le système de subsistance de Sraffa. Dans ce dernier, le profit est nul uniquement parce que le surplus est nul alors que dans notre schéma le surplus est positif. Dans la première section du *Capital*, Marx ne soulève pas la question de l'existence d'un surplus. On peut donc penser que ce surplus est inexistant et que, par conséquent, le statut de l'économie de la section I est semblable à celui du premier chapitre du livre de Sraffa [1960]. Si au contraire on suppose que le surplus est positif dans la section I, alors ce surplus est nécessairement accumulé (puisque toute la consommation des travailleurs est par définition un input de la production). Le résultat obtenu est une figure proche de l'état 1 ici décrit.

4.2. L'état 2 avec exploitation

Considérons maintenant le changement historique fondamental : l'expropriation des travailleurs et l'appropriation des moyens de production par les capitalistes. L'effet de ce long processus historique est représenté dans notre modèle par l'introduction d'une hypothèse institutionnelle sur la propriété des moyens de production. La production appartient aux capitalistes. La valeur de l'investissement net de l'état 1 est donc leur revenu et les taux d'accumulation des différents secteurs sont des taux de profit. Formellement, le modèle de l'état 2 se compose des mêmes équations (1) - (3) auxquelles on ajoute :

$$r_i = g_i \qquad (i = 1,\ldots,n) \qquad (4)$$

On obtient ainsi l'état 2 de la même économie, ayant les mêmes données physiques et le même vecteur des prix, et dont le fondement est le rapport salarial. Le coût salarial dans l'état 2 peut être identifié à la consommation des travailleurs dans l'état 1. Cette identification permet l'application stricte de la méthode de Smith et on rejoint ainsi l'idée classique que le taux d'épargne des salariés est nul et que l'accumulation provient de l'utilisation intégrale des profits. Remarquons qu'en réalité il ne s'agit pas ici d'une hypothèse comportementale sur les taux d'épargne des capitalistes et des ouvriers, car c'est l'accumulation de l'état 1 qui a permis de définir ce qui est un coût et un excédent.

L'équilibre est le même, maintenant défini par l'uniformité des taux d'accumulation et de profit. En vertu des égalités (4), le système correspond à celui de Torrens où les travailleurs consomment tout leur revenu et les capitalistes accumulent tout leur profit. Puisque les équations et leur résolution sont les mêmes que dans l'état 1, la seule différence est que, contrairement à l'état 1, dans l'état 2 le revenu du travail est inférieur au produit du travail. On peut alors conclure que dans l'état 2 les travailleurs sont exploités et que le prélèvement capitaliste sur le produit du travail est quantitativement déterminé. Par construction, cette exploitation ne reflète pas une différence de niveau de vie des travailleurs qui est identique entre les états 1 et 2. Elle n'a rien à voir avec la relation décroissante entre les salaires et le profit, pas plus d'ailleurs qu'avec la question de l'inégalité des richesses [Roemer, 1982 et Fleurbaey, 1996, chapitre 8].

Le modèle économique proposé s'écarte de la tradition ricardienne et marxiste. Il se rattache à une autre branche de la tradition classique, Torrens qui, le premier, a analysé les contraintes physiques de la reproduction[7]. L'économie est identique dans les deux états. Les prix relatifs et les proportions sont les mêmes dans les deux états de la même économie. En déséquilibre, à chaque période d'une trajectoire dynamique, caractérisée par des proportions des quantités produites et une structure de prix relatifs, on peut associer l'état 1 ou l'état 2. En équilibre, les prix relatifs de l'état 1 sont les prix de production de l'état 2. On élimine ainsi les difficultés que la valeur travail introduit dans la théorie de l'exploitation.

La comparaison des deux états de la même économie fait apparaître l'exploitation comme la conséquence directe de l'émergence d'une classe

7. Notons que Marx s'est intéressé lui aussi à la théorie de la demande effective chez Torrens sous l'angle de la question du profit, mais il ne semble pas avoir vu l'intérêt de cet auteur pour l'analyse de la reproduction et des crises. Voir Marx [1962-1963, p. 77-96, en particulier p. 87-88].

distincte des travailleurs qui s'est approprié les moyens de production initialement contrôlés par les travailleurs. La différence entre l'état 1 et l'état 2 n'est pas économique (seule change la dénomination de certaines variables comme la consommation des travailleurs et les taux d'accumulation) mais politique, ou juridique : la propriété des moyens de production. Le principal intérêt du modèle économique est d'établir clairement la relation fondamentale entre le profit, l'exploitation des travailleurs et la perte de leur contrôle des moyens de production.

Un dernier résultat significatif du modèle proposé est que le profit dans l'état 2 n'a rien à voir avec une soi-disant contribution productive du capital. Les moyens de production et les productions sectorielles sont exactement les mêmes dans les deux états, seule change l'appropriation du même surplus. Par conséquent la contribution productive des moyens de production (qu'elle soit ou non positive) est la même et de ce fait elle ne peut pas expliquer le profit qui n'existe que dans un seul des deux états.

Conclusion

La comparaison des deux états de la même économie a montré que la question de l'exploitation tient uniquement à la propriété des moyens de production et donc au fait que le produit se partage ou non entre travailleurs et capitalistes. Une fois supprimé son lien traditionnel avec la valeur travail, le concept d'exploitation ne pose aucune difficulté d'ordre économique. On peut alors aborder les questions relatives au rapport salarial, qui est une subordination des travailleurs exerçant leur activité sous la domination des capitalistes. Domination double à la fois au niveau du contrat de travail (sur le marché comme dépendance monétaire) et au niveau de l'usine (comme dépendance technique). Les nombreuses analyses de Marx, par exemple du temps et de l'intensité du travail, du machinisme, des conditions du travail dans la fabrique, etc., sont précieuses et il est intéressant de les actualiser. Pour qu'elles s'appuient sur une base solide, la théorie économique doit élaborer correctement la notion d'exploitation et donner une réponse claire à la question même de son existence. C'est l'objectif du modèle proposé. En principe, d'autres constructions d'une économie permettant de comparer deux états, sans et avec exploitation, sont possibles. Celle que nous avons choisie est inspirée d'une tradition classique et, par là, est la plus proche de Marx.

Bibliographie

Bidard, Christian et Klimovsky Edith [2006], *Capital, salaire et crises : une approche classique*, Paris : Dunod.

Cartelier, Jean [2014], « The positive surplus hypothesis: social versus physical objectivity », in *Towards a New Understanding of Sraffa: Insights from Archival Research*, R. Bellofiore ed., London: MacMillan.

Cartelier, Jean [2016], *L'intrus et l'absent. Essai sur le travail et le salariat dans la théorie économique*, Nanterre : Presses universitaires de Paris Ouest.

Fleurbaey, Marc [1996], *Théories économiques de la justice*, Paris : Economica.

Marx, Karl [1867], *Le Capital*, dans *Œuvres*, vol. 1, Paris : La Pléiade, 1965.

Marx, Karl [1862-63], *Théories sur la plus-value*, Paris : Éditions Sociales, 1974.

Pasinetti, Luigi et Garbellini, Nadia [2015], « From Sraffa: backwards, to a better understanding of Marx's values / prices 'transformation'; and forward, to a novel view of growing economic systems », *Cahiers d'économie politique*, n° 69.

Ricardo, David [1817], *On the Principles of Political Economy and Taxation*, vol. 1, *The Works and Correspondence of David Ricardo*, (Sraffa ed.), Cambridge: Cambridge University Press, 1951.

Roemer, John E. [1982], *A General Theory of Exploitation and Class*, Cambridge: Harvard University Press.

Rosell, Olivier [2017], « Wages, competition and the surplus of labour: a classical contribution to explaining profit », *Cambridge Journal of Economics*, vol. 41, n° 1, p. 63-80.

Smith, Adam [1776], *The Wealth of Nations*, Cannan edition, Chicago: The University of Chicago Press, 1976.

Sraffa, Piero [1960], *Production of Commodities by means of Commodities*, Cambridge: Cambridge University Press.

Torrens, Robert [1821], *An Essay on the Production of Wealth*, reprint Dorfman, J., ed., New York: A.M. Kelley, 1965.

Walras, Léon [1881], « Théorie mathématique du prix des terres et de leur rachat par l'État », *Bulletin de la Société vaudoise des sciences naturelles*, réédité in *Études d'économie sociale*, 2e éd., Paris, 1936, réédité in *Auguste et Léon Walras, Œuvres économiques complètes*, tome X, Paris : Economica, 1992.

L'EXPLOITATION COMME DOMINATION

Emmanuel Renault[1]

Cet article cherche à montrer que la théorie marxienne de l'exploitation capitaliste repose sur deux prémisses relativement indépendantes, une théorie de la valeur et une théorie de la domination, et qu'il est possible et fructueux de s'attacher à cette seconde prémisse pour aborder la question de l'exploitation dans *Le Capital*. La première partie explique pourquoi la conception marxienne de l'exploitation capitaliste est relativement indépendante de la théorie de la valeur. La deuxième partie distingue les différentes formes de domination qui interviennent dans le mécanisme de l'exploitation capitaliste. La troisième partie considère une objection : les formes spécifiquement capitalistes de la domination sont des dominations impersonnelles fondées en dernière instance dans l'exigence de valorisation de la valeur. La conclusion met en lumière ce qui semble constituer l'intérêt durable de l'analyse marxienne du rapport entre domination et exploitation capitaliste, à savoir d'une part un programme de recherche sur les transformations des formes d'exploitation, et d'autre part un programme de recherche sur la place des rapports de pouvoir dans les phénomènes économiques.

Exploitation as domination

This article shows that Marx' theory of exploitation is grounded in two independent theories: a theory of value and a theory of domination. It suggests that it is fruitful to read Marx' account of exploitation in Capital from the point of view of the second of these two theories. The first part explains the reason why it should be considered that Marx' theory of capitalist exploitation is partly independent from his theory of value. The second part analyzes the various forms of domination that play a role in the process of capitalist exploitation. The third part considers a possible objection: what is distinctive in the capitalist forms of domination would be their abstraction, and this abstraction would originate in the abstraction of value and capitalist valorization. The conclusion suggests that the most fruitful implications of Marx's account of exploitation as domination concern, on the one hand, research programs on the transformations of capitalist exploitation, and on the other hand, research programs on the role of power relation in economy.

Mots clés : Marx, exploitation, domination, valeur, capitalisme.

Keywords: Marx, exploitation, domination, value, capitalism.

JEL : B4

1. Université de Paris Nanterre, Sophiapol.

Chez Marx, le concept d'exploitation est doté de deux fonctions. La première est théorique : caractériser l'une des caractéristiques structurelles des sociétés avec classes. La seconde est critico-utopique : ce concept est mobilisé dans le cadre d'une critique des sociétés dans lesquelles s'est affirmée l'exploitation de l'homme par l'homme, et il est porteur de l'exigence d'une société sans exploitation, la société communiste. C'est sur le seul plan théorique que le lien de l'exploitation et de la domination sera examiné dans ce qui suit, mais ce lien n'en est pas moins déterminant sur le plan critico-utopique. En effet, la critique de l'exploitation ne relève pas chez Marx de la critique de l'injustice mais de celle de la domination, le concept de justice tombant sous la critique de l'idéologie chez Marx, ce qui n'est pas le cas du concept de domination[2].

La fonction théorique du concept d'exploitation, elle aussi, est double. En effet, ce concept remplit des fonctions différentes au sein des deux types de théories dans lesquelles il est investi : d'une part, une théorie matérialiste de l'histoire (au sens où l'histoire est l'histoire de l'exploitation, du moins dans les sociétés avec classes), d'autre part, une théorie du capitalisme où il s'agit de rendre compte des spécificités de l'exploitation capitaliste. La première théorie est développée principalement dans *L'Idéologie allemande* et le *Manifeste*, la seconde dans *Le Capital*. Il est peu contestable que la théorie de l'exploitation capitaliste était dans l'esprit de Marx un prolongement, ou une application, de la théorie matérialiste de l'histoire. Cependant, dans la mesure où seul *Le Capital* constitue une théorie au sens fort du terme, au sens d'une unité systématique de concepts et de thèses dotée d'une justification interne, *Le Capital* peut être étudié pour lui-même et non pas comme l'application d'une autre théorie[3]. C'est seulement de l'exploitation capitaliste, telle qu'elle est analysée dans ce dernier ouvrage, qu'il sera question dans ce qui suit.

Nous commencerons par indiquer pourquoi la conception marxienne de l'exploitation n'est pas fondée entièrement sur la théorie de la valeur. Ensuite, nous distinguerons les différentes formes de domination qui interviennent dans le mécanisme de l'exploitation capitaliste. Dans un troisième temps, nous considérerons une objection à la thèse suivant laquelle l'analyse marxienne du rapport entre domination et exploitation est indépendante de la théorie de la valeur. Nous conclurons en cherchant à mettre en lumière

2. Sur la question difficile de la « critique de la morale » chez Marx, et de ses incidences sur la critique de la justice et du droit, nous nous permettons de renvoyer à E. Renault, *Marx et la philosophie*, chap. 3 et 10 [2014].

3. Ces points ont été soulignés notamment par G. Duménil, voir par exemple Duménil et Lévy [2003, p. 4-9].

ce qui semble constituer l'intérêt durable de l'analyse marxienne du rapport entre domination et exploitation capitaliste.

Exploitation capitaliste et valeur

Le fait que le concept d'exploitation intervienne dans deux théories différentes mérite d'être souligné parce qu'il implique que ce concept fait l'objet d'une élaboration théorique partiellement indépendante de la théorie de la valeur. Dans le cadre de la théorie matérialiste de l'histoire, le concept d'exploitation désigne l'appropriation directe ou indirecte par une ou plusieurs classes dominantes du surtravail dépensé par une ou plusieurs classes dominées. La problématique de l'exploitation se formule alors indépendamment de la théorie de la valeur, puisqu'elle concerne des sociétés qui, pour la plupart, ne donnent pas à la richesse la forme de la valeur. Dans *Le Capital*, il s'agit en revanche d'étudier les formes d'exploitation propres aux sociétés qui donnent aux richesses la forme de marchandises, ou de la valeur. On pourrait donc s'attendre à ce que la théorie de l'exploitation y soit fondée sur la théorie de la valeur. Cependant, le concept d'exploitation capitaliste reste pensé dans cette théorie comme une spécification du concept d'exploitation élaboré sur le plan plus général de l'histoire des sociétés avec classes.

Il est indéniable que dans le cadre du *Capital*, le concept d'exploitation est abordé principalement du point de vue de la théorie de la survaleur, notamment dans le chapitre VII et le lien établi entre « taux de survaleur » et « degré d'exploitation de la force de travail ». Puisque le concept de survaleur présuppose le concept de valeur, il semble légitime d'en conclure que la théorie de l'exploitation qui est développée dans *Le Capital* est totalement dépendante de la théorie de la valeur. Et si l'on considère, comme c'est souvent le cas, que la théorie marxienne de la valeur a perdu toute pertinence, on sera conduit à penser que la théorie marxienne de l'exploitation ne permet plus d'étudier de manière pertinente les processus économiques qui structurent les sociétés contemporaines.

Cependant, la théorie marxienne de l'exploitation spécifiquement capitaliste est partiellement indépendante de la théorie de la valeur, et le rapport entre exploitation et domination relève précisément de ce qui ne présuppose pas la théorie de la valeur et peut continuer à être jugé pertinent, que l'on accorde ou non une pertinence à la théorie de la valeur. Il convient en effet de distinguer, dans la théorie de l'exploitation proposée par le *Capital*, ce qui relève d'une théorie de la domination et d'une théorie de la valeur. Cela revient à distinguer entre, d'une part, la théorie des formes de domination qui contraignent les travailleurs à vendre leur force de travail et à produire un surtravail appropriable par les capitalistes, et d'autre part, la théorie de la valeur qui permet d'expliquer quel type de marchandise est la force de travail susceptible de produire un surtravail et à quels types de variations est soumise la survaleur qui correspond au surtravail.

Il ne fait pas de doute que ces deux dimensions de la théorie de l'exploitation capitaliste sont interconnectées dans les analyses de Marx et que seule leur prise en compte conjointe permet de restituer la cohérence et les intentions de cette théorie. Marx cherche en effet à montrer que c'est l'exigence proprement capitaliste de production de survaleur qui donne sa finalité aux formes de domination qui sont à l'œuvre dans le mécanisme de la production et de l'appropriation du surtravail sous forme de survaleur. Il n'en reste pas moins que la théorie des formes de domination qui sont à l'œuvre dans l'exploitation capitaliste est partiellement indépendante de la théorie de la valeur au sens où elle n'est pas fondée sur la théorie de la valeur mais, premièrement, sur un concept d'exploitation comme appropriation de surtravail que la théorie de la valeur permet seulement de spécifier comme appropriation de survaleur, et, deuxièmement, sur une typologie des formes de domination sociale.

Premièrement, à propos du rapport entre exploitation comme appropriation de surtravail et comme appropriation de survaleur, rappelons qu'y compris dans le *Capital*, Marx pense parfois l'exploitation indépendamment de la théorie de la valeur, comme lorsqu'il compare le taux d'exploitation propre à la production de survaleur absolue, dans la première phase de développement du capitalisme, d'une part, et d'autre part, le taux d'exploitation propre au travail servile des principautés danubiennes. Dans le chapitre VIII : « La journée de travail » et sa section 2 : « La fringale de surtravail. Fabricant et boyard », le raisonnement se fait alors en temps de travail et non en valeur : la différence entre travail nécessaire et surtravail est fondée sur la quantité de travail nécessaire à assurer la subsistance du travailleur, non sur la valeur de la force de travail. Il ne pouvait en être autrement puisqu'il s'agit de comparer une forme d'exploitation salariale, où la force de travail est une marchandise, à une exploitation non salariale. Cette section du chapitre VIII prouve qu'il est tout à fait légitime, du point de vue Marx, de donner des expressions quantitatives à l'exploitation capitaliste indépendamment de la théorie de la valeur, en d'autres termes : de penser économiquement l'exploitation sans théorie de la valeur[4].

4. Différentes tentatives ont existé pour développer à partir de Marx une conception de l'exploitation indépendante de la théorie de la valeur. Voir par exemple Hodgson [1982, p. 59-65].

Deuxièmement, rappelons que le lien de l'exploitation et de la domination, au sens du concept général d'exploitation, concerne chez Marx différentes formes de domination. Le concept d'exploitation désigne une dimension de la domination de classe en tant que rapport social de production, mais l'exploitation s'accompagne également de formes de domination politique (notamment par l'intermédiaire d'un État assurant la répression des révoltes contre l'exploitation) et idéologique (faisant apparaître l'intérêt particulier de ceux qui profitent de l'exploitation comme l'intérêt de tous). Ces différentes formes de domination continuent à intervenir dans le processus de l'exploitation capitaliste, et aucune d'elles n'est théorisée dans le *Capital* à partir de la théorie de la valeur (même si les illusions fétichistes concernant la nature de la valeur jouent un rôle dans le processus de la justification de l'exploitation capitaliste)[5].

La théorie de la valeur et la théorie des formes de domination propres au capitaliste apparaissent donc comme deux prémisses relativement indépendantes de la théorie de l'exploitation capitaliste, ce qui autorise que cette théorie soit examinée suivant l'une ou l'autre de ces prémisses isolément pour déterminer ce qui en elle dépend de l'une ou de l'autre. Elle sera précisément étudiée dans ce qui suit du point de vue de la seconde de ces prémisses, à savoir du point de vue de la théorie des formes de domination.

Exploitation et domination dans *Le Capital*

Dans sa théorie de l'histoire, Marx souligne que le ressort principal de la domination de classe est l'exploitation des classes dominées. Il établit ainsi un lien général entre exploitation et domination sociale qui se trouve doublement spécifié dans *Le Capital*, d'une part, parce qu'il s'agit alors de décrire des formes de domination et d'exploitation qui sont propres au capitalisme, et d'autre part, parce que Marx propose une analyse de la domination plus différenciée que celle qui est proposée dans le cadre de la théorie générale de l'histoire.

La domination est en fait analysée dans *Le Capital* principalement sous deux formes. La première forme relève de la domination comme rapport

5. Nous avons examiné plus en détail le lien entre travail et domination dans *Marx et la philosophie* [Renault, 2014, chap. 9]. Quant à la question du rapport entre l'analyse du fétichisme et de l'idéologie, remarquons qu'elle donne lieu à des interprétations opposées. É. Balibar [2014, p. 84-134], par exemple, oppose les problématiques de l'idéologie et du fétichisme, alors que J. Bidet [1985, p. 171-199] analyse la section du chapitre un du *Capital* consacrée au « caractère fétiche de la marchandise » comme relevant de la « théorisation de l'idéologique ».

social : la domination telle qu'elle est thématisée dans le concept de rapport social de production, concept qui appartient à la théorie générale de l'histoire et qui est appliqué au capitalisme dans *Le Capital.* Marx soutient, thèse bien connue, que le capitalisme est un mode de production fondé sur une inégalité structurelle qui définit une forme spécifique de domination de classe : l'inégalité structurelle entre possesseurs des moyens de production et simples possesseurs de leur force de travail. Cette inégalité structurelle définit le rapport social de production qui est propre au capitalisme. Elle explique d'une part que les travailleurs soient obligés de vendre quotidiennement leur force de travail aux capitalistes contre un salaire, et d'autre part que les capitalistes puissent jouir du droit de définir la manière dont les travailleurs travaillent et s'approprier le produit de leur travail. Cette obligation faite aux uns et ce droit conféré aux autres font de ce rapport social un rapport social de domination. C'est cette même domination capitaliste qui s'actualise sur le lieu de travail par l'intermédiaire de différents dispositifs de commandement et de surveillance, que Marx a décrits sous le concept de « discipline de fabrique ». Ces différents dispositifs de commandement et de surveillance relèvent d'une deuxième forme de domination : une domination qui n'agit plus comme un rapport social structurel, traversant différents espaces institutionnels, le marché aussi bien que le lieu de travail, mais comme un rapport de pouvoir, ou un dispositif de pouvoir, une domination qui organise les interactions au sein d'institutions déterminées, comme la « manufacture » ou la « grande industrie ».

Dans son analyse de la spécificité des ressorts de l'exploitation capitaliste, Marx propose ainsi une conception profondément originale de la domination. Originale, elle l'était en son temps principalement au sens où l'on peut considérer que Marx est le premier à forger le concept de rapport social de domination. Originale, elle le reste également du point de vue des débats de théorie sociale contemporaine relative à la domination. En effet, si d'un côté l'exploitation est analysée à partir d'une conception de la domination de classe, c'est-à-dire à partir d'une conception de la domination comme rapport social de domination, ou domination structurelle, d'un autre côté, Marx souligne que cette domination structurelle doit s'actualiser sous la forme de dispositifs de pouvoir spécifiques dans le processus de production. Là où les théories de la domination tendent à privilégier aujourd'hui encore ou bien une approche en termes de rapports sociaux de domination, ou bien une approche en termes de rapports de pouvoir, Marx suggère que ces deux approches doivent être articulées l'une avec l'autre[6].

6. Nous avons développé ce point dans Renault [2015, p. 199-212].

Nous voudrions souligner que c'est également à partir de cette conception originale de la domination, et non pas seulement à partir de sa théorie de la valeur, que Marx développe sa critique de l'économie politique classique. En effet, cette conception de la domination joue un rôle non négligeable dans la critique des conceptions du marché et de la production (on dirait aujourd'hui de la firme ou de l'entreprise) qui sont propres à l'économie politique classique, et plus généralement à la pensée libérale.

En ce qui concerne le marché, il est peu contestable que l'une des intentions de la théorie marxienne de l'exploitation est de montrer qu'il y a de la domination là où l'économie classique ne voyait que de la liberté. On sait que dans le chapitre 24 intitulé « La prétendue "accumulation primitive" », Marx montre que les échanges marchands, bien que définis par une forme de liberté (la liberté d'échanger et de contracter) et d'égalité (garantie par la loi de la valeur), sont définis par une forme de domination : les travailleurs sont en fait contraints d'échanger leur force de travail contre un salaire pour pouvoir payer leurs moyens de subsistance. Le marché du travail est défini par une liberté, comme tout marché, mais cette liberté est surdéterminée par une contrainte de survie, qui pèse sur les seuls travailleurs, et qui les condamne à consentir à l'exploitation.

Il n'est pas plus contestable qu'une autre intention de la théorie marxienne de l'exploitation est de montrer qu'il y a de la domination dans l'atelier là où Smith, par exemple, voyait dans la division du travail dans l'atelier un simple prolongement de la division sociale du travail. Dans la section 4 du chapitre 12, intitulée « Division du travail dans la manufacture et division du travail dans la société », Marx souligne que la division du travail sur le lieu de production ne doit pas être conçue sur le modèle de la division du travail dans la société (c'est-à-dire comme une spécialisation qui est à l'avantage de tous), pas plus qu'elle ne doit être comprise comme une simple conséquence de la nécessité d'organiser rationnellement la coopération selon le niveau technologique qui caractérise le degré de développement actuel des forces productives. Il soutient que la division hiérarchique et parcellisée du travail dans l'atelier a également pour objectif de contraindre les travailleurs à produire un surtravail susceptible d'être valorisable sur le marché. En d'autres termes, Marx s'efforce de montrer que la division du travail dans l'atelier est indissociablement technique et politique. Elle est politique en deux sens. Premièrement, au sens où la division capitaliste du travail dans l'atelier n'est pas seulement fondée sur une parcellisation des tâches mais aussi sur une hiérarchie de commandement, sur l'exercice d'un pouvoir de contrôle, de surveillance et de punition. Deuxièmement, au sens où les dispositifs de pouvoir qui sont à l'œuvre dans la manufacture et la grande industrie n'ont pas seulement pour fonction de contraindre au surtravail, et de veiller au respect des normes de productivité et d'utilité qui définissent le travail socialement nécessaire : ils ont également pour fonction de répondre à la résistance ouvrière. Marx écrit dans le chapitre XII que « le capital est constamment en lutte contre l'insubordination des travailleurs »[7], et il développe cette même idée dans le chapitre suivant en indiquant qu'« on pourrait écrire toute une histoire des inventions, depuis 1830, qui n'ont vu le jour que comme armes de guerre du capital contre les émeutes ouvrières »[8]. Cela revient à affirmer que les transformations de la division technique du travail ne sont pas dictées seulement par la volonté de produire des gains de productivité, mais aussi par la volonté de contrôler l'insubordination ouvrière et de chercher à briser la résistance ouvrière. Le passage de la Manufacture à la Grande industrie, de même que le passage de la logique de la production de la survaleur absolue à la survaleur relative, sont eux aussi interprétés comme une réponse capitaliste à la résistance ouvrière et à la législation sur le temps de travail qu'elle parvient à imposer. C'est en ce sens que Marx écrit, à la fin de ce même chapitre XIII : « [La législation sur les fabriques] généralise et accélère la transformation de procès de travail dispersés et minuscules en procès de travail combinés à une grande échelle, à une échelle sociale, donc la concentration du capital et l'hégémonie du système de fabrique[9]. »

Marx a donc montré d'une part, qu'il y a de la domination aussi bien dans les échanges marchands que dans les institutions qui organisent la production, et d'autre part, que cette domination porte la marque des rapports sociaux de domination qui caractérisent le mode de production capitaliste. C'est ce qui fait l'une des grandes originalités de son analyse par rapport aux classiques. D'une certaine manière, par l'intermédiaire de sa théorie de l'exploitation, il encastre les phénomènes économiques dans les rapports sociaux propres au mode de production capitaliste, là où l'économie classique croyait étudier des phénomènes soumis à des lois analogues aux lois physiques. Par ailleurs, en décrivant des dispositifs de pouvoirs propres à des institutions spécifiques, comme la Manufacture et la Grande industrie, il souligne que les interactions économiques ne peuvent pas être analysées seulement à partir des préférences et des choix individuels, mais qu'elles doivent l'être aussi à partir des dispositifs institutionnels qui organisent

7. K. Marx, *Le Capital*, Paris : PUF, 1997, p. 414.

8. *Ibid.*, p. 489.

9. *Ibid.*, p. 563.

les interactions. On pourrait dire en ce sens que le concept d'exploitation comporte un moment sociologique (à travers l'idée de rapports sociaux de production) et institutionnaliste (à travers la théorie de la transformation de la Manufacture en Grande industrie) et qu'il participe ainsi doublement d'un projet de transformation de l'économie en science sociale. Ces moments sociologique et institutionnaliste de la théorie de l'exploitation semblent bien relever de ce qui dans la théorie de l'exploitation capitaliste est relativement indépendant de la théorie de la valeur.

L'objection la plus forte pouvant être opposée à cette conclusion consiste à affirmer que Marx n'a pas conçu la forme spécifiquement capitaliste de la domination suivant les deux formes que nous venons de distinguer, celle du rapport de classe et celle des rapports de pouvoirs entre individus, mais qu'il l'a bien plutôt pensée comme une forme de domination impersonnelle qui renvoie, en dernière instance, à l'exigence capitaliste de la valorisation de la valeur.

L'objection : Marx théoricien de la domination impersonnelle par la valeur

Chez certains défenseurs de Marx, comme aujourd'hui chez Postone [2009], on conteste que Marx reste un théoricien de la domination de classe quand il en vient à développer sa théorie du capitalisme dans *Le Capital.* Le concept de domination de classe ne ferait qu'élever à l'échelle collective le modèle de la subordination personnelle entre individus alors que le mérite principal de Marx serait d'avoir montré que le propre du capitalisme tient à des formes de domination impersonnelles.

Cette interprétation s'appuie sur les textes dans lesquels Marx présente le passage du mode de production féodal au mode de production capitaliste comme le passage d'un mode de production fondé sur la dépendance personnelle à un mode de production fondé sur des formes de domination impersonnelle. On lit ainsi sous sa plume :

> « [Le] rapport capitaliste [est un] *rapport de contrainte*, visant à extorquer du surtravail par prolongation du temps de travail – rapport de contrainte qui ne repose pas sur des rapports de domination et de dépendance personnelles, mais résulte simplement de fonctionnements économiques divers[10]. »

10. K. Marx, *Le Chapitre VI. Manuscrits de 1863-1867*, Paris : Éditions sociales, 2010, p. 182.

> « Désormais, les individus sont dominés par des abstractions, alors qu'auparavant ils dépendaient les uns des autres[11]. »

Cela signifie que l'appropriation du surtravail ne s'effectue plus sous la forme de la contrainte directe, par exemple sous la forme de la corvée, obligation faite au cerf de travailler pour le seigneur, mais par un mécanisme économique, en l'occurrence, la nécessité d'obtenir un salaire pour payer ses moyens de subsistance et la nécessité de vendre quotidiennement son travail parce que le salaire journalier ne permet de couvrir davantage que des besoins journaliers. Il s'agit effectivement là d'une contrainte impersonnelle. Cette contrainte impersonnelle est liée au fait que la richesse a pris la forme de la valeur, et que les travailleurs doivent donner une forme valorisable à leur force de travail pour survivre. En ce sens, l'originalité de la théorie marxienne de la domination telle qu'elle est développée dans *Le Capital* dépendrait de la théorie de la valeur, et elle consisterait à décrire les formes de domination impersonnelles qui sont propres au capitalisme comme des formes de domination par la valeur.

Cette analyse est triplement problématique. Premièrement, elle ne voit pas que les contraintes impersonnelles liées à la nécessité de donner à son activité une forme valorisable sur le marché s'actualisent dans des rapports de pouvoir structurant des interactions entre individus. Deuxièmement, elle ne voit pas que ces rapports de pouvoir actualisent des rapports de classe, aussi bien sur le marché que dans l'entreprise. Il semble donc pour le moins difficile d'opposer cette domination impersonnelle à des rapports de classe et à des rapports de domination personnelle. Troisièmement, cette analyse ne prend pas en compte le fait que la valeur, tout comme la survaleur, présuppose des formes de contrainte à la dépense de la force de travail qui renvoient à des formes de domination interpersonnelles et de classe. Développons brièvement ces différents points.

Premièrement, on peut noter que lorsque Marx analyse la manière dont le travailleur vend sa force de travail au capitaliste sur le marché du travail, il le présente comme un rapport de domination personnelle et comme un rapport de classe : c'est toujours à un capitaliste particulier qu'on doit vendre sa force de travail et qu'on verra obéir. Marx souligne bien que l'échange de la force de travail sur le marché est un rapport de pouvoir asymétrique entre ceux qui ont de l'argent (« l'homme aux écus ») et ceux qui n'en ont pas et sont obligés de se soumettre à eux (les travailleurs), et il présente bien ce

11. K. Marx, *Manuscrits de 1857-1858 (Grundrisse)*, Paris : Éditions sociales, 1980, tome I, p. 101.

pouvoir monétaire, propre aux rapports de pouvoir de marché (le pouvoir de l'homme aux écus), comme une forme de la domination de classe. C'est le sens du passage célèbre qui clôt la section 3, « Achat et vente de la force de travail », du chapitre 4 :

> « Au moment où nous sortons de cette sphère de la circulation simple qui fournit au libre échangiste vulgaire ses notions, ses idées, sa manière de voir et le critérium de son jugement sur le capital et le salariat, nous voyons, à ce qu'il semble, s'opérer une certaine transformation dans la physionomie de nos *dramatis personae*. Notre ancien homme aux écus prend les devants et, en qualité de capitaliste, marche le premier ; le possesseur de la force de travail le suit par derrière comme son travailleur à lui ; celui-là le regard narquois, l'air important et affairé ; celui-ci timide, hésitant, rétif, comme quelqu'un qui a porté sa propre peau au marché, et ne peut plus s'attendre qu'à une chose : à être tanné[12]. »

En outre, la domination de classe ne s'actualise pas seulement sur le marché mais aussi sur le lieu de travail, manufacture ou grande industrie, où elle prend également la forme de la domination personnelle dans la discipline de fabrique, par l'intermédiaire du lien qu'elle instaure entre surveillants et travailleurs, entre contrôle et punition : Marx parle dans le chapitre XI des « officiers (dirigeants, managers), et sous-officiers industriels (surveillants, formen, overlookers, contremaîtres) qui exercent le commandement au nom du capital »[13]. Le travailleur est personnellement soumis au pouvoir du contremaître qui le contrôle et peut lui infliger des sanctions.

Il est vrai que Marx souligne également que, dans la grande industrie, le travailleur est dominé par la machine, ce qui implique que les rapports de pouvoir sur le lieu de travail ont aussi une dimension impersonnelle de nature technologique. Nous touchons là à une nouvelle forme de domination impersonnelle que Marx, dans certains textes, semble présenter comme la forme principale de domination sur le lieu de travail :

> « En réalité, la domination des capitalistes sur les travailleurs n'est rien d'autre que la domination des *conditions du travail* autonomisées, autonomisées face aux travailleurs [...], sur le *travailleur* lui-même[14]. »

En suivant de telles indications, on pourrait donc en venir à penser qu'en plus de la domination impersonnelle par la contrainte monétaire, sur le

12. K. Marx, *Le Capital*, *op. cit.* p. 198.

13. *Ibid.*, p. 374.

14. K. Marx, *Le Chapitre VI. Manuscrits de 1863-1867*, *op. cit.*, p. 130.

marché, le capitalisme se caractérise par la domination par les machines, sur le lieu de travail. Cependant, à y regarder de plus près, on s'aperçoit de nouveau que Marx présente la machine comme l'incarnation d'un pouvoir personnel, celui du maître, et comme un instrument qui permet de saper la résistance des ouvriers à la domination qu'ils subissent : la déqualification de leur travail les rend interchangeables et les dépossède du pouvoir de négociation fondé sur le savoir de métier.

> « La dextérité et la minutie du travailleur sur machine vidé de sa substance en tant qu'individu, disparaissent tel un minuscule accessoire devant la science, devant les énormes forces naturelles et le travail social de masse, dont le système des machines est l'incarnation et qui fondent avec lui la puissance du "maître" (*master*). Ce même maître, dans le cerveau de qui la machinerie et le monopole qu'il exerce sur celle-ci sont indissociablement entremêlés, criera donc à ses "bras" en cas de conflit, avec un grand mépris : "Il serait bon que les ouvriers des fabriques se souviennent que leur travail n'est en fait qu'une très basse espèce de travail qualifié [...]. Bref, qu'on peut regorger de remplaçants. La machinerie du maître joue en effet un rôle bien plus important dans les affaires de la production que le travail et une habilité d'ouvrier" (citation de "The Master Spinners' and Manufacturers' Defence Fund")[15]. »

Que la division technique du travail, en tant qu'elle déqualifie le travail, et que le système des machines, en tant qu'il fait perdre au travailleur le contrôle sur le processus de travail, constituent autant de stratégies de pouvoir au service de la domination des capitalistes sur les ouvriers, en réduisant leur pouvoir de négociation face au capitaliste, voilà un point qu'a souligné Marglin dans son article célèbre, « À quoi servent les patrons ? » [Tinel, 2004]. Tout cela avait déjà été indiqué par Marx.

Il semble légitime d'en conclure qu'il n'y a pas grand sens à opposer la domination impersonnelle qui serait propre au capitalisme et la domination interpersonnelle, voire la domination de classe, au motif que le concept de domination de classe renverrait au modèle de la domination personnelle. D'une part, la domination impersonnelle par la valeur ou les machines est présentée par Marx comme le vecteur d'une domination de classe. D'autre

15. *Le Capital*, p. 475. Lorsque Marx présente ainsi les machines comme un instrument de domination, il souligne que c'est à juste titre que le prolétaire perçoit la machine comme un instrument qui l'opprime – en référence notamment au mouvement luddiste. Mais il présente surtout la domination par la machine comme le vecteur de la domination du capitaliste, et il soutient que l'insuffisance du mouvement luddiste tenait précisément à ce qu'il ne voyait pas que derrière la domination de la machine se trouvait la domination du capitaliste : « Il faut du temps et de l'expérience avant que l'ouvrier apprenne à distinguer la machinerie de son utilisation capitaliste, et donc à transférer ses attaques du moyen matériel de production lui-même à la forme sociale d'exploitation de celui-ci » (p. 481).

part, cette domination impersonnelle s'actualise, aussi bien sur le marché que dans le processus de production, par l'intermédiaire de rapports de pouvoirs personnels : le rapport avec l'homme aux écus dans la sphère de la circulation, le rapport avec les officiers et sous-officiers de la discipline de Fabrique dans la sphère de la production. Nous avons vu également que c'est à tort que la domination impersonnelle est identifiée à celle de la valeur, c'est-à-dire à une forme de domination proprement économique, puisqu'elle revêt aussi une forme proprement technique, la domination impersonnelle exercée par la machine. Nous avions avancé dans la section précédente que l'originalité de l'analyse marxienne de la domination tient au fait qu'elle articule approches macro (rapports sociaux structurels de domination) et micro (rapports de pouvoir). Au terme de cette section, nous pouvons ajouter qu'elle tient également au fait qu'elle article en outre ces deux approches de la domination avec une analyse des facteurs impersonnels de la domination. Cette troisième approche ne se substitue pas aux deux autres, elles s'articulent les unes aux autres.

Enfin, on pourrait ajouter que l'objection que nous venons de considérer, identifiant domination capitaliste, domination impersonnelle et domination par la valeur, semble ignorer le fait qu'en tant que quantité de travail socialement nécessaire, la valeur suppose des formes de normalisation de la dépense de la force de travail, en ce qui concerne son intensité (la quantité horaire de travail dépensée) et sa qualité (pour qu'il soit susceptible de satisfaire des besoins sociaux). D'une part, le travail socialement nécessaire est « nécessaire » en fonction d'un degré de productivité moyenne[16]. D'autre part, il est « nécessaire » pour satisfaire des besoins sociaux[17]. Ces formes de normalisation présupposent les rapports de pouvoir personnels et impersonnels qui structurent la division du travail technico-politique dans l'atelier. On peut dire en ce sens que la valeur est un « concept sociopolitique » [Bidet, 1985, p. 40-70], ce qui revient à conclure que, de même que la théorie des formes du pouvoir engagées dans le processus d'exploitation capitaliste est partiellement dépendante de la théorie de la valeur (et partiellement indépendante comme nous l'avons souligné), de même, la théorie de la valeur est elle aussi partiellement dépendante de la théorie de ces formes de pouvoir. Et puisqu'elle est partiellement dépendante de rapports de pouvoir dont

16. Voir le chapitre 15 du livre I du *Capital*.

17. Selon l'articulation de la « valeur » et de la valeur d'usage mentionnée à la fin de la première section du chapitre 1 : « Aucune chose finalement ne peut avoir de valeur sans être objet d'usage. Si elle n'a pas d'utilité, c'est que le travail qu'elle contient est sans utilité, ne compte pas comme travail et ne constitue donc pas de valeur » (*ibid.*, p. 46).

certains prennent des formes interpersonnelles, on peut dire que la théorie la domination impersonnelle par la valeur présuppose une théorie des formes de domination personnelle. L'alternative ou bien domination personnelle ou bien domination impersonnelle n'a donc pas de sens s'agissant du *Capital*.

Deux programmes de recherche

En guise de conclusion, indiquons quelques raisons de penser que ce versant de la théorie marxienne de l'exploitation capitaliste, décrivant des mécanismes de domination, conserve une pertinence. Premièrement, l'intérêt des analyses de Marx est de mettre au jour le fait que le cœur du capitalisme, à savoir la production de survaleur, suppose la mobilisation de dispositifs de pouvoir distincts qui, d'une part organisent la mise au travail, d'autre part produisent un surtravail créateur de survaleur (sous condition de normalisation et d'intensification du travail), et enfin répondent aux différentes formes de résistance à la mise au travail et à la production de surtravail. Nul doute que Marx a ainsi ouvert un riche programme de recherche, car comme il en a eu l'intuition lui-même, ces dispositifs de pouvoir se modifient en fonction de la nécessité de définir de nouvelles formes de mise au travail, de nouvelles formes de production du surtravail et de nouvelles réponses aux résistances. Les attaques contemporaines contre les droits des chômeurs et contre le droit du travail, ainsi que les nouvelles formes d'exploitation propres au capitalisme de plateforme, s'inscrivent dans l'histoire des techniques de pouvoir qui soutiennent l'exploitation capitaliste en inventant de nouvelles formes de mise au travail, de nouvelles modalités d'extorsion du surtravail, et de nouvelles réponses à l'insubordination et à la résistance ouvrières[18].

Deuxièmement, l'intérêt des analyses de Marx est de montrer que, contrairement aux apparences, le marché n'est pas seulement le lieu de la rencontre de l'offre et de la demande selon des principes de liberté et de justice qui président à la régulation juridique des échanges, mais aussi un système d'interactions structuré par des rapports de pouvoir qui renvoient à des rapports sociaux de domination, de même que les lieux de travail ne sont pas organisés seulement par des contraintes techniques et des impératifs de rentabilité voire d'efficience économique, mais aussi par des exigences sociopolitiques de contrôle de la résistance et de l'insubordination ouvrière. Ici encore, on ne peut chercher chez Marx plus qu'un programme de recherche, dans la mesure où il ne pouvait prévoir les développements ultérieurs du

18. Sur les nouvelles formes d'exploitation, voir le dossier « L'exploitation aujourd'hui » de la revue *Actuel Marx*, n° 63, 2018.

capitalisme. Les marchés du travail ont vu se développer différentes formes de segmentation qui renvoient à d'autres rapports sociaux de domination, genrés et racialisés, que Marx ne pouvait percevoir en son temps. Par ailleurs, les transformations de l'organisation du travail ont été majeures tout au long du siècle et demi qui nous sépare de la publication du *Capital.* On peut penser que l'organisation néolibérale du travail, fondée sur la mise en concurrence des salariés et la flexibilité interne, ainsi que sur un contrôle informatisé des performances individuelles, fournit une bonne illustration de la thèse selon laquelle les changements techniques et organisationnels n'ont pas seulement pour objectif d'atteindre plus d'efficience mais aussi de saper autant que possible les capacités de résistance et de négociation des salariés. L'inefficience de ces formes de travail en termes de qualité de la production, malgré la démarche qualité, et en termes d'incidences sur la santé, du *burn-out* aux suicides sur les lieux de travail, en fournit une illustration [19].

19. Pour une synthèse sur ces questions, voir Dejours *et al.* [2018].

Références

Balibar, Étienne [2014], *La philosophie de Marx*, Paris : La Découverte.

Bidet, Jacques [1985], *Que faire du Capital ? Matériaux pour une refondation*, Paris : Klincksieck.

Coll. [2018], « L'exploitation aujourd'hui », *Actuel Marx*, n° 63.

Dejours, Christophe, Deranty, Jean-Philippe, Renault, Emmanuel, Smith Nicholas H. [2018], *The return of work in critical theory: self, society, politics*, New York: Columbia University Press.

Duménil, Gérard, Lévy, Dominique [2003], *Économie marxiste du capitalisme*, Paris : La Découverte.

Hodgson, Geoff [1982], « Marx without the labor theory of value », *Review of Radical Political Economics*, vol. 14, n° 2, p. 59-65.

Marx, Karl [1980], *Manuscrits de 1857-1858 (Grundrisse)*, tome I, Paris : Éditions sociales.

Marx, Karl [1997], *Le Capital*, Paris : PUF.

Marx, Karl [2010], *Le Chapitre VI. Manuscrits de 1863-1867*, Paris : Éditions sociales.

Postone, Moishe [2009], *Temps, travail et domination sociale*, Paris : Mille et une nuits.

Renault, Emmanuel [2014], *Marx et la philosophie*, Paris : PUF, coll. « Actuel Marx confrontation », 207 p.

Renault, Emmanuel [2015], « Pouvoir ou domination ? Pouvoir ou exploitation ? Deux fausses alternatives », *in* C. Laval, L. Paltrinieri, F. Taylan (dir.), *Marx & Foucault. Lectures, usages, confrontations*, Paris : La Découverte, p. 199-212.

Tinel, Bruno [2004], *À quoi servent les patrons ? Marglin et les radicaux américains*, Lyon : ENS Éditions.

UNE THÉORIE ÉCONOMIQUE DE L'EXPLOITATION SALARIALE

Jean Cartelier[1]

La thèse défendue dans ce qui suit est que le salaire n'est pas le prix d'une marchandise (bien ou service) s'établissant sur un marché ; il est le paiement par lequel des individus, ne pouvant être producteurs de marchandises, acceptent de travailler au sein d'une entreprise sous le contrôle et pour le compte d'un entrepreneur. La différence entre le statut de salarié et celui de l'individu marchand est à la source d'une exploitation inhérente à la relation salariale (exploitation identifiée par Marc Fleurbaey comme étant la *M-exploitation*).

About wage-earners' exploitation: a pure economic theory

Wages are not the price of a commodity or a service supposed to be determined on a "market for labour"; wages are just payments which make economic agents deprived of any possibility to produce commodities for the market accept to be associated with entrepreneurs and to work under their control and for their own account. The difference between being a wage-earner or being a producer for the market is at the root of an exploitation inherent in wage relationship (exploitation of the type M-exploitation by reference to Marc Fleurbaey's classification).

Mots clés : relation salariale, échange volontaire, exploitation.

Keywords: waged relationship, voluntary exchange, exploitation.

JEL : A 10, B 20, J 30

1. Université Paris-Nanterre, EconomiX.

Deux catégories différentes de théories économiques de l'exploitation peuvent être distinguées[2] :

- Selon la première, l'exploitation est le résultat de l'*effectivité d'une norme* ; l'exemple le plus connu est la théorie de la plus-value de Marx, dans laquelle la norme est donnée par la théorie de la valeur-travail ; le salarié est exploité parce que l'usage de sa force de travail produit plus de valeur pour l'entrepreneur qu'il n'en coûte à ce dernier de l'employer ; la force de travail est la seule marchandise ayant cette propriété.

- Selon la seconde, l'exploitation se lit dans un *écart à une norme* ; un exemple possible est l'écart des revenus de facteurs par rapport à leurs productivités marginales dans la théorie de l'équilibre général concurrentiel ; est exploité tout détenteur de facteurs de production recevant moins que la somme des productivités marginales des facteurs qu'il possède par ceux qui en reçoivent plus.

L'exploitation selon Marx est spécifique de la relation salariale mais elle est irrecevable du point de vue même de la logique de Marx. L'exploitation selon la théorie de l'équilibre général concurrentiel est très générale et ne concerne pas particulièrement la relation salariale. Ce n'est qu'en sortant du cadre fourni par les théories de la valeur qu'il est possible de proposer une théorie économique de l'exploitation salariale.

La thèse défendue dans le présent texte est que cette exploitation relève bien d'un *écart à une norme* – les individus sont des sujets marchands – mais qu'elle concerne spécifiquement la relation salariale – les salariés ne sont pas des individus marchands. La norme est celle que la théorie économique – et la philosophie politique qui lui est associée – pense inhérente à l'économie de marché. Les individus y sont à la fois *libres*, car soumis à personne en particulier, et *responsables*, car soumis à l'évaluation de tous sur le marché. Dans les termes de la théorie économique, *les décisions individuelles sont décentralisées et coordonnées à l'équilibre*. Les salariés vont apparaître comme ne respectant pas cette norme. *L'écart entre leur position économique effective et la norme marchande définit l'exploitation inhérente à la relation salariale.*

Par « position économique effective » des salariés on entend le « fait stylisé » suivant : les salariés sont des individus comme les autres sur les marchés (dans les termes de la théorie *mainstream*, ils maximisent leurs

2. L'auteur remercie deux rapporteurs anonymes pour leurs remarques et suggestions. La responsabilité des insuffisances de l'article ne peut leur être imputée.

satisfactions sous leurs contraintes budgétaires) mais ils n'ont pas la capacité d'entreprendre. Ils ne décident ni la nature, ni le niveau, ni les modalités de leurs activités. Ce sont les entrepreneurs (et les producteurs indépendants) seuls qui possèdent ces prérogatives que la théorie *mainstream* attribue implicitement ou explicitement aux individus marchands. Au sein des entreprises les salariés ne sont ni libres ni responsables tant qu'ils respectent les ordres des entrepreneurs[3].

La thèse qui vient d'être sommairement présentée n'est acceptée ni par les économistes fidèles aux textes de Marx ni par les économistes *mainstream.*

Les premiers demeurent attachés au « tour de force » de Marx retournant la théorie de la valeur-travail contre l'« économie politique bourgeoise » ricardienne. La théorie marxienne de l'exploitation du travailleur repose sur deux piliers, respectivement la théorie de la valeur-travail et la théorie de la force de travail marchandise. Ces deux théories sont inacceptables sur la base même de la théorie de la marchandise de Marx, telle qu'il la présente dans la section 1 du livre I du *Capital.*

En premier lieu, il n'existe aucun modèle de détermination des valeurs-travail respectant la caractéristique fondamentale de la division marchande du travail selon Marx, à savoir le « caractère double du travail contenu dans la marchandise ». Le modèle canonique $v = Av + l$, utilisé par les théoriciens marxistes, où A est une matrice carrée indécomposable représentant les quantités de marchandises entrant dans la production des marchandises et l le vecteur des quantités de travail ; v, la solution du modèle, est, si $(I - A)^{-1}$ existe, le vecteur $v = (I - A)^{-1} l$. Une seule sorte de travail y est présente. Il ne peut s'agir de travaux concrets puisque ces travaux sont homogènes mais il ne s'agit pas non plus de travail abstrait puisque ses quantités sont connues indépendamment du marché. Ce type de calcul pourrait être fait pour la terre, l'énergie ou n'importe quelle « substance ». Cela n'a rien à voir avec la théorie que Marx expose dans le *Capital.* Il n'existe pas, au moins à ma connaissance, de modèle déterminant les grandeurs de valeur fondé sur le « caractère double du travail ».

En second lieu, la force de travail n'est pas produite selon les conditions qui définissent les marchandises que Marx résume fort justement comme « produit de travaux privés effectués indépendamment ». Cela s'oppose

3. Par entrepreneur, dans le reste de ce texte, on entend avec Coase « the person or persons who, in a competitive system, take the place of the price mechanism in the direction of resources » [Coase, 1937, p. 388].

absolument à ce que la force de travail, en respectant la logique de Marx, soit pensée comme une marchandise[4].

Les seconds font valoir deux arguments principaux pour justifier que les entrepreneurs (ou producteurs indépendants) et les salariés soient traités comme des individus marchands : (i) l'autorité des entrepreneurs sur les salariés résulte d'un contrat ne se distinguant pas suffisamment des contrats ordinaires pour les soustraire à la théorie générale des contrats [Simon, 1951] ; (ii) les salariés sont des vendeurs de « travail humain », c'est-à-dire de biens figurant dans l'espace des biens à côté du « blé rouge d'hiver n° 2 » (pour prendre les deux exemples choisis par Debreu [1959]).

Ces deux arguments ont une portée inégale. Le second est évidemment décisif : s'il est correct, la distinction entre contrat d'emploi et contrat de vente est secondaire par rapport aux caractéristiques communes qui les font relever tous deux d'une théorie générale des contrats : salariés et entrepreneurs relèvent bien d'une même approche en tant que producteurs indépendants (de « blé rouge d'hiver n° 2 » et de « travail humain »). Qu'elle puisse s'appliquer à des domaines spécialisés en fonction d'hypothèses spécifiques (économie du travail, économie des assurances, etc.) n'affecte pas le principe fondamental selon lequel tous les individus apparaissant dans la théorie *mainstream* sont des individus marchands. C'est ce second argument qui sera seul contesté dans ce qui suit.

1. Les « travaux humains » n'appartiennent pas à l'ensemble des biens (sinon avec les salariés qui en sont la source)

Le point de départ de la théorie *mainstream* est le postulat d'un ensemble de biens donné *a priori* : espace euclidien R^l dans la théorie de l'équilibre général concurrentiel, continuum [0,1] dans les modèles de prospection, etc. Les individus peuplant l'économie ne peuvent être définis que par rapport à cet espace. Ils sont saisis en effet comme des dotations initiales (points de R^l) et des préférences (fonctions définies sur R^l). Les éléments de cet espace sont des biens ; outre le « blé rouge d'hiver n° 2 » et le « travail humain », on peut y trouver par exemple des camions d'un certain type ou des chevaux d'une certaine espèce, ou des services dérivant de l'utilisation de ces biens, par exemple : heures d'utilisation d'un camion ou d'un cheval.

4. La critique interne de Marx ayant été abondamment exposée par ailleurs [voir Benetti et Cartelier, 1980 ; Cartelier, 1991], elle ne sera pas davantage développée ici.

L'énumération des éléments de l'espace des biens est du même coup celle des objets susceptibles d'être échangés à des prix d'équilibre lorsque ceux-ci sont positifs. C'est parce qu'ils sont convaincus, pour des raisons philosophiques ou à cause de préjugés sociaux, que le salariat est un échange entre des heures de « travail humain » et un panier de biens composant le salaire réel que les théoriciens *mainstream* postulent que le « travail humain » figure dans l'espace des biens. Ils ne justifient pas davantage cette assertion pour le travail que pour le « blé rouge d'hiver n° 2 ». Il serait pourtant indispensable de le faire car le contenu de l'espace des biens n'a rien de naturel ou d'évident.

Pour faire comprendre la nature du problème, on peut prendre un exemple éloigné de la question du travail, celui de la monnaie. La monnaie, sous le nom de *fiat money*, est postulée être un élément de l'espace des biens et la théorie monétaire *mainstream* doit prouver que ce bien particulier (sans utilité intrinsèque et produit de façon non privée) a un prix positif à l'équilibre. Quelles que soient les solutions que donnent les théoriciens *mainstream* à cette question, la monnaie ne peut être pour eux autre chose qu'un bien. Est exclu, par exemple, que la monnaie puisse être pensée comme un système de règles ou une institution. Expliciter précisément le contenu de l'espace des biens est donc nécessaire et a un enjeu théorique majeur.

C'est ce que l'on se propose de faire maintenant à propos non de la monnaie mais du « travail humain » dans l'espace des biens. Quelle est la condition pour que le « travail humain » en soit un élément à côté des « services de camion » et des « services de cheval » ?

Il faudrait que puisse exister le même type de rapport entre les êtres humains et les camions ou les chevaux, d'une part, qu'entre les êtres humains et le travail (ou les services du travail), d'autre part. Le rapport auquel on pense est celui de possession ou de propriété. On ne peut proposer à l'échange sur le marché que ce que l'on possède. La question est dès lors la suivante : la « propriété de soi-même » est-elle de même nature que la propriété d'un bien ou d'un service ?

La question est philosophique mais elle concerne directement la théorie économique. La thèse soutenue ici est que l'on ne peut être propriétaire d'un bien ou d'un service que si l'on est « propriétaire de soi-même ». L'esclave ne l'est pas et n'est ni un sujet de droit ni un agent susceptible d'offrir quoi que ce soit sur un marché. L'esclave n'est propriétaire de rien car il n'est pas « propriétaire de lui-même ».

Le propriétaire d'un camion ou d'un cheval est distinct de ce qu'il possède. Il peut en disposer : *usus*, *fructus*, *abusus*. Les biens possédés sont des éléments de l'ensemble des biens mais leur propriétaire n'en fait pas partie. La « propriété de soi-même », condition de la propriété de biens ou de services, implique, au contraire, que ce qui est approprié n'est pas distinct du propriétaire. Le travail ou les services du travail ne sont pas séparables de l'individu qui les exécute[5]. Ils appartiennent ou non à l'ensemble des biens de façon solidaire.

Admettre que le camion ou le cheval appartiennent à l'ensemble des biens avec les services qu'ils rendent ne pose aucune difficulté. Il n'en va pas de même avec le travailleur et les services du travail. Le travailleur est un être humain à la différence du camion et du cheval.

D'où le dilemme de la théorie *mainstream* :

- ou les salariés (ou travailleurs) sont dans l'espace des biens comme conséquence de leur non-séparabilité des services du travail – et ils ne sont pas plus aptes à offrir leurs services que les camions les leurs ; en tant qu'éléments de l'ensemble des biens, ils figurent dans les dotations de leurs possesseurs ou propriétaires qui peuvent les échanger sur un marché qui est celui des esclaves ; il n'y a pas ici de relation salariale possible ;

- ou bien ils ne sont pas dans l'espace des biens mais le travail et les services du travail n'y sont pas non plus. Il ne peut donc y avoir de marché du travail ni de relation salariale. Les seuls marchés existants sont pour les biens et services (« blé rouge d'hiver n° 2 », camions, chevaux, etc.) ; là non plus il n'y a pas de relation salariale.

Les économistes *mainstream* ne peuvent affronter ce dilemme qui est pourtant dans le droit fil de la logique qu'ils suivent lorsqu'il est question de biens et services en général (le « blé rouge d'hiver n° 2 » ou les camions et leurs services). S'ils le faisaient, ils seraient empêchés de penser le salariat comme un échange. C'est pourquoi ces économistes se trouvent obligés de commettre une double infraction à leur méthode.

Ils vont d'abord éliminer les « travailleurs » en tant qu'objets d'échange en vertu d'un argument moral, l'interdiction de l'esclavage. Il n'est donc pas permis d'échanger des « travailleurs » contre des biens car l'esclavage

5. Ainsi que l'écrit Alain Supiot : « Quelle est la chose qui fait l'objet de la prestation du salarié ? Force est de reconnaître qu'il s'agit de son corps, et que si la théorie juridique ne le dit pas, ou le murmure à peine, le droit positif du travail trouve là sa pierre angulaire » [Supiot, 1994, p. 54].

est une abomination. Cet argument n'est pas recevable en théorie[6] et est, en outre, illusoire. Le fait qu'on interdise d'acheter et de vendre les « travailleurs » ne change pas en soi leur appartenance à l'espace des biens qui est liée, *physiquement*, à ce que le « travail humain » est supposé y figurer. Cela ne modifie pas non plus la différence radicale de statut qui oppose les « travailleurs » à ceux qui seraient susceptibles d'en faire le commerce (les individus ordinaires) si l'interdiction morale n'avait pas été édictée. Le refus de l'esclavage, c'est-à-dire le refus d'envisager un marché où des « travailleurs » seraient échangés contre d'autres biens par des individus ordinaires, n'empêche nullement qu'il existe toujours deux sortes d'êtres humains : d'une part ceux qui sont en dehors de l'espace des biens – ce sont les individus ordinaires de la théorie économique de l'échange – et les autres, dont on ne sait plus très bien définir le statut.

C'est sur ce point que les économistes *mainstream* commettent une deuxième infraction : non contents d'interdire l'esclavage, ils excluent les « travailleurs » de l'espace des biens tout en prétendant y maintenir le « travail humain ». Ils confèrent arbitrairement aux « travailleurs » la condition des individus ordinaires en leur attribuant une dotation faite uniquement de « travail humain ». Logiquement, l'exclusion des « travailleurs » devrait entraîner celle du « travail humain » de la même façon que celle des camions le ferait pour les services de camion. Le « travail humain » n'étant plus dans l'espace des biens, il n'y a aucun sens à le faire figurer dans la dotation de l'un quelconque des individus. Le lien entre les « travailleurs » et le « travail humain » est physique et non de possession ou de propriété.

Redresser la double infraction qui vient d'être relevée revient

- soit à accepter que le « travail humain » figure dans l'espace des biens sans pouvoir pour autant penser le salariat comme un échange puisque le statut des « travailleurs », bien qu'indéterminé, diffère totalement de celui des individus ordinaires,

- soit à renoncer à la présence de « travail humain » dans l'espace des biens et à accepter que la seule économie d'échange soit celle dans laquelle tous les individus partagent une condition identique – ils font entre eux des opérations d'échange volontaire portant sur les biens appartenant à l'espace des biens, ce qui exclut le salariat.

6. Certains auteurs libéraux ne l'ont pas approuvé, Nozick par exemple.

Ainsi, *traiter les « travaux humains » comme des biens requiert, selon la logique même de la théorie mainstream, que le fournisseur desdits « travaux » et l'acquéreur aient des statuts différents : « travailleur » et « individu ordinaire » respectivement.* Le recours généralisé aux modèles d'agence par les « économistes du travail » – avec un principal et un agent – entérine sans le dire explicitement cette conclusion. Passer sous silence cette différence de statut revient à glisser la poussière sous le tapis. Plutôt que d'affronter cette difficulté et d'en tirer les conséquences, les théoriciens *mainstream* préfèrent l'escamoter en postulant, à l'instar du modèle fondateur de Simon (1951), un individu ordinaire (*Boss*) et un « travailleur » (*Worker*) sans indiquer comment on devient l'un ou l'autre.

Renoncer à traiter les « travaux humains » comme des biens permet de retrouver la situation normale de l'économie d'échange dans laquelle des producteurs indépendants se spécialisent dans la production de biens particuliers qu'ils échangent entre eux. Dans ce cas, *aucun individu (ni les efforts qu'il est susceptible d'effectuer) n'est un élément de l'espace des biens.* Si chacun d'entre eux connaît l'effort qu'il consent et en calcule les effets, cet effort n'est pas connaissance commune, à la différence des éléments de l'espace des biens et, à ce titre, n'en fait pas partie.

Penser théoriquement le salariat et rendre compte du « fait stylisé » qui le caractérise n'est possible qu'en abandonnant l'approche réelle (théories de la valeur) qui se caractérise par le postulat d'un espace des biens.

2. La relation salariale est une subordination monétaire, ce que révèle la circulation des moyens de paiement

Ce que la théorie *mainstream* ne parvient pas à faire, c'est-à-dire à faire coexister dans un même cadre théorique deux relations économiques fondamentales différentes, l'échange et le salariat, l'approche alternative, qualifiée d'*analyse monétaire* par Schumpeter dans son *History of economic analysis* y parvient. Au lieu d'un espace de biens donné *a priori*, les auteurs de cette approche privilégient le postulat de la *médiation monétaire*, qui implique l'existence d'une unité de compte et de moyens de paiement, les individus étant alors définis comme des *comptes* dans lesquels s'inscrivent des montants d'unités de compte par l'intermédiaire de *paiements* entre individus et de monnayage entre individus et une autorité monétaire.

Le tableau ci-dessous résume l'opposition entre les deux ensembles de postulats :

	Théorie de l'équilibre général	Approche monétaire
Postulat fondamental	Espace des biens R^l	Unité de compte nominale $
Individus	Dotations initiales $\omega \in R^l$ Préférences définies sur R^l	Comptes où sont inscrites des quantités de dollars
Relations	Échange généralisé : permutation des biens	Transferts de dollars de compte à compte

La nature des relations économiques ainsi définies est entièrement déterminée par la forme que prend la circulation. Ainsi, les relations d'échange (les seules accessibles à la théorie *mainstream*) correspondent à une circulation résultant de l'*identité de condition* de tous les individus. Ils ont tous un accès direct aux moyens de paiement, ce qui leur permet d'agir au marché (acheter) indépendamment de ce que décident les autres. L'indépendance des achats et des ventes de chaque individu est la condition de la décentralisation des décisions individuelles, caractéristique de l'économie de marché. Le fait que les ventes (achats faits par autrui) ne correspondent pas nécessairement aux achats est la conséquence normale de la décentralisation et cette situation hors-équilibre devient effective par le règlement des soldes monétaires (balances de paiement). Ainsi, la forme marchande de la circulation peut être décrite par le schéma ci-dessous, dans lequel les hexagones figurent les individus qui ont un accès direct aux moyens de paiement, ce qui les rend aptes à prendre des initiatives sur le marché :

CIRCULATION MONÉTAIRE MARCHANDE

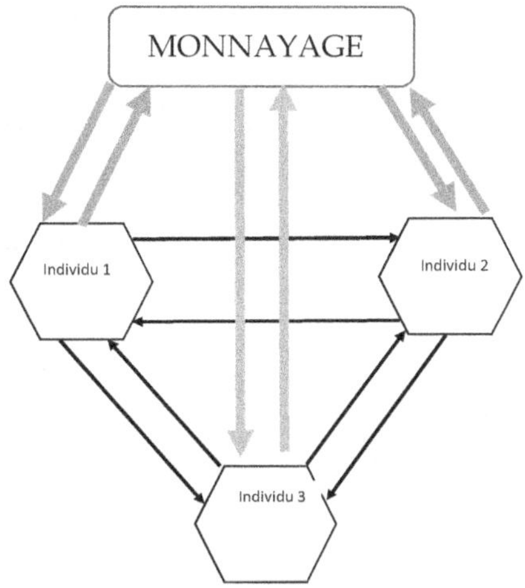

Tout autre est la forme de la circulation marchande lorsqu'elle se combine avec la relation salariale. La différence de condition se lit dans le fait que seule une fraction des individus a la capacité d'acheter indépendamment des ventes (*i.e.* d'être des sujets économiques), les autres ne pouvant se procurer des moyens de paiement que par des transferts venant des sujets économiques. Différentes modalités sont possibles. Celle qui nous retient ici, car elle définit la relation salariale, est la suivante :

CIRCULATION MONÉTAIRE MARCHANDE AVEC RELATION SALARIALE

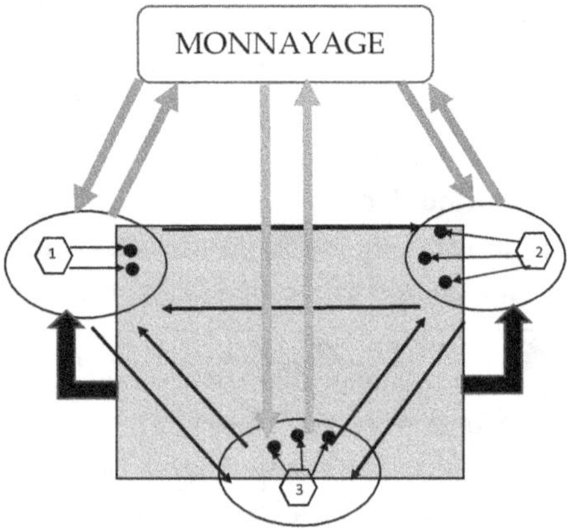

Les sujets économiques (hexagones) associent les autres (petits cercles noirs) à leurs projets marchands. Cette association définit des entreprises (ovales) entretenant entre elles des rapports marchands. La relation salariale est double :

- À l'intérieur de l'entreprise, le salarié agit pour le compte de l'entreprise et de l'entrepreneur ; le paiement qu'il reçoit est unilatéral et le soumet au projet de l'entreprise.
- À l'extérieur de l'entreprise, le salarié dépense les moyens de paiement qu'il a reçus d'une façon qui ne le distingue pas des autres individus.

Ainsi est bien reproduit le fait stylisé majeur de la condition salariale qui est celui d'une subordination dans l'entreprise compatible avec la liberté de dépenser librement ses ressources au marché (et avec, le cas échéant, la pleine citoyenneté politique).

Une analyse plus approfondie [voir Cartelier, 2016] montre que la circulation monétaire fait des salaires *un coût* (notion introuvable dans une économie d'échange) pour les entreprises, et fait des dépenses et recettes entre entreprises *des profits bruts*. Alors que la logique de la circulation marchande est de valider la spécialisation choisie par les individus, celle de la circulation salariale est de faire apparaître le profit, ce que Marx avait naguère exprimé par l'opposition entre $M - A - M'$ avec égalité entre M et M', d'une part et $A - M - A'$ avec $A' > A$ d'autre part. Pour notre propos, il s'agit plutôt de souligner que les deux branches de la circulation salariale, respectivement le paiement et la dépense du salaire, ne constituent qu'un seul processus, matérialisé sur le schéma par le carré qui englobe l'ensemble des salariés, comme constituant une classe homogène du point de vue de la circulation.

Que des individus – les salariés – apparaissent comme des coûts pour d'autres – les entrepreneurs et les entreprises – est le trait spécifique de l'économie salariale par rapport à une économie de marché pure dans laquelle chacun est dans une situation symétrique vis-à-vis de tous les autres. Là est l'origine de l'exploitation, comme nous allons le voir.

Ainsi, en dépit de l'homogénéité apparente que confère aux individus la généralité des paiements et de la médiation monétaire, deux types de rapports économiques peuvent être conceptualisés au sein d'une approche exclusivement monétaire : l'échange, d'une part, et la relation salariale, d'autre part. Le fait stylisé central, à savoir la coexistence d'une subordination dans l'entreprise et d'une liberté sur le marché, est reproduit, ce que ne peuvent ni la théorie ricardo-sraffienne – qui omet la liberté[7] – ni la théorie *mainstream* qui omet la subordination.

3. L'exploitation des salariés par les entreprises est inhérente à la relation salariale

Un des enjeux les plus sensibles de la conceptualisation de la relation salariale est celui de l'exploitation. Bien que l'exploitation semble avoir été discutée prioritairement à propos des salariés, la notion peut être étendue à l'ensemble des relations économiques. La difficulté est alors de choisir la norme servant de référence à la définition de l'exploitation. La pertinence du choix de cette norme dépend crucialement de la représentation théorique que l'on se fait

7. Sraffa nous rappelle que dans le système ricardien on considère les salaires « as consisting of the necessary subsistence of the workers and thus entering the system on the same footing as the fuel for the engines or the feed for the cattle » [Sraffa, 1960, p. 9].

de la relation salariale. En suivant l'interprétation *mainstream* du salariat comme une relation d'échange, on est conduit logiquement à diluer la question de l'exploitation dans une interrogation plus générale portant sur la justice sociale qui concerne l'ensemble des individus et non spécifiquement les salariés ; en adoptant l'interprétation du salariat comme subordination monétaire, on s'en tient à une définition stricte et spécifique de l'exploitation inhérente au salariat, la norme étant l'absence de subordination monétaire.

Dans cette recherche de la norme précise pertinente, la démarche de Marc Fleurbaey [2012] se révèle très utile. L'auteur distingue quatre types d'exploitation, dont seuls les trois premiers nous intéressent ici[8] :

- Une première forme, dite ***A-exploitation***, renvoie à des dotations initiales inégales par rapport à un certain critère (égalité, juste répartition rapportée aux besoins ou autres caractéristiques des individus). L'appartenance à un groupe déterminé est fondée sur une dotation supérieure (inférieure) à celle considérée comme normale, cette dotation permettant d'obtenir une utilité plus grande (plus petite) que celle considérée comme normale. On peut noter que la *A-exploitation* renvoie à un arbitraire de la répartition des dotations initiales et qu'elle est par conséquent *d'essence politique* et non économique, si l'on accepte le point de vue traditionnel en la matière qui est de considérer que les dotations sont une donnée pour la théorie des prix sur laquelle l'économiste n'a rien à dire. Considérer que les salariés ont une dotation nulle ne résout pas le problème car, dans le contexte de la théorie *mainstream*, l'absence de dotation exclut totalement l'individu des relations économiques.

- Une deuxième forme d'exploitation est due à un *échange inégal* par rapport à la norme retenue. Ainsi, si entre deux individus la résultante des flux de valeur qui les lient est telle que l'un reçoit plus que les prix normaux ne l'auraient permis, on dira que le premier exploite le second. Même s'il s'agit d'une relation purement interindividuelle abstraite, il est bien clair que ce critère pourrait être utilisé pour décrire la relation salariale, le travail étant considéré comme un facteur de production devant être rémunéré à la productivité marginale (norme de la concurrence parfaite)

- Une troisième forme d'exploitation, dite ***M-exploitation***, est liée à ce que certains utilisent les autres comme des moyens et non des fins. Marc Fleurbaey remarque que « this notion has, to the best of my knowledge,

8. La quatrième forme d'exploitation, dite *D-exploitation*, est caractérisée par une déviation par rapport à une norme de *fair contribution* (exemple du *free riding* pour la production d'un bien public).

never been formalized » [Fleurbaey, 2012, p. 15]. Il considère le cas de l'esclave (mais non celui du salarié) et note deux points. Le premier est que le maître ne paie pas un prix juste (*fair price*) à l'esclave, ce qui ramène à l'échange inégal ; le second est que le « master reaps all the benefits of any enhancement to the (observable) capacity of the slave » [*ibid.*, p. 15]. Cette exploitation est spécifiquement reliée à ce second élément. La difficulté soulevée par l'auteur est que l'étude de la *M-exploitation* « requires an idea of what happens out of equilibrium » [*ibid.*, p. 21].

Selon la thèse défendue ici, le salaire n'étant le prix de rien (l'inscription des « travaux humains » dans l'espace des biens étant ce qui justifierait que le salariat soit assimilé à un échange ordinaire), les deux premières catégories d'exploitation recensées par Marc Fleurbaey ne peuvent lui être appliquées. Il reste alors à se demander si la *M-exploitation* ne serait pas une bonne candidate. Marc Fleurbaey nous dit à juste titre qu'il s'agit d'une notion difficile à formaliser. Une fois écarté ce qui pourrait relever de l'échange inégal, il reste deux éléments, celui lié au partage du résultat de l'accroissement de l'effort du salarié et celui d'être un moyen utilisé par autrui en tant que tel. L'absence de norme pour le partage, en raison du caractère *sui generis* de la relation salariale, conduit à écarter le premier élément. En revanche, la particularité de la relation salariale conduit à retenir le second.

Il faut entendre ici la notion de « moyen » au sens fort. Dans la relation d'échange, on peut certes dire métaphoriquement que chacun des échangistes est un moyen utilisé par l'autre pour améliorer sa situation. Mais la relation est ici entre individus ayant les mêmes prérogatives et agissant tous les deux pour leur propre compte. La relation salariale, au contraire de celle d'échange, s'établit entre individus de condition différente, ainsi qu'il a été montré plus haut. Pour le dire autrement, les relations que chacun entretient avec le marché sont différentes. *L'entrepreneur ou le producteur indépendant ont une relation directe avec le marché* étant de plain-pied avec les autres acteurs du marché. *Les salariés n'ont qu'une relation indirecte avec le marché, relation reflétant celle pour le compte de qui ils agissent.* Contrairement aux deux autres sortes d'exploitation distinguées par Marc Fleurbaey, qui sont d'ordre *quantitatif*, l'écart à une norme dans la *M-exploitation* est *qualitatif* : il est une différence de statut. La norme est celle de l'*utopie marchande* qui est au cœur des représentations plus ou moins élaborées que les individus se font des économies dans lesquelles ils agissent.

Si certains peuvent se comporter selon la norme – l'entrepreneur (ou le producteur indépendant) est libre de décider le niveau et l'orientation de son activité tout en se soumettant au verdict du marché –, d'autres, les salariés, n'ont pas cette capacité faute de l'accès aux moyens de paiement.

La conséquence de cette liberté marchande est que l'individu proportionne ses dépenses et/ou ses efforts à ce qu'il peut en attendre sur le marché. Il ne prévoira pas de dépenser plus (en biens et services aussi bien qu'en actifs financiers) qu'il ne pense obtenir de la vente des divers biens, services et actifs financiers. Dans la mesure où son activité implique un effort et que cet effort est pénible, il arbitrera entre l'effort consenti et la récompense attendue. La théorie *mainstream* est précise sur ce point : *l'utilité marginale de la récompense doit compenser exactement la désutilité marginale de l'effort.* Cette condition produit un maximum de satisfaction si les conditions de second ordre sont respectées, ce que l'on admettra.

Le salarié, pour ce qui concerne l'activité qu'il accomplit pour le compte et sous la responsabilité de celui qui l'a salarié, n'est ni libre ni responsable *car il n'a pas la possibilité de l'être.* À l'intérieur de l'entreprise, le salarié agit pour le compte de l'entrepreneur. Il n'est pas responsable, par exemple, de la pollution qu'il a causée en obéissant à l'entrepreneur. Il n'est pas non plus soumis au droit commercial : il ne fait pas faillite mais perd son emploi, ce qui est tout autre chose. Bref, le salarié n'est pas un sujet économique marchand pour ce qui concerne son activité au sein de l'entreprise. L'arbitrage qui lui est ouvert n'est pas entre l'utilité marginale de la récompense et la désutilité marginale de l'effort, comme pour le producteur indépendant, mais entre le gain marginal du non-respect des injonctions de l'entrepreneur (sur l'effort ou sur autre chose) et la perte marginale du licenciement. Le premier arbitrage est sur le marché, le second au sein de l'entreprise.

Il n'est pas interdit de modéliser ce type d'exploitation [voir Cartelier, 2014] mais l'essentiel est ailleurs, dans le mode d'organisation des activités. Le fait que certains n'aient pas accès directement aux moyens de paiement tandis que d'autres ont la possibilité d'exercer leur liberté d'entreprendre permet de comprendre que deux catégories ou deux classes d'individus se constituent en dépit d'une identité possible de toutes leurs autres caractéristiques intrinsèques : les uns poursuivent un projet qui leur est propre – ils sont libres et responsables –, les autres se mettent au service d'un projet qui n'est pas le leur – ils sont soumis et non responsables. Ils sont un moyen utilisé par les autres.

La conséquence de cette non-liberté marchande est que le salarié ne maîtrise totalement ni sa contrainte budgétaire ni son effort. Le salaire monétaire qu'il reçoit ne reflète nullement une quelconque prévision faite par lui au sujet des biens qu'il va matériellement produire mais un état donné de la relation avec l'entrepreneur au sein de l'entreprise, ce qui a peu à voir avec le marché. Seule la dépense de son salaire est sous son contrôle et sous sa responsabilité. L'effort qu'il produit dépend de la discipline d'entreprise, ce qui n'a qu'une relation indirecte avec le marché. C'est cet écart à la norme marchande qui définit l'exploitation inhérente au salariat. Faisant des salariés des moyens mis en œuvre pour le compte et sous la direction de l'entrepreneur, il s'agit bien d'une forme de *M-exploitation*, au sens de Fleurbaey.

Plusieurs questions sont appelées par la conception qui vient d'être défendue à propos de l'exploitation salariale. Elles ne peuvent être évoquées ici que trop brièvement.

Le clivage entre ceux qui ont et ceux qui n'ont pas un accès direct aux moyens de paiement ne redouble-t-il pas inutilement celui, traditionnel, entre propriétaires des moyens de production (disposant d'un collatéral) et les autres ? La réponse est négative. La propriété des moyens de production ne peut être un donné *a priori* mais seulement une *conséquence* du fonctionnement du marché. « L'homme aux écus » est un producteur indépendant ou, si les conditions s'y prêtent, un entrepreneur. Le profit lui permet de devenir propriétaire de tout ou partie des moyens de production. La propriété des moyens de production comme des autres biens est le résultat du marché ; celle de chacun est socialement validée par les actions d'autrui. La généralité de la médiation monétaire dans les économies marchandes impose de mettre l'accent sur les moyens de paiement et sur la forme de leur circulation, qui est la condition d'effectivité des actions individuelles sur les marchés et non de prendre comme point de départ le résultat de ces actions qui est la configuration des allocations individuelles de marché.

En quoi le fait d'être un moyen pour autrui est-il lié à l'exploitation ? La réponse à cette question est dans la norme justifiant que la *M-exploitation* de Marc Fleurbaey est bien une exploitation. Cette norme est la liberté et la responsabilité économiques. Le fait d'être un moyen pour autrui n'est pas en soi une exploitation : l'individu qui librement accepte de se soumettre à autrui pour réaliser un objectif collectif lié à des valeurs partagées n'est pas exploité puisqu'il a participé au choix de l'objectif. Ce n'est pas le cas des salariés qui ont tout au plus la latitude de choisir entre plusieurs entrepreneurs mais non de discuter avec eux du bien-fondé de leurs objectifs respectifs (qu'ils ne connaissent généralement pas)[9]. La conséquence de la

9. À l'exploitation ainsi définie peut s'ajouter une sorte d'aliénation lorsque le salarié, bien que n'étant ni libre ni responsable à l'intérieur de l'entreprise, est sommé de se penser comme un individu libre et responsable de son activité (comme il arrive dans les nouvelles formes de management).

subordination monétaire des salariés est que l'effort qu'ils fournissent est imposé par les entreprises, conditionnellement à la législation du travail et à la résistance des salariés.

L'exploitation spécifique du salariat est-elle liée à la « répartition du revenu » ? *Le salaire est fondamentalement un coût et non un revenu.* La difficulté d'admettre cela tient à l'emprise intellectuelle de la théorie *mainstream* qui fait du travail un facteur de production comme elle le fait du capital, plaçant ainsi le profit et le salaire sur le même plan comme deux composantes du revenu net. Lorsqu'il s'agit d'apprécier la place des uns et des autres dans la vie économique, on ne se prive pas de considérer que les salaires sont trop élevés eu égard à la compétitivité de l'économie, les salariés apparaissant clairement comme des coûts qu'il convient de réduire.

En outre, la relation salariale ne s'analyse pas comme un échange d'un bien (le « travail humain ») contre d'autres biens (le « salaire réel »). Il n'est donc pas possible de lui appliquer une norme issue de la théorie des prix (ni de la théorie *mainstream* ni de celle de Marx). Ceci achève de déconnecter la *M-exploitation* des salariés de la répartition du revenu. Un lien analogique demeure néanmoins avec Marx. Dire que le salarié fournit un effort supérieur à celui qui serait le sien s'il était un producteur indépendant, c'est dire, non comme Marx qu'une partie de son travail n'est pas payée, mais plutôt qu'une partie de son effort n'est pas librement consentie.

Non liée à l'échange ou à la répartition du revenu, l'exploitation salariale est évidemment étroitement associée à l'organisation des activités au sein de l'entreprise. L'attention se déplace de la négociation entre entrepreneurs et salariés (ne relevant pas du marché) à la façon dont les entreprises mettent en œuvre la subordination monétaire dans leur activité de production. Ce domaine est immense ; on ne peut ici que signaler son caractère stratégique.

*

* *

Le « fait stylisé » retenu comme typique du salariat – subordination à l'intérieur de l'entreprise et liberté dans la dépense du salaire – peut faire penser à l'argument central de Coase opposant deux modes différents de régulation, la hiérarchie (dans l'entreprise) et le marché (en dehors de l'entreprise). Si la thèse de Coase est puissante et originale, elle présente une faille logique. Coase soutient que la répartition entre ces deux régulations que sont le marché et l'entreprise est la conséquence d'un arbitrage sur les coûts respectifs de ces deux modes. Mais qui fait l'arbitrage et qui a la capacité de le faire ? Dans les termes de notre approche, ce ne peut être que l'entrepreneur qui est en mesure de choisir entre trouver tous les ingrédients nécessaires sur les marchés ou embaucher les individus acceptant de se subordonner et d'œuvrer sous la direction et pour le compte d'un individu qui a choisi les objectifs à sa place. L'arbitrage imaginé par Coase présuppose l'existence d'individus libres et responsables et d'autres qui ne le sont pas. C'est pourtant ce qu'il faut élucider et non admettre de façon non critique.

Références

Benetti, Carlo et Cartelier, Jean [1980], *Marchands, salariat et capitalistes*, Paris : Maspero.

Cartelier, Jean [1991], « Marx's value, exchange and surplus value theory: a suggested reformulation », *Cambridge Journal of Economics*, vol. 15, n° 3, p. 257-269.

Cartelier, Jean [2014], « Entrepreneurs and Wage-earners, a Monetary Approach », *Working Paper 2014-19, EconomiX.*

Cartelier, Jean [2016], *L'intrus et l'absent. Essai sur le travail et le salariat dans la théorie économique*, Nanterre : Presses de l'Université Paris-Ouest.

Coase, Ronald H. [1937], « The Nature of the Firm », *Economica*, vol. 4, n° 16, p. 386-405.

Debreu, Gérard [1959], *Theory of Value, An Axiomatic Analysis of Economic Equilibrium*, New York: Wiley, Monographs / Cowles Foundation for Research in Economics at Yale University, 17.

Fleurbaey, Marc [2012], « The facets of exploitation », *FMSH-WP-2012-11.*

Marx, Karl [1967], *Œuvres*, Paris : Gallimard, Bibliothèque de La Pléiade, 2 vol., 1967.

Schumpeter, Joseph A. [1954], *History of Economic Analysis*, edited from manuscript by Elisabeth Boody Schumpeter, New York: Oxford University Press.

Simon, Herbert [1951], « A formal theory of the employment relationship », *Econometrica*, p. 293-305.

Sraffa, Piero [1960], *Production of Commodities by means of Commodities*, Cambridge: Cambridge University Press.

Supiot, Alain [1994], *Critique du droit du travail*, Paris : PUF, coll. « Les voies du droit ».

VALEUR(S), EXPLOITATION ET ÉCONOMIE DES CONVENTIONS

Olivier Favereau[1]

Le programme conventionnaliste entend déplacer les conventions du langage théorique en économie vers une réimbrication des dimensions « coordination » et « reproduction », tout en autorisant une interpénétration des deux autres dimensions « valeurs » et « rationalité ». Cela a conduit Boltanski et Chiapello (1999) à considérer l'exploitation et la justification comme l'inverse l'une de l'autre. Un lien direct avec Marx devient possible. Marx fait toutefois apparaître l'exploitation non dans l'espace des prix mais dans un espace des valeurs, objectivement mesurables (en heures de travail abstrait), alors que l'économie des conventions opère avec un espace des valeurs, au sens commun, normatif, du terme, mobilisant des entités intersubjectives (telle la justice). Le grand projet marxien d'intelligibilité du capitalisme à partir de la mise à nu de l'injustice capital/travail n'est pas prisonnier de la théorie de la valeur-travail. La distinction conventionnaliste de l'entreprise et de la société, dissimulée dans le « Régime d'Intersubjectivité et de Normativité » néolibéral, permet de faire apparaître dans le nouvel espace des valeurs, un usage indu du droit de propriété par les actionnaires de la société, qui s'approprient, au-delà des revenus de facteurs, le revenu proprement collectif de l'organisation qu'est l'entreprise. Cette forme d'exploitation, objectivement mesurable, entrevue par Proudhon dès 1840, ne peut être remise en cause sans la généralisation de la codétermination, dans le gouvernement des entreprises.

Value(s), exploitation and the economics of convention

The conventionalist program aims at displacing the conventions of the theoretical language of economics towards overlapping the dimensions « coordination » and « reproduction », while allowing interpenetration of the two other dimensions « value » and « rationality ». That has led Boltanski and Chiapello (1999) to define exploitation and justification as the opposite of one another. A direct link with Marx becomes possible. Still there is the problem that Marx finds exploitation not in the space of prices but in a space of values, objectively measurable (in abstract labour hours), whereas the economics of convention works with a space of values, in the common-sense (normative) meaning of the word, using intersubjective entities (such as justice). The grand Marxian project of making sense of capitalism by revealing the unjust relationship between labour and capital, may not be stuck to the labour-value theory. The conventionalist distinction between company and firm, obscured by the neo-liberal Regime of Intersubjectivity and Normativity, makes it possible to show the unjustified recourse to ownership by share-holders who claim to get the full collective income of the firm as an organization (after payment of the factor-incomes). That form of exploitation, objectively measurable, guessed by Proudhon as soon as 1848, cannot be questioned as long as corporate governance is not converted into codetermination (Board Level Employee Representation).

Mots clés : droit de propriété, entreprise, exploitation, intersubjectivité, justification, néolibéralisme, normativité, société (par actions), travail abstrait, valeurs.

Codes JEL : A1, B14, B51, B52, D23, G3, K2, L22

1. Université Paris-Nanterre ; EconomiX.

Introduction[2]

Un lien essentiel relie le projet de Marx, tel qu'il s'exprime dans sa théorie de l'exploitation, et le programme de l'économie des conventions.

Cette thèse[3] peut surprendre. Aussi me faut-il citer immédiatement le paragraphe du *Nouvel esprit du capitalisme* (par Luc Boltanski et Ève Chiapello, paru en 1999), où se trouve la clé de traduction entre le projet de Marx et le programme conventionnaliste. Restera ensuite le plus long : trouver la serrure, que cette clé permet d'ouvrir.

> « En tant que notion critique, l'exploitation est tout à fait cohérente avec la norme de justice enfermée dans le concept de "cité", en sorte qu'il n'existe pas deux logiques, l'une qui serait orientée vers le dissensus et l'autre vers le consensus, mais deux points de vue qui peuvent être portés sur le monde tel qu'il est depuis une même position normative. La dénonciation de l'exploitation inverse en effet la maxime "Le bonheur des grands fait le bonheur des petits", qui constitue la clé de voûte de l'axiomatique des cités, en affirmant que c'est au contraire le *malheur des petits qui fait le bonheur des grands.* » [1999, p. 464] [italiques dans le texte]

Le lecteur, même (et surtout) s'il n'est pas un familier de l'économie des conventions, est invité à garder cette idée en mémoire, tout au long de sa lecture : la « justification » – concept clé du programme conventionnaliste – et « l'exploitation » – concept clé du projet marxien – se co-définissent, chacun étant l'opposé de l'autre. Ma thèse ne vaut que ce que vaut cette idée[4].

---

2. Je tiens à exprimer ma grande reconnaissance aux deux rapports anonymes, d'une acuité et d'une pertinence remarquables : je crois avoir pris en compte la totalité de leurs critiques et suggestions. Mais ma responsabilité demeure entière.

3. Sa mise au point a une longue histoire : 1er exposé au colloque de Cerisy du GSPM (juin 2001), mention dans des articles sur Bourdieu en 2001, et avec Bessy [2003], nouveaux exposés au colloque « Théorie de la valeur et sciences sociales » à Nanterre (janvier 2007), au congrès annuel de la SASE au Costa-Rica dans une session invitée « Is Marx obsolete? » (juillet 2008), au colloque de Cerisy sur l'entreprise (mai 2013), au séminaire « Exploitation » (mars 2015) et au colloque « Théories de l'exploitation » (janvier 2017), à Nanterre.

4. En mettant l'exploitation, plutôt que l'aliénation, au cœur du projet de Marx, je choisis le Marx de la maturité, celui du *Capital*, contre le jeune Marx, celui des *Manuscrits* de 1844. Par ailleurs, un référé note fort justement que « exploitation » et « justification » ne sont pas des catégories homogènes : l'une relève d'une théorie structurelle, l'autre d'une théorie de l'acteur. Effectivement, dans l'éventail des lectures de Marx, qui va des plus structuralistes (Althusser et Balibar) aux plus phénoménologiques (Michel Henry), la lecture conventionnaliste va déplacer le concept d'exploitation vers le second pôle, mais sans pour autant s'y dissoudre (cf. *in fine* la référence à Proudhon). Cette position médiane est à rapprocher du « structuralisme pragmatique » de Boltanski et Esquerre [2017]. Sur toutes ces questions, le lecteur est renvoyé à Postel et Sobel [2006].

Je l'argumenterai en deux temps : d'abord l'émergence à partir de 1999 d'une (re)lecture conventionnaliste du projet de Marx ; puis progressivement, à partir de cette relecture, l'émergence d'une (re)lecture marxienne du programme conventionnaliste. En somme, il y aurait un Marx conventionnaliste (1re partie), qui ouvrirait une entrée marxienne dans le programme conventionnaliste (2e partie).

Je vais donc d'abord m'attacher à redéfinir le programme conventionnaliste et le projet de Marx de telle sorte que puissent apparaître avec le maximum de clarté leur opposition au niveau-objet mais aussi leur convergence à un méta-niveau : la logique et la dynamique du capitalisme ne se révèlent que dans un espace de « valeurs », où l'on peut construire scientifiquement un concept de justice. Ce qui les oppose, c'est la conception de la science appliquée aux valeurs : mesure objective dans un cas, concept intersubjectif dans l'autre.

Ensuite, je montrerai que si l'on accepte cette responsabilité écrasante de poursuivre l'exploration de Marx à partir d'un espace des « valeurs » ainsi reconfiguré, les travaux conventionnalistes des dix dernières années, centrés sur l'entreprise, les pouvoirs de valorisation et la financiarisation, débouchent sur une conception de l'entreprise et du capitalisme, plus complexe dans son lien intime avec le droit que ce que Marx pouvait saisir en son temps.

Et cependant je conclurai qu'il est possible de récupérer dans l'espace des prix un concept d'exploitation, comme appropriation indue d'un travail gratuit. L'économie des conventions donne raison à Marx… s'il accepte de transiger avec Proudhon.

I. Émergence d'une (re)lecture conventionnaliste du projet de Marx

I.1. Marx et l'émergence de l'économie des conventions (1989-1999)

Pendant les dix années qui séparent le numéro spécial de la *Revue économique* sur « l'économie des conventions » [1989] de l'ouvrage de Luc Boltanski et Ève Chiapello, le rapport à Marx des premiers écrits conventionnalistes est pour le moins en pointillés. Seul Robert Salais [1989] développe une analyse en termes de conventions de la relation salariale qui maintient un certain lien avec la tradition marxienne. De même, quoique plus discrètement encore, André Orléan, lorsqu'il travaille avec Robert Boyer [cf. 1991 et 1994]. Il est vrai qu'Édouard Poulain [1992, 1994, 2001 ; cf. aussi Segura, 1995] réussit à déclencher une polémique érudite sur deux explications en termes de conventions dans *Le Capital*, l'une portant sur la hiérarchie des valeurs entre le travail simple et le travail complexe, l'autre sur le niveau du taux de profit général dans les prix de production. Ce sont sans doute des questions centrales – mais il ne s'agissait pas de relier, comme je voudrais le faire ici, projet marxien et projet conventionnaliste. Admettons provisoirement que celui-ci ne vise pas directement une théorie du capitalisme, à la différence de celui-là. De fait, le mot même de « capitalisme » ne fait pas partie du vocabulaire courant de ce nouveau programme de recherches[5]. Tout se passe comme si la publication de 1999 marquait une vraie discontinuité.

I.2. L'accent sur le capitalisme à partir de 1999

Ma conviction est au contraire que l'impression de discontinuité est trompeuse : la référence au capitalisme (avec son schéma de redéfinition conventionnaliste de l'exploitation) à partir de 1999 marque au contraire un développement interne parfaitement logique du programme conventionnaliste[6]. Certes la mouture initiale de l'économie des conventions (1989) se situe clairement à l'intérieur de l'individualisme méthodologique – du fait de l'urgence dans la critique de l'économie néoclassique dominante. Cela correspond à la première caractérisation possible de l'économie des conventions : ce n'est pas seulement de l'économie avec des conventions, c'est une façon générale de faire de l'économie[7], qui consiste à réimbriquer (au lieu de les séparer dans la tradition néoclassique) « valeurs » (au sens normatif du terme), « coordination » et « rationalité », et ce tout particulièrement, s'agissant de manipuler des objets comme : institutions, règles, normes, lois, conventions, etc. L'ouvrage de Boltanski et Thévenot [*De la justification*, 1991] fournit une vue en profondeur de la théorie de la justice associée à cette nouvelle conception générale de la coordination : en toute généralité, il n'y a pas de coordination des comportements (économiques) sans coordination des *jugements* sur ces comportements[8].

---

5. Il apparaît une fois seulement (sauf erreur) dans l'ouvrage de Boltanski et Thévenot [1991], qui par ailleurs ne contient qu'une seule citation explicite de Marx (exploitée plus loin : note 16).

6. Pour une appréciation similaire, cf. Bidet [1995, p. 121-122], d'autant plus remarquable qu'elle s'appuie uniquement sur Boltanski et Thévenot [1991].

7. En fait, c'est un programme de recherches en sciences sociales, et pas seulement en économie. Mais pour des raisons évidentes, je vais, dans cet article, privilégier la discipline économique.

8. Je dois l'idée de cette formulation à Philippe Corcuff, dans la 1re édition de son manuel sur les nouvelles sociologies.

C'est cette première caractérisation[9] que va venir compléter *Le nouvel esprit du capitalisme*, cette fois en partant du holisme méthodologique – du moins est-il commode de le présenter ainsi, car cela révèle une symétrie surprenante avec l'individualisme méthodologique : Marx se trouve en effet à l'origine d'une coupure similaire entre les trois dimensions « valeurs » (toujours au sens normatif du terme), « reproduction », « rationalité ». Boltanski et Chiapello entendent bien les réimbriquer en soulignant le rôle moteur des valeurs dans la « Critique », qui devient, à côté de la « Concurrence », le second mécanisme fondamental de la dynamique du capitalisme, tout particulièrement de sa capacité d'adaptation, par récupération… des critiques. En toute généralité, il n'y a pas de reproduction des inégalités (économiques) sans *critique* de ces inégalités et de leur reproduction[10].

Cette extension de l'économie des conventions vers la (critique de) la reproduction, après le temps initial de l'accent sur la (généralisation de la) coordination, est logique – ce qui ne veut pas dire qu'elle était totalement anticipable dès le début (preuve en est qu'elle n'a jamais été annoncée !), mais plutôt qu'elle est cohérente avec la spécialisation initiale sur la coordination. Il n'y a là aucun paradoxe. La raison en est la réintégration des valeurs dans l'analyse économique[11]. S'il est vrai que les agents économiques redeviennent des êtres sensibles à l'injustice, pour prendre l'exemple qui nous amène le plus vite à une dissolution du paradoxe, alors la dénonciation de l'injustice suppose, à l'intérieur d'une démarche d'explication qui se veut scientifique, et pas simplement militante, que soient remplies deux conditions : d'une part que les agents économiques disposent d'une référence idéale (ce seront les « Cités » de Boltanski et Thévenot), qui leur permettra de « voir » l'imperfection du monde réel ; d'autre part que ces mêmes agents économiques, qui s'intéressent déjà à la coordination (à la différence de l'*homo economicus*, qui ne se soucie que de son intérêt individuel), vont certainement s'interroger sur les mécanismes qui assurent la reproduction des inégalités. S'ils ne le faisaient pas, ils seraient inconséquents, c'est-à-dire irrationnels. Naturellement, cela ne veut pas dire qu'ils réussissent à mettre

9. Actualisée, et même étendue, dans le texte collectif qui constitue le chapitre 1 de l'ouvrage dirigé par Eymard-Duvernay [2006]. Ce texte introductif choisit de laisser de côté Boltanski et Chiapello [1999], pour se concentrer sur le double pluralisme des formes de coordination, des plus exigeantes comme les « cités », aux plus familières [cf. Thévenot, 2006].

10. L'accent sur la critique se poursuivra de plus belle dix ans plus tard avec *De la critique*, dont Boltanski lui-même dira qu'elle est « la théorie sous-jacente au Nouvel Esprit du Capitalisme » [cf. Duvoux, 2011].

11. Ce qu'a très bien vu Bidet [1995] mais pas Amable et Palombarini [2005], qui ont confondu obstinément capacité de jugement éthique et automaticité d'un comportement moral.

au jour ces mécanismes dans une parfaite lucidité. L'hypothèse de rationalité limitée joue dans l'ordre de la reproduction (pour chercher à en élargir les limites) comme dans celui de la coordination (pour chercher à en limiter les défauts).

I.3. La stabilisation du programme conventionnaliste et l'hypothèse de symétrie des deux langages théoriques en économie

Avant de revenir à Marx et à sa théorie de l'exploitation, revue et corrigée par Boltanski et Chiapello, il convient de s'arrêter un instant pour prendre l'exacte mesure de ce que devient le programme conventionnaliste – cela nous servira quand, renversant la perspective, nous étudierons, dans la seconde partie, l'aide que peut nous apporter la relecture de Marx pour déployer les intuitions de l'économie des conventions.

L'économie des conventions – qui a toujours impliqué une réflexion sur les conventions de l'économie, y compris... avant sa naissance[12] – est porteuse à partir de 1999 d'une hypothèse forte sur l'histoire de la pensée économique : le dernier tiers du XIXe siècle a été le témoin d'une implosion de la théorie classique avec une grande bifurcation entre deux langages théoriques, l'un centré sur la Reproduction (Marx et ses successeurs), l'autre sur la Coordination avec le marginalisme et l'avènement de la théorie néoclassique de l'équilibre général (Walras et ses successeurs). Ce constat est plutôt trivial. Ce qui l'est moins, c'est l'affirmation d'une symétrie interne entre les deux langages : d'abord l'exclusion de la dimension « valeurs » (au sens normatif), afin de garantir la scientificité de la démarche[13] ; ensuite cette indépendance de la dimension « rationalité » par rapport aux dimensions « coordination » ou « reproduction » : celle-ci se définit sans rapport à la reproduction chez Marx[14], de même que chez Walras, elle se construit (et plus tard s'axiomatisera) en dehors de la coordination. Et cette symétrie va redoubler, un siècle plus tard, avec le tournant des années 1970, où l'on assiste à un revirement similaire : dans la théorie des jeux, des contrats et des incitations, la tâche de la coordination est retirée au secrétaire de marché walrasien pour être confiée à l'individu rationnel lui-même : c'est à lui d'anticiper le comportement de

12. Même (si l'on ose dire) avant son émergence comme courant constitué, si l'on relit, dans cette perspective, Keynes et la *Théorie générale* – je n'ai pas la place pour développer ce point : cf. Favereau [2013].

13. Immédiate chez Marx, plus tardive dans le « mainstream » : les années 1930 avec Robbins [1932] et Hicks [1939].

14. Au contraire, en étant rationnels dans la recherche de sur-profits, les entrepreneurs vont augmenter la composition organique du capital, et activer la tendance à la baisse du profit.

ses vis-à-vis, lesquels font de même. Dans la vision holiste, l'approche la plus élaborée (reprise par les régulationnistes[15]) est celle de Bourdieu qui fait reposer la reproduction sur l'habitus des dominants (stratégie plus ou moins consciente – mais plutôt plus que moins – de division et de manipulation) et sur l'habitus des dominés (stratégie plus ou moins consciente – mais plutôt moins que plus – d'autolimitation des ambitions).

La caractérisation du programme conventionnaliste peut dès lors se stabiliser : il a pour objectif de faire évoluer les conventions de l'économie vers une réconciliation des *deux* langages théoriques, celui de la coordination et celui de la reproduction, sans oublier la réimbrication des *trois* dimensions propres à chacun de ces langages : « rationalité », « valeurs » et « coordination/reproduction ». L'ambition peut paraître démesurée, mais outre qu'il s'agit d'un horizon plus que lointain, le point de départ est au contraire l'humble prise de conscience que des positions de principe comme l'exclusion des valeurs, ou l'absorption de la coordination (ou de la reproduction) par la rationalité individuelle, après une longue phase positive, sont entrées dans la zone des rendements scientifiques décroissants. L'arbitrage entre respect de la complexité du réel et conformité aux canons de rigueur formelle est désormais par trop déséquilibré au détriment du premier et en faveur de la seconde.

Il reste à commenter, ne serait-ce que succinctement, cette hypothèse de symétrie (multiforme) entre les deux langages, non pour essayer de la démontrer, ce qui serait absurde, mais pour en indiquer quelques éléments de plausibilité. Il est probable que l'attitude commune à l'égard des « valeurs » (dans tous les sens du terme, cette fois) joue un rôle fondamental. Parlons d'abord de l'exclusion des valeurs morales. Boltanski a avancé de façon convaincante dans son article de 2002 l'argument selon lequel le vrai clivage méthodologique dans les SHS n'est pas tant entre l'individualisme et le holisme qu'entre les théories (à l'intérieur de ces deux familles de pensée) qui dotent les agents individuels de capacités de jugement moral et celles qui s'y refusent. Parlons maintenant de ce qui reste des valeurs quand on en a banni la composante éthique ou morale, et que les économistes appellent d'ordinaire « valeur », c'est-à-dire le prix relatif des biens et services marchands. André Orléan [2011] a montré que la théorie néoclassique de la valeur-utilité et la théorie marxienne de la valeur-travail partageaient – dans

15. Cf. Boyer [2004, chap. 3]. Dans tout ce qui précède, le terme de « rationalité » est générique : l'exercice de la raison critique sur le contexte de la prise de décision, ce qui inclut aussi bien la caractérisation de Robbins que la rationalité limitée à la Simon, ou les formes de réflexivité de Bourdieu à Boltanski ou Thévenot [cf. Bessis, 2008].

des cadres d'analyse différents et même antagonistes – la même illusion de penser que la valeur (ainsi définie) était « une grandeur objective, qui s'impose aux acteurs à la manière d'un fait naturel. Or il n'existe pas de vraies valeurs. [...] [L'évaluation] est l'acte par lequel la société s'engage en décidant quelles voies seront explorées et quelles autres rejetées. » S'agissant du retournement des années 1970, la symétrie résulte de l'hypertrophie ou de l'impérialisme de la rationalité individuelle, qui s'incorpore les valeurs, par un calcul cynique (Bourdieu) ou par la conviction de la rentabilité de la coopération (Gauthier).

I.4. Le projet de Marx et ses deux espaces d'analyse et de mesure

Ce long détour, par rapport au thème de l'exploitation, outre qu'il fallait bien préciser ce que l'on entend par « programme conventionnaliste », va maintenant montrer son utilité en nous permettant de jeter un regard neuf (et rétroactif) sur la démarche de Marx.

Pour démontrer son résultat fondamental sur l'exploitation du travail salarié comme origine du profit, Marx commence par construire un espace de mesure approprié au type d'investigation scientifique qu'il entend mener : en heures de travail abstrait. Les humains vivent, raisonnent et fonctionnent dans un espace de mesure en termes de prix. Mais cet espace, dans la terminologie hégélienne qui accompagne la rédaction du livre III du Capital, correspond aux « apparences », et il s'agit d'atteindre « l'essence » du phénomène de la valeur[16]. L'ensemble du raisonnement de Marx suppose donc *deux* espaces de mesure, l'un pour l'explicandum ; l'autre pour l'explicans.

On sait comment Marx, en Champollion de l'économie, a pensé résoudre l'énigme de la valeur, c'est-à-dire la genèse répétée d'un profit, à travers des échanges dont la forme normale est l'échange entre équivalents. La solution est l'existence d'une marchandise particulière, la force de travail, qui a l'étrange propriété de créer plus de valeur qu'elle n'en vaut elle-même. Elle est achetée par l'employeur à sa valeur, c'est-à-dire le nombre d'heures de travail abstrait contenues dans le panier de biens de consommation nécessaire à la reproduction de la force de travail. Soit par exemple 8 h. Une journée de travail de 10 h fait apparaître une plus-value (2 h), travail gratuit fourni par le salarié et approprié par l'employeur. Que le lecteur ne se vexe pas, mais il

16. Boltanski et Thévenot [1991, p. 419] rappellent la formule fameuse de la *Logique* de Hegel : « Toute science serait superflue, si l'apparence et l'essence des choses se confondaient » [Marx, livre III, chap. 25, cf. tome 2, La Pléiade, p. 1439]. Bizarrement, Maximilien Rubel ne relève pas la citation de Hegel, et renvoie à Spinoza, dans sa note 1, p. 1083.

n'est jamais inutile de rappeler le tour de force de Marx[17] : ce travail gratuit échappe à la perception du salarié comme de son employeur. En parlant de perception, nous quittons le monde de l'essence (l'espace des valeurs), pour réintégrer le monde des apparences (l'espace des prix). L'employeur standard a proposé au salarié standard le salaire journalier standard (celui proposé partout ailleurs) exprimé en monnaie, correspondant à la journée standard de travail (8 h dans mon exemple). Dans l'espace des prix, tout est rigoureusement correct (même si le salarié pourrait souhaiter un salaire supérieur), alors que ce ne l'est pas du tout, si l'on transporte cet échange dans l'espace des valeurs. La traduction du salaire en heures de travail abstrait fait apparaître ce phénomène du « travail gratuit invisible », dont Marx va faire la source (et la mesure) du profit. Il ne se révèle qu'aux yeux savants de l'économiste marxiste. Lequel peut conclure : l'exploitation (c'est-à-dire concrètement ces heures invisibles mais bien réelles de travail non rémunéré) n'est pas un vol[18], mais la conséquence logique de la réduction de la force de travail à l'état de marchandise échangeable à sa valeur (comme toute autre marchandise, si les protagonistes sont honnêtes), sur le marché du travail.

I.5. Où le projet de Marx et le programme conventionnaliste s'opposent au niveau de l'espace des valeurs mais pourraient aussi s'y retrouver

Le rapprochement avec la grille de lecture conventionnaliste (et notamment son souci constant de faire une place aux jugements de valeur, au premier rang desquels la dénonciation de l'injustice) met d'abord en évidence la singularité et l'habileté extrême du raisonnement de Marx. Ce faisant, je laisse de côté toute interrogation sur la validité du raisonnement. Je note qu'il fait d'une pierre trois coups, en nous offrant simultanément une explication scientifique (de l'origine du profit), une mesure objective (de la grandeur du profit) et une dénonciation morale (de l'injustice inhérente au profit). Le dernier point est le plus subtil : Marx ne fait pas de morale, il fait de la science, mais ce qu'il révèle en faisant de la science est si évidemment immoral, qu'il peut rester silencieux en tant que scientifique, certain que le lecteur procédera de lui-même au jugement moral[19]. Au cas où le lecteur

17. Comme enseignant, j'ai fait chaque année pendant plus de vingt ans l'expérience du silence des étudiants devant ce tour de force, d'abord incrédule, puis stupéfait, enfin admiratif, dans mon amphi du cours « Répartition » en L2.

18. Il reproche à Proudhon de s'être contenté de cette posture.

19. Un référé fait remarquer justement que cela n'empêche pas Marx, à d'autres moments moins stratégiques de l'explication scientifique, de laisser libre cours à une fureur dans l'indignation qui n'a d'égale que celle des prophètes de l'Ancien Testament.

n'aurait pas tout à fait compris, Marx choisit d'ailleurs un terme inhabituel, mais clairement chargé d'une connotation morale : « exploitation ». La seule originalité de ce premier commentaire est de montrer l'importance stratégique de ce qui se joue autour de la discontinuité entre les valeurs au sens économiciste du terme et au sens normatif du terme.

Le choix d'un positionnement strictement scientifique sur la question de l'injustice, s'il a des bénéfices considérables (on vient de le vérifier), n'est pas sans coût ni sans risque. Quelle est la validité, tant formelle qu'empirique, du traitement marxien de l'exploitation ? Il est exclu de répondre simplement à cette question, tant elle est controversée. Il y a ceux qui pensent que la thèse de Marx est juste et opérationnelle, ceux qui pensent qu'elle est juste mais inutilisable, ceux qui pensent qu'elle est sans doute fausse mais reste bien utile pour l'action politique, ceux qui pensent que sa validité est encore indéterminée, et ceux qui pensent qu'il faut trouver autre chose pour critiquer le capitalisme, etc. À la première catégorie, le programme conventionnaliste n'a rien à offrir. En revanche, pour toutes les autres catégories, l'insuccès partiel (utilisons ce terme prudent) du projet théorique de Marx constitue un formidable stimulant. D'un côté, il signifie que vouloir traiter de l'injustice foncière du système capitaliste (formulation *lato sensu*) ou de l'exploitation d'un travail gratuit invisible (formulation *stricto sensu*) dans un cadre d'analyse qui exclut les valeurs morales conduit à des difficultés qui semblent insurmontables après un siècle et demi d'efforts ; de l'autre il invite à expérimenter la voie de recherche alternative qui consiste à accepter ouvertement un travail scientifique où les agents humains sont dotés d'une capacité de jugement moral[20].

Objectera-t-on que c'est là sortir totalement du projet de Marx ? À un niveau d'appréciation immédiat, la réponse est affirmative. Toutefois, un niveau d'appréciation différent (faut-il dire un méta-niveau ?) du projet marxien est en train d'apparaître, grâce à l'accent conventionnaliste sur (la nécessité de ne pas exclure *a priori*) les valeurs morales. La thèse de Marx sur l'exploitation implique au-dessus d'elle une métathèse selon laquelle c'est uniquement dans un espace d'analyse et de mesure où la théorie réussit à intégrer les variables « justice » ou « injustice » que les lois de fonctionnement et d'évolution du capitalisme deviennent intelligibles. Il n'est pas nécessaire d'être marxiste (peut-être même est-il nécessaire de ne pas l'être) pour saluer l'audace intellectuelle de ce projet – et la force de son message politique

20. On a bien compris qu'il ne s'agit pas de dire que les agents ont toujours un comportement moral, puisque l'objectif est de mettre au jour des situations d'injustice, critiquées par certains, dissimulées ou défendues par d'autres.

pour tous les chercheurs en sciences sociales, au premier rang desquels les économistes : cherchons d'abord à comprendre la justice et le reste – c'est-à-dire la vérité scientifique – nous sera donné par surcroît. Le fait que la mise en œuvre de ce projet dans une méthodologie qui veut (contre la nature de son objet) restreindre les valeurs (notamment la justice) à un calcul sur des valeurs objectives (en heures de travail) n'ait pas abouti, ne dit rien contre la validité du projet – sinon qu'il faut chercher une autre façon de l'opérationnaliser. En somme, le projet de Marx aurait été desservi, sinon trahi, par sa théorie de la valeur-travail.

Tel est le sens de la citation donnée en introduction. Boltanski et Chiapello (1999), après Boltanski et Thévenot (1991), proposent de construire un espace des valeurs, d'où ne seraient plus exclues les normes éthiques et morales. C'est dans cet espace – conforme au sens commun – qu'ils traitent des questions de justice ou d'injustice, avec un concept qui fait l'objet d'une puissante élaboration : celui de « justification ». Dans l'ouvrage de 1999, qui s'intéresse à la possible émergence d'une nouvelle « Cité » dans nos sociétés capitalistes démocratiques[21], par opposition au travail moins historique et plus analytique de 1991, mené sur l'inventaire des différentes « Cités »[22], il était inévitable qu'ils évoquent, à côté de la justification (« le bonheur des grands fait le bonheur des petits ») son image inversée, l'exploitation, pour désigner les configurations d'inégalités où « le malheur des petits fait le bonheur des grands ».

Le schéma a l'avantage d'être cohérent, l'inconvénient d'être large. Devons-nous renoncer à tout espoir d'y retrouver le diagnostic redoutablement précis de Marx : le profit provient de l'appropriation par les employeurs d'un travail gratuit invisible ?

Ô surprise, le développement du programme conventionnaliste depuis 1999 va effectivement retrouver la réponse de Marx – encore faut-il lui poser cette question, en relisant systématiquement sous cet angle certains travaux conventionnalistes récents, plus précisément ceux portant sur les processus de valorisation [Eymard-Duvernay, 2009-2016 ; Orléan, 2011], ceux menés sur la critique de l'entreprise dans le cadre du Collège des Bernardins [cf. Favereau, 2014 et 2016], et ceux consacrés à la critique de la marchandise par Boltanski et Esquerre [2017].

21. La cité par projet, fondée sur la notion de réseau.

22. Civique, domestique, industrielle, inspirée, marchande, de l'opinion.

II. Émergence d'une (re)lecture marxienne du programme conventionnaliste

II.1. Le message posthume de Marx : reconstruire l'espace des valeurs sur celles du sens commun ?

J'ai rappelé dans la 1re partie que le programme conventionnaliste vise à déplacer les conventions du langage théorique en économie vers une réconciliation des dimensions « coordination » et « reproduction », tout en autorisant une interpénétration des deux autres dimensions « valeurs » et « rationalité ». J'ai également rappelé que le projet théorique de Marx s'était inscrit à l'origine dans un langage formel, différenciant et articulant deux espaces de mesure et d'analyse[23] : l'espace des prix et l'espace des valeurs (limitées aux valeurs-travail, pour Marx). Les impasses auxquelles se heurte ce projet, examinées à la lumière du programme conventionnaliste, suggèrent l'hypothèse, en tout cas ne bannissent pas l'espoir, qu'elles pourraient être surmontées, dans une réécriture de l'espace des valeurs, où « valeurs » retrouverait le sens qu'il a pour le commun des mortels, à savoir le spectre complet des acceptions de ce terme, dans le langage courant, des plus ordinaires aux plus chargées de connotations normatives. Je vais consacrer cette 2e partie à essayer d'expliciter ce que pourrait être la structure de cet espace, appliquée à un objet précis – l'entreprise – et, à ma grande surprise, le résultat de cette application sera simultanément et indissociablement un pas en avant vers une théorie conventionnaliste de l'entreprise et un pas en arrière vers la théorie marxienne de l'exploitation, *mutatis mutandis* (puisque l'espace des valeurs n'est plus le même). Cette convergence entre le projet marxien et le programme conventionnaliste, à la réflexion, n'est pas illogique, car l'ouverture du second au droit (via l'intégration du contrat de travail et du contrat de société) permet d'accéder à une vision en profondeur du capitalisme, qui était, bien sûr, l'horizon du premier.

II.2. Premier résultat : un regain paradoxal d'intérêt pour la complexité et l'importance de l'espace des prix

Grâce à Orléan [2011], Eymard-Duvernay [2011] et Boltanski et Esquerre [2017]), on dispose déjà de matériaux solides pour jeter les fondations de

23. Cette dualité d'espaces a été au centre des débats académiques en théorie économique autour du *Capital* dans les années 1970 avec l'ouvrage pionnier de Morishima [1973], poursuivi et généralisé par Abraham-Frois et Berrebi [1997].

l'espace des valeurs révisé (appelons-le V', si celui de Marx est dénoté par V). Le point commun entre ces travaux, d'allure et d'ampleur différentes, est une proposition dont la forme générale serait : il n'y a pas de valeur en soi, il n'y a que des processus et/ou des dispositifs de valorisation. Orléan tire cette proposition vers le poids du collectif ou de la société, Eymard-Duvernay vers la prise en compte des pouvoirs qui s'attachent au fait de pouvoir dire ce qui vaut (et va se concentrer sur l'entreprise, comme « dispositif de valorisations croisées » – celles des salariés, de la finance, du management, etc.) et Boltanski et Esquerre vers une articulation très précise de la valeur et du prix en termes de justification (du prix), conduisant à l'acceptation de son niveau ou à sa critique. Dans les trois cas, la valeur a disparu comme variable explicative du prix, qui serait plus « vraie » ou plus « réelle », que le prix lui-même, en tout cas de même niveau logique. Les choses s'inversent (ou reprennent leur cours ordinaire). La seule réalité numérique est le prix, et c'est du prix (ou du salaire, du taux d'intérêt, etc.), et du prix seulement que se préoccupent les agents économiques. Les discussions critiques, de quelque nature qu'elles soient (Boltanski et Esquerre), les variables collectives (Orléan), les relations de pouvoir (Eymard-Duvernay), ne sont pas moins réelles que les prix, mais d'un autre ordre de réalité : « intersubjectif », et non pas « objectif » (au sens des objets matériels, ce que sont les indications publiques de prix), ni non plus « subjectif » (comme les préférences individuelles)[24]. Dans ces conditions, tout ce qui a été dit plus haut de l'exploitation paraît s'effacer, comme un mirage sur une photo du désert.

Une conséquence inattendue de cette réécriture de la relation valeurs/prix est un regain d'intérêt pour l'espace des prix, qui n'est plus seulement un théâtre d'illusions, où se cantonnait l'économie bourgeoise[25], même si demeure quand même l'idée qu'il n'est pleinement intelligible que rapporté à l'espace des valeurs. L'analyse de Boltanski et Esquerre est la plus explicite sur ce rapport : la relation valeur/prix n'est plus une relation directe d'explication (quantitative)[26] mais une relation de justification (normative), qui fait partie de l'explication des prix, puisque les acteurs humains ne sont plus seulement des machines à calculer, à la manière de l'*homo economicus*. Ce sont désormais des êtres parlants, dotés d'une capacité de jugement normatif et pour qui le sens a du sens.

24. Sur la distinction de ces trois ordres de réalité, cf. Popper [1991] et ses Mondes I, II et III. Voir aussi Descombes [1996] pour une analyse ontologique plus sophistiquée.

25. Même si Marx a développé à l'occasion des analyses pénétrantes de ce qui se passe dans l'espace des prix, sans recourir aux valeurs-travail : cf. le chapitre 25 du livre I du *Capital*.

26. Voir le casse-tête que fut pour Marx et ses successeurs le problème dit de la « transformation » des valeurs en prix. Après avoir trouvé « l'essence », il fallait comprendre comment retrouver les « apparences ».

Ce regain d'intérêt pour l'espace des prix n'est pas pour autant un retour à la case départ, car nous savons désormais que les agents économiques sont des êtres plus complexes, qui emportent avec eux, dans tous leurs faits et gestes, quelque chose de cet espace des valeurs V' que nous essayons de (re)construire. Car bien sûr les agents économiques, à la différence des économistes que nous sommes, opèrent simultanément dans l'espace des prix et l'espace des valeurs. Sans pouvoir le justifier complètement dès ce stade, nous allons utiliser l'entreprise comme outil d'exploration du nouvel espace (objectif) des prix et du nouvel espace (intersubjectif) des valeurs.

II.3. Ce que l'entreprise du capitalisme financiarisé nous apprend du capitalisme tout court

Pourquoi choisir l'entreprise comme véhicule d'exploration de ce continent inconnu ? D'abord, elle est le cœur du mode de production capitaliste, selon Marx ; ensuite, il se trouve qu'elle a fait l'objet de multiples travaux récents dans le programme conventionnaliste, qui ont amené à revisiter ses caractéristiques structurelles, au sein du capitalisme financiarisé contemporain. Par ailleurs, il n'est pas besoin d'un long discours pour montrer que si une entité incarne l'inéluctabilité d'une fusion du langage de la coordination et du langage de la reproduction, à supposer que l'on souhaite être réaliste dans l'analyse économique du monde présent, c'est bien l'entreprise : la thématique de l'efficacité et de la compétitivité, d'un côté, celle du conflit des intérêts, ou des valeurs, et de l'inégalité capital/travail des pouvoirs de gouvernance, sont aussi universelles, l'une que l'autre. De ce point de vue, l'entreprise est une structure sans équivalent, au sein du mode de production capitaliste.

À côté des travaux *mainstream* ou régulationnistes, qui sont de connaissance commune, l'économie des conventions a fait entendre une musique particulière sur ce qui se passe à l'intérieur des entreprises, d'abord pour souligner avec François Eymard-Duvernay ce qu'il faut bien appeler l'erreur de Coase : l'entreprise est fondamentalement un mode de coordination *entre* marchés (travail, produits, consommations intermédiaires, finance), avant même de mettre en évidence qu'il s'agit d'un mode de coordination *alternatif* aux marchés. Le même Eymard-Duvernay a poussé le plus loin la vision de l'entreprise comme dispositifs de valorisations croisées [cf. 2011], dans une perspective qui implique bien sûr de raisonner en termes de valeurs-prix … à condition de ne pas s'en contenter. Car une spécificité de l'organisation « entreprise » est qu'elle ne peut fonctionner efficacement dans une logique de pure coordination. Elle repose sur une part considérable de coopération (ce point étant premier par rapport à l'aspect non marchand, valorisé par Coase et ses successeurs, alors que celui-ci demeure fondamentalement un point dérivé). Et la coopération ne saurait être une question exclusivement de valeurs-prix, bien que tel soit le projet de l'économie *mainstream*, à travers l'actuelle théorie des incitations. Les comportements authentiquement coopératifs – entre salariés, sinon entre salariés et direction – impliquent la façon dont la personne construit son identité (purement individuelle, ou possiblement collective), et cela fait rentrer les valeurs normatives dans le paysage, sans d'ailleurs que cela fasse obligatoirement disparaître le calcul des intérêts : il devient plus complexe, plus subtil, et surtout endogène[27].

Maintenant, on peut braquer le projecteur sur le capitalisme financiarisé des quarante dernières années. D'un côté, il manifeste des propriétés singulières avec l'hypertrophie de la sphère financière (et des mécanismes de marché, en son sein), accompagnée de l'affirmation fanatique de la suprématie actionnariale (*shareholder value*) ; de l'autre, il réaffirme, au niveau conceptuel le plus élevé et le plus abstrait, un principe, qui était celui d'où Marx était parti, et que le discours politique de gauche avait fini par perdre de vue : la propriété privée des moyens de production. Cette formule – qui fleure bon le XIXe siècle – a fait l'objet d'un ravalement théorique inattendu qui lui a redonné toute sa blancheur.

C'est Milton Friedman (1970) qui en a donné le signal annonciateur, avec un argumentaire destiné au public le plus large, et fondé sur le droit de propriété. Il s'agissait de briser dans l'œuf les premières velléités du mouvement de Responsabilité Sociale et Environnementale (RSE) de l'entreprise. L'entreprise a été créée par ses actionnaires fondateurs, qui ont remis leurs capitaux entre les mains des managers de l'entreprise : ceux-ci doivent donc les faire fructifier, à travers l'activité de l'entreprise, au mieux des intérêts des propriétaires que sont les actionnaires. Il devient essentiel, compte tenu de l'autonomie de gestion dont bénéficient, par la force des choses (et de la loi), les managers, d'aligner leurs intérêts sur ceux des actionnaires, au lieu de poursuivre des objectifs sociaux, en soi estimables, mais du ressort, en réalité, de la puissance publique. L'idée que les actionnaires sont les propriétaires de l'entreprise (du moins celles structurées par une société de capitaux) n'est évidemment pas nouvelle – cela dit, elle n'a jamais été exprimée avec autant de force, ni n'a donné lieu à une telle élaboration scientifique : les théories

27. Avec la distinction d'un intérêt individuel direct ou via le collectif d'appartenance, et l'apparition d'un repère stratégique : la longueur de l'horizon de calcul des coûts et des avantages : cf. Favereau [1997] et Bessis *et al.* [2006]. Pour un panorama complet, voir Eymard-Duvernay [2013].

actuelles du management, de la finance, des contrats, des organisations, du marché financier, des incitations, etc., en dérivent directement. Au-delà de la sophistication mathématique, la correspondance avec Marx est immédiate. Tout se passe comme si Friedman, et ses successeurs, avaient planté un écriteau devant toute entreprise privée : « Propriété privée : défense d'entrer ».

Nihil novo sub sole ? Si : cette explicitation arrogante de « la propriété privée des moyens de production » au bénéfice des actionnaires révèle une faille, dans laquelle va s'engouffrer l'économie des conventions, et l'amener à restaurer le message marxien sur l'exploitation. Le raisonnement de Friedman, qui a cru pouvoir fonder la *shareholder value* sur le droit le plus sacré de la civilisation libérale : le droit de propriété, a commis une imprudence, qui est de s'appuyer sur le droit. Or le droit, nous disent les juristes (lorsque l'on prend la peine de les interroger[28]), exclut que les actionnaires soient propriétaires de l'entreprise, simplement parce que l'entreprise, cette organisation économique aux multiples parties prenantes, n'est pas un objet de droit – et que l'on ne saurait être propriétaire de ce qui n'est pas reconnu comme objet de droit. Ce qui existe en droit, c'est la « société » en tant que personne morale, et sujet de droit. Le droit de propriété peut-il s'appliquer à une personne (physique, ou morale) ? Ce n'est vraiment pas une voie que l'on souhaite emprunter, à supposer qu'elle ait un sens… Ce que Friedman et tous ses successeurs ont « oublié », c'est cette faculté qu'a le droit de créer des « personnes » ; les « sociétés » qui vont structurer les « entreprises » en sont une, qui s'interpose entre les actionnaires et les actifs productifs, dont a besoin l'entreprise pour son activité, et qui sont la propriété de la société, sûrement pas des actionnaires (ce serait un abus de bien social). Si les actionnaires sont propriétaires, c'est… de leurs actions. Cette propriété leur confère un certain nombre de « pouvoirs » (par exemple voter en assemblée générale pour un changement de direction). Voilà qui n'est nullement négligeable, mais qui n'a pas la nature d'un droit souverain, dit « subjectif », comme le droit de propriété, qui n'a d'autre limite que l'absence de dommage infligé à autrui[29].

Friedman et ses successeurs ne se sont pas arrêtés en si bon chemin. Dans la terminologie anglo-américaine de la relation d'agence, de même que les actionnaires sont les « principaux », et les managers les « agents », de même les managers deviennent à leur tour des « principaux », par rapport aux salariés, leurs « agents ». En résumé, l'entreprise est « confondue » avec la

28. En l'occurrence, c'est l'inverse qui s'est produit : ce sont des juristes qui ont les premiers révélé le pot-aux-roses, à commencer par Jean-Philippe Robé [1999, repris in : 2015].

29. Sur tous ces points, il faut lire Robé [2015].

société, et analysée comme une chaîne de relations d'agence, qui formalisent donc les deux relations juridiques, sans lesquelles il n'y aurait pas d'entreprise (donc, pas de capitalisme) : le contrat de société, et le contrat de travail. Nous avons mis en évidence l'erreur de droit sur le contrat de société, traité incorrectement comme une relation d'agence (traduction en droit français : relation de mandat) ; elle s'accompagne comme son ombre d'une erreur similaire sur le contrat de travail : pour tous les juristes, celui-ci n'est pas une relation de mandat (qui suppose une relative indépendance et une absence de contrôle direct du mandataire), mais une relation d'autorité, qui donne à l'employeur le droit de donner des ordres au salarié, contrairement au principe d'autonomie de la volonté.

Nous disposons maintenant d'un faisceau d'éléments de connaissance – certains tout à fait contemporains – de cette institution centrale du capitalisme qu'est l'entreprise. Insérons-les dans le nouvel espace des valeurs V', avec l'espoir de faire progresser l'investigation de cet espace, dans sa nature comme dans sa structure.

II.4. Deuxième résultat : le nouvel espace des valeurs est structuré par un « Régime d'Intersubjectivité et de Normativité »

Même si notre propos a été rapide, un enseignement se dégage immédiatement, qui va totalement déterminer la suite de notre recherche : il n'y a pas de capitalisme sans entreprise ; il n'y a pas non plus d'entreprise sans droit ; donc par transitivité il n'y a pas de capitalisme sans droit[30]. Précisément, nous avons fait ressortir la place majeure de ces deux types de contrats : le contrat de société, le contrat de travail (sans perdre de vue que l'idéologie dominante de la phase de financiarisation tend à les confondre dans un type unique – la relation d'agence – qui met en avant la liberté de manœuvre de l'agent par rapport aux objectifs du principal). Restons un instant sur cet aspect juridique, en rappelant au lecteur non juriste à quel point les contrats de société et de travail sont relativement récents : en France la loi sur les Sociétés Anonymes date de 1867 pour ce qui est du contrat de société ; et l'arrêt Bardou de la Cour de cassation qui définit le contrat de travail par une relation d'autorité remonte à… 1931. Ceci veut dire que Marx aura publié le livre I du *Capital* l'année même où se définissait en droit le contrat de société, et n'aura pas connu la stabilisation juridique du contrat de travail,

30. À rapprocher de l'insistance de Marx sur le fait que l'exploitation n'est pas un vol. Le capitalisme repose sur une injustice, pas sur une fraude.

qui n'interviendra en France que près d'un demi-siècle après sa mort. Tout cela étant dit non pour dévaloriser la démarche de Marx mais pour revaloriser celle de ses continuateurs, puisqu'au fond nous avons la « chance » d'opérer sur une forme chimiquement plus pure du mode de production capitaliste que du temps de Marx. Cela légitime les révisions méthodologiques pour continuer de viser les objectifs de Marx, dès lors qu'elles cernent mieux la nature profonde du capitalisme qui s'est précisée dans l'intervalle.

Le capitalisme ne peut s'appréhender analytiquement qu'à partir de pratiques légales. Si la critique du capitalisme ne consistait qu'en une dénonciation de pratiques illégales (même si celles-ci sont d'observation fréquente), elle serait de peu de poids. Les pratiques légales qui vont retenir notre attention tournent autour de l'entreprise. Elles sont en quelque sorte orientées, pour filer la métaphore avec la théorie mathématique des vecteurs. Ce qui se dessine à travers cet effort systématique pour penser un nouvel espace des valeurs V', qui dépasserait les limites de l'espace marxien V des valeurs-travail, est une caractérisation du capitalisme comme la mise en œuvre d'une nouvelle « gouvernementalité » *à partir de l'entreprise*[31]. Comment oriente-t-on ces pratiques légales qui sont notre matériau de base ? Le terme même de « pratique légale » contient les deux polarités extrêmes que l'analyse va devoir combiner : le pôle « légal » qui implique des règles (des énoncés formels dans le langage technique du droit) et le pôle « pratique » qui implique les conventions d'interprétation des précédentes et des régularités de comportement observables (avec les opérations de réflexivité[32] qui les accompagnent immanquablement chez les acteurs humains, dès que l'on renonce à la vision machinique de l'*homo economicus*). Or les règles, conventionnelles ou pas, et les régularités de comportement, du fait de leur réflexivité, relèvent de deux catégories d'analyse qui sous-tendent par hypothèse le nouvel espace des valeurs V' : la catégorie normative (une règle doit être suivie[33]), et la catégorie intersubjective (une règle n'est ni subjective, comme une préférence individuelle, ni objective, comme un objet matériel)[34]. À supposer qu'un principe d'ordre puisse s'imposer sur un tel

31. Bien sûr, nous renvoyons ici au cours au Collège de France de Michel Foucault de l'année 1977-1978, mais la mention « à partir de l'entreprise » introduit un écart important, sur lequel la place fait défaut pour en rendre compte comme il convient : disons seulement que la cécité à l'égard de l'entreprise comme dispositif de pouvoir est la grande faiblesse de la pensée foucaldienne.

32. Cf. Bessis [2016].

33. Ce qui ne veut pas dire, répétons-le, qu'elle sera suivie effectivement, mais qu'elle doit l'être, pour nulle autre raison que son statut de règle de droit.

34. Cette catégorie englobe la précédente : toutes les normes sont intersubjectives, mais toutes les réalités intersubjectives ne sont pas des normes.

espace, il prendra nécessairement la forme d'un « Régime d'Intersubjectivité et de Normativité » (ReIN)[35], donnant sens et cohérence – pour le meilleur ou pour le pire – aux pratiques légales dominantes.

Un exemple historique est sûrement le bienvenu, après cette série de définitions abstraites. Ainsi, il est possible de montrer que le ReIN correspondant à la phase de financiarisation du capitalisme néo-libéral des quarante dernières années s'est organisé autour de deux conventions [Favereau, 2016] : la convention d'entreprise-propriété de ses actionnaires, et la convention d'évaluation individuelle par les nombres. La première saisit le fait qu'alors que le droit des sociétés n'a subi aucune discontinuité majeure, son interprétation, comme on l'a vu avec Friedman, s'est radicalisée dans un sens favorable aux actionnaires, au-delà et même à côté de ce que prescrivent les énoncés juridiques formels. La deuxième, qui monte en épingle cette pathologie de l'évaluation universelle, a été repérée par de multiples analystes, à tous les niveaux de la vie économique et sociale. Alain Supiot y a consacré son cours des années 2012-2014 au Collège de France.

Un ReIN va « équiper »[36] sur le plan normatif et intersubjectif, pour le meilleur et pour le pire, une architecture de pouvoirs de valorisation. Dans ses derniers travaux, Eymard-Duvernay propose une périodisation des grandes phases macroéconomiques et macropolitiques du XXe siècle qui rejoint les découpages historiques opérés par la Théorie de la Régulation, en mobilisant des registres peu exploités par celle-ci. Au-delà d'une orientation des managers favorable aux salariés pendant le fordisme, et d'une réorientation favorable aux actionnaires à partir des années 1980, il souligne le rôle clé du pouvoir des consommateurs, imprudemment libéré par le fordisme et évidemment démultiplié par la mondialisation. La leçon de l'histoire est que le contre-pouvoir salarial est fragile, s'il ne s'accompagne pas d'une démocratisation radicale de l'entreprise, c'est-à-dire pour parler concrètement d'une généralisation de la codétermination[37].

35. Cette notion (de niveau logique moins élevé que celle d'« esprit du capitalisme » de Boltanski et Chiapello) est dans une relation évidente de complémentarité avec les « modes de régulation » dégagés par la Théorie de Régulation [Boyer, 2015]. Il me semble qu'un vaste champ de coopération peut désormais s'ouvrir entre ces deux courants majeurs de l'institutionnalisme européen, après une longue série de malentendus (sur l'individualisme méthodologique, sur les valeurs morales, sur les rapports de force, sur la lecture de Bourdieu, sur le rapport au capitalisme, etc.) qui n'ont cependant jamais empêché des coopérations respectueuses et amicales, dans l'enseignement comme dans la recherche. J'espère que ce travail, en dépit de ses limites, contribuera à cette ouverture.

36. Sur la notion d'équipement, appliquée à des institutions, l'auteur clé est Eymard-Duvernay [cf. Favereau, 2017].

37. Cf. ci-dessous note 38.

Nous arrivons au terme de notre pérégrination conventionnaliste à partir de et en direction de l'exploitation selon Marx. L'économie des conventions propose de réinterpréter l'espace des valeurs, où Marx faisait apparaître l'exploitation. Voilà qui est fait. Mais à quoi bon si cela fait disparaître toute notion d'exploitation, autre que qualitative ? La méta-thèse de Marx n'aura-t-elle été isolée que pour mieux la dépouiller de toute opérationnalité ?

Notre conclusion sera exactement à l'opposé. Sur l'exploitation, Marx a bien plus raison que ne le croient les marxistes, car il n'a pas besoin, pour avoir raison, de sa théorie de la valeur-travail.

Conclusion

Le lecteur se souvient que l'économie des conventions avait réussi à traduire la notion d'exploitation dans son propre langage (cf. la citation en introduction de Boltanski et Chiapello), au prix d'une montée en généralité qui pouvait faire regretter la précision, quelque peu illusoire il est vrai, de la notion marxienne. Il me reste à montrer que la réfection de l'espace des valeurs, où l'économie des conventions plonge désormais l'entreprise pour mieux la déconstruire, va déboucher sur une nouvelle explicitation de la notion d'exploitation, totalement fidèle à l'esprit de la formulation première de Marx : l'entreprise capitaliste s'approprie indûment une part gratuite et invisible du travail de ses salariés – et le paradoxe de la financiarisation néolibérale est qu'elle nous a mis sur la voie de cette découverte, en faisant des actionnaires les propriétaires de l'entreprise : parce que le droit lui-même est obligé d'avouer que c'est faux. Pour la première fois, le droit des sociétés peut travailler contre l'entreprise capitaliste.

Friedman – et ses successeurs – faisaient semblant d'ignorer la distinction entre « société » (la personne juridique, créée par les actionnaires fondateurs) et « entreprise » (l'organisation économique, avec la liste indéfinie de ses parties prenantes). Nous la rétablissons dans sa netteté la plus tranchante. C'est la « société » qui est propriétaire des actifs productifs, ainsi que des profits résultant de l'activité productive : leur distribution sous forme de dividendes (ou le réinvestissement des profits non distribués) est décidée par le Conseil d'administration de la « Société ». Dès lors que les actionnaires ne sont pas propriétaires de la « société », ils perdent toute légitimité à exiger le monopole de la désignation des membres du Conseil d'administration : les salariés sont des candidats naturels, parce que sans leur travail, la « société » demeurerait une coquille vide. Et en ce cas les salariés, présents au Conseil[38], décideraient

38. C'est déjà le cas dans 18 des 27 pays membres de l'Union européenne, qui ont un dispositif de « co-détermination » ou de « co-gestion » : cf. la synthèse de Beffa et Clerc [2013].

de la répartition du profit, entre dividendes et autofinancement – lequel nous donne une première intuition de ce que pourrait être le revenu spécifique de l'entreprise en tant qu'organisation, au-delà des revenus du facteur travail (salaires) et du facteur capital (dividendes)[39].

Cette idée d'un revenu du collectif formé par l'entreprise (à distinguer soigneusement du profit) va produire un effet dévastateur sur la conception *mainstream* du profit, si on lui adjoint le vieux raisonnement de Proudhon (en 1840 !), aussi bref que percutant : en une journée de travail, 200 grenadiers ont redressé l'obélisque de Louxor sur la place de la Concorde. Supposons qu'ils aient été salariés. Leur employeur aurait payé 200 salaires journaliers. Est-ce juste ? Non, car la somme des salaires est la même que dans la situation – absurde – où un seul homme en 200 jours aurait pu réaliser la même tâche. « Cette force immense qui résulte de l'union et de l'harmonie des travailleurs, de la convergence et de la simultanéité de leurs efforts, [le capitaliste] ne l'a point payée » [1840, 2009, p. 247-248]. Il s'est approprié la différence[40], parce qu'il s'est posé comme le propriétaire de l'entreprise – ce qu'il n'est pas, mais ce que nul n'a contesté. Jusqu'à aujourd'hui.

Ainsi, c'est la différence entre « société » et « entreprise », combinée avec la dissimulation de cette différence (comme si elle était sans importance, c'est-à-dire comme si le droit était un simple voile[41]), qui fonde cette double mystification :

(i) elle permet aux représentants du capital de s'approprier légalement le produit de l'interaction entre tous les salariés de l'entreprise, au-delà de la contribution de chacun dûment rémunérée sur une base individuelle,

(ii) tout en rendant invisible cette appropriation à travers un système comptable qui fait de ce produit un solde résiduel, à la disposition des instances dirigeantes de la société, dont sont précisément exclus les salariés.

Cette combinaison est aussi vieille que le capitalisme. Mais la financiarisation néolibérale aura eu cet effet – par sa théorisation explicite et imprudente de la valeur actionnariale – de la faire passer de l'inconscient

39. Certains auteurs post-keynésiens ont orchestré cette idée avec force : dans Favereau [2015], je cite longuement Eichner [1976].

40. Défalcation faite du salaire des managers qui ont organisé la coordination et la coopération des 200 salariés. Aucun problème de fond n'est soulevé par la prise en compte de cette rémunération.

41. Voir Bessy et Favereau [2003, spéc. p. 236 et suiv.].

cognitif du capitalisme vers une sorte de préconscient, qui ouvre bien des perspectives non seulement critiques mais reconstructives[42].

Finalement cette longue exploration de l'exploitation marxienne au moyen et au sein de l'économie des conventions aboutit à un ultime paradoxe : le retour de Marx à l'actualité la plus contemporaine passe par un déplacement qui, pour être fidèle à son esprit, plutôt qu'à sa lettre, requiert un compromis historique entre Proudhon et Marx[43] : la propriété, c'est effectivement un vol – quand il s'agit de l'entreprise.

8 juillet 2018

42. À certains égards, le pacte fordiste des Trente Glorieuses qui lie la croissance des salaires réels à celle de la productivité est une anticipation partielle du raisonnement de Proudhon, partielle en ce sens qu'elle est détachée de toute mise en relation avec la question de la place du travail dans la gouvernance de l'entreprise.

43. À rapprocher du débat Ricardo *vs* Malthus, où Keynes déplorait déjà que l'esprit le plus puissant l'eût emporté sur celui qui voyait le plus juste, mais sans être en mesure de déployer un appareil théorique à la hauteur de cette justesse.

Références bibliographiques

Abraham-Frois, Gilbert et Berrebi, Edmond [1997], *Prices, profits and rythms of accumulation*, Cambridge: Cambridge University Press.

Althusser, Louis et Balibar, Étienne [1973], *Lire le Capital*, 2 vol., Paris : Maspero.

Amable, Bruno et Palombarini, Stefano [2005], *L'économie politique n'est pas une science morale*, Paris : Raisons d'Agir.

Beffa, Jean-Louis et Clerc, Christophe [2013], « Les chances d'une co-détermination à la française », *Prisme*, n° 26, Fondation Cournot, janvier.

Bessis, Franck [2008], « La théorie de la réflexivité limitée. Une contribution au débat sur l'action entre l'économie des conventions et la théorie de la régulation », *Cahiers d'économie politique*, n° 54, p. 27-58.

Bessis, Franck [2016], « Réflexivité : lecture d'un changement de règle », in Philippe Batifoulier, Franck Bessis, Ariane Ghirardello, Guillemette De Larquier et Delphine Remillon (dir.), *Dictionnaire des conventions*, Villeneuve-d'Ascq, Presses universitaires du Septentrion, p. 239-242.

Bessis, Franck, Chaserant, Camille, Favereau, Olivier et Thévenon, Olivier [2006], « L'identité sociale de *l'homo conventionalis* », chap. 11, in François Eymard-Duvernay (dir.), *L'économie des conventions : méthodes et résultats*, tome 1, Paris : La Découverte, p. 181-196.

Bessy, Christian et Favereau, Olivier [2003], « Institutions et économie des conventions », *Cahiers d'économie politique*, n° 44, n° spécial « Qu'a-t-on appris sur les institutions ? », p. 119-164.

Bidet, Jacques [1995], « Institutionnalisme et théorie des conventions dans leurs rapports avec la problématique marxienne », *Actuel Marx*, n° 17, « Théorie de la régulation, théorie des conventions », p. 115-135.

Boltanski, Luc [2002], « Nécessité et justification », *Revue économique*, numéro spécial « Économie et Sociologie », vol. 53, n° 2, p. 275-289.

Boltanski, Luc [2009], *De la critique. Précis de sociologie de l'émancipation*, Paris : Gallimard, coll. « NRF essais ».

Boltanski, Luc et Chiapello, Ève [1999], *Le nouvel esprit du capitalisme*, Paris : Gallimard, coll. « NRF essais ».

Boltanski, Luc et Esquerre, Arnaud [2017], *Enrichissement : une critique de la marchandise*, Paris : Gallimard, coll. « NRF essais ».

Boltanski, Luc et Thévenot, Laurent [1991], *De la justification : les économies de la grandeur*, Paris : Gallimard, coll. « NRF essais ».

Boyer, Robert [2003], *Une théorie du capitalisme est-elle possible ?*, Paris : Odile Jacob.

Boyer, Robert [2015], *Économie politique des capitalismes : théorie de la régulation et des crises*, Paris : La Découverte, coll. « Grands Repères ».

Boyer, Robert et Orléan, André [1991], « Les transformations des conventions salariales, entre théorie et histoire. D'Henry Ford au fordisme », *Revue économique*, vol. 42, n° 2, p. 233-272.

Boyer, Robert et Orléan, André [2004], « Persistance et changement des conventions. Deux modèles simples et quelques illustrations », chap. 8 in André Orléan (dir.), *Analyse économique des conventions*, 2e éd., Paris : PUF, p. 243-271.

Corcuff, Philippe [2007], *Les nouvelles sociologies*, 2e éd., Paris : Armand Colin, coll. « 128 ».

Descombes, Vincent [1996], *Les Institutions du sens*, Paris, Éditions de Minuit, coll. « Critique ».

Duvoux, Nicolas [2011], « Le pouvoir est de plus en plus savant. Entretien avec Luc Boltanski », *La Vie des Idées*, 4 janvier.

Eichner, Alfred [1976], *The megacorp and oligopoly: micro-foundations of macrodynamics*, Cambridge: Cambridge University Press.

Eymard-Duvernay, François [2016], « Valorisation : les pouvoirs de valorisation : l'accroissement de la capacité éthique, sociale et politique des acteurs (2009) », in Philippe Batifoulier, Franck Bessis, Ariane Ghirardello, Guillemette De Larquier et Delphine Remillon (dir.), *Dictionnaire des conventions*, Villeneuve-d'Ascq, Presses universitaires du Septentrion, p. 291-295.

Eymard-Duvernay, François [2011], « Le travail dans l'entreprise : pour une démocratisation des pouvoirs de valorisation », in Baudoin Roger (dir.), *L'entreprise : formes de propriété et responsabilités sociales*, Paris : Lethielleux/ Collège des Bernardins, p. 155-218.

Eymard-Duvernay, François [2013], « L'économie des conventions entre économie et sociologie. *L'homo conventionalis* calcule et parle », Chap. 4, in Philippe Steiner et François Vatin (dir.), *Traité de sociologie économique*, 2e éd., Paris, PUF, coll. « Quadrige-manuels », p. 129-161.

Favereau, Olivier [1997], « L'incomplétude n'est pas le problème, c'est la solution », in Bénédicte Reynaud (dir.), *Les limites de la rationalité*, tome 2, *Les figures du collectif*, Colloque de Cerisy, Paris : La Découverte, p. 219-234.

Favereau, Olivier [2001], « L'économie du sociologue ou penser (l'orthodoxie) à partir de Pierre Bourdieu », complément in Bernard Lahire (dir.), *Le travail sociologique de Pierre Bourdieu*, Paris : La Découverte-poche, p. 255-314.

Favereau, Olivier [2003], « La théorie de la régulation sociale est-elle au centre de l'économie des conventions ? », chap. 24 in Gilbert De Terssac (dir.), *La théorie de la régulation sociale de Jean-Daniel Reynaud : débats et prolongements*, Paris : La Découverte, coll. « Recherches », p. 367-384.

Favereau, Olivier [2013], « Keynes *after* the Economics of Conventions », *Evolutionary and Institutional Economics Review*, vol. 10, n° 2, p. 179-196.

Favereau, Olivier [2014], « "Société" par nécessité, "entreprise" par convention », in Blanche Segrestin, Baudoin Roger et Stéphane Vernac (dir.), *L'entreprise, point aveugle du savoir*, Colloque de Cerisy, Paris : Éditions Sciences Humaines, p. 48-64.

Favereau, Olivier [2015], « La "fin" de l'entreprise privée », Conclusion in Alain Supiot (dir.), *L'entreprise dans un monde sans frontières : perspectives économiques et juridiques*, Paris : Dalloz, p. 305-320.

Favereau, Olivier [2016], *L'impact de la financiarisation de l'économie sur les entreprises et plus particulièrement sur les relations de travail*, Rapport pour l'OIT, Genève : OIT.

Favereau, Olivier [2017], « Hommage à François Eymard-Duvernay : révolutionnaire discret », *Revue française de socio-économie*, n° 18, 1er semestre, p. 5-12.

Favereau, Olivier et Thévenot, Laurent [1996], « Réflexions sur une notion d'équilibre utilisable dans une économie de marchés et d'organisations », Chap. 6, in Gérard Ballot (dir.), *Les marchés internes du travail : de la microéconomie à la macroéconomie*, Paris : PUF, coll. « Économie », p. 273-313.

Foucault, Michel [2004], *Sécurité, territoire, population*, Cours au Collège de France 1977-1978, Paris : Gallimard, collection Hautes Études.

Friedman, Milton [1970], « The social responsibility of business is to increase its profits », *The New-York Times Magazine*, 13 septembre, p. 32-33, 122, 126.

Gauthier, David [1986], *Morals by agreement*, Oxford: Clarendon Press.

Henry, Michel [1976], *Marx*, 2 tomes, Paris : Gallimard, Bibliothèque des Idées.

Hicks, John Richard [1939], « The foundations of welfare economics », *Economic Journal*, 49, p. 696-712.

Marx, Karl [1965, 1968], *Le Capital*, Paris : Gallimard, La Pléiade, tome 1, 1965, tome 2, 1968.

Morishima, Michio [1973], *Marx's economics: a dual theory of value and growth*, Cambridge: Cambridge University Press.

Orléan, André [2011], *L'empire de la valeur : refonder l'économie*, Paris : Seuil, coll. « La couleur des idées ».

Popper, Karl [1991], *La connaissance objective*, Paris : Flammarion, coll. « Champs-Flammarion ».

Postel, Nicolas et Sobel [2006], « Quelle théorie hétérodoxe de l'acteur économique ? », Chap. 8, in François Eymard-Duvernay (dir.), *L'économie des conventions*, tome 1, *Méthodes et résultats*, Paris : La Découverte, p. 131-150.

Poulain, Édouard [1992], « Marx et l'économie des conventions », *Revue économique*, vol. 43, n° 3, p. 519-532.

Poulain, Édouard [1994], « Production de forces de travail par des forces de travail ? Réponse à André Lapidus », *Revue économique*, vol. 45, n° 4, p. 1095-1106.

Poulain, Édouard [2001], « Le capital humain, d'une conception substantielle à un modèle représentationnel », *Revue économique*, vol. 52, n° 1, p. 91-116.

Proudhon, Pierre-Joseph [1840/2009], *Qu'est-ce que la propriété ?* Paris : Le Livre de Poche.

Robé, Jean-Philippe [1999], *L'entreprise et droit*, Paris : PUF, coll. « Que sais-je ».

Robé, Jean-Philippe [2015], *Le temps du monde de l'entreprise : globalisation et mutation du système juridique*, Paris : Dalloz, coll. « À droit ouvert ».

Robbins, Lionel [1932], *An essay on the nature and significance of economic science*, London.

Salais, Robert [1989], « L'analyse économique des conventions du travail », *Revue économique*, numéro spécial « L'économie des conventions », vol. 40, n° 2, p. 199-240.

Segura, André [1995], « Marx et l'économie des conventions : une contribution critique », *Revue économique*, vol. 46, n° 5, p. 1361-1373.

Supiot, Alain [2015], *La gouvernance par les nombres*. Cours au Collège de France (2012-2014), Paris : Fayard, coll. « Poids et Mesures du Monde ».

Thévenot, Laurent [2006], *L'action au pluriel : sociologie des régimes d'engagement*, Paris : La Découverte, coll. « Textes à l'appui : politique et sociétés ».

EXPLOITATION PRODUCTIVE, INJUSTICE SYSTÉMIQUE ET INJUSTICE DISTRIBUTIVE

Fabrice Tricou[1]

L'exploitation productive peut être identifiée par une discordance entre un état de fait et une situation idéale déterminée par une règle de justes contributions et rétributions. Cette norme de répartition peut qualitativement exprimer une notion plus ou moins exigeante de justice : commune humanité, égalité formelle, égalité réelle. Et cette norme de répartition peut quantitativement s'exprimer par plusieurs règles de « justice d'égalité » (égalitarisme ou proportionnalisme) ou de « justice supérieure » (productivisme ou utilitarisme). La violation d'une règle donnée de justice engage un mode d'exploitation qui peut être anomique (comportement de passager clandestin), ou statutaire, ou mystificateur. Au niveau systémique, la dénonciation de l'exploitation féodale, qui est statutaire, opère comme critique axiologique de l'organisation hiérarchique par une vision égalitaire ; alors que la démonstration d'une injustice à l'œuvre dans la relation salariale repose sur l'élucidation théorique de la notion de profit : l'exploitation capitaliste est mystificatrice.

Productive exploitation, systemic injustice and distributive injustice

Productive exploitation may be identified through the discrepancy between a de facto situation and an ideal state determined by a rule of fair contributions and retributions. Such a distribution norm may qualitatively express a more or less strict idea of justice: common humanity, formal equality and effective equality. The distribution norm may also be quantitatively expressed by several rules of "balanced justice" (egalitarianism, proportionalism) or of "superior justice" (productivism, utilitarianism). The violation of a given rule of justice embodies a form of exploitation which may be anomic (free riding behavior), statutory or deceptive. At the systemic level, the denunciation of feudal exploitation, which is statutory, operates as an axiological critique of the hierarchical organization stemming from an egalitarian ideology; while the exposure of injustice at work in the wage relationship rests on a theoretical clarification of the notion of profit: capitalist exploitation is deceptive.

Mots clés : exploitation, justice, production, répartition, systèmes économiques.

Keywords: exploitation, justice, production, distribution, economic systems.

Classification JEL : D63, P50, D33

1. Université Paris Nanterre ; EconomiX.
Je remercie les deux rapporteurs de ce texte pour leurs remarques pertinentes, qui m'ont permis d'améliorer cet article. Les erreurs éventuelles et omissions résiduelles relèvent évidemment de ma seule responsabilité.

Introduction : Exploitation positive et exploitation normative

Au sens le plus général, la rationalité économique consiste à choisir l'option qui permet d'obtenir le résultat préféré parmi tous les résultats accessibles. Si les options ouvertes correspondent aux divers emplois possibles d'une ressource, alors la rationalité économique apparaît comme « rationalité instrumentale » [Sugden, 1991] et le choix rationnel est déterminé comme la disposition optimale des moyens, soit l'utilisation des ressources qui permet la plus grande satisfaction des fins. La rationalité instrumentale fournit ainsi un critère d'optimalité au comportement d'exploitation entendu positivement, soit l'action de tirer *avantage* de l'emploi de *ressources* : l'allocation *efficace* des ressources correspond au *meilleur* avantage que l'on peut en tirer. Les diverses formes d'exploitation positive découlent de la nature de l'avantage tiré et du type de ressource employée…

De quel « avantage » est-il question, comme objectif de l'exploitation ? L'avantage tiré de l'exploitation peut être un *profit* (comme on parle de « l'excédent d'exploitation » en comptabilité nationale) ; mais il peut aussi s'agir d'un autre type d'intérêt, telle une satisfaction ou une utilité. Et s'il est question d'un profit, celui-ci peut s'inscrire dans la *logique capitaliste* de réinvestissement systématique (soit la circularité rentabilisation/accumulation du capital) ; ou le profit peut être simplement utilisé en dépenses de consommation finale.

De quelle(s) « ressource(s) » est-il question, comme moyen de l'exploitation ? D'abord, les moyens exploités peuvent être des « ressources humaines » ou des ressources non humaines comme la nature et le capital technique[2]. Ensuite, les « ressources humaines » exploitées peuvent correspondre au travail d'autrui ou à une autre contribution, par exemple fiscale lorsque les fraudeurs exploitent les bons citoyens par leur comportement de *free riding*. Enfin, le travail d'autrui peut être exploité sous domination structurelle d'autrui, dans le cadre d'un commandement ; ou non, dans le contexte d'un échange de surplus entre producteurs indépendants théorisé avec « l'état primitif » de Smith [1776] ou avec la « production marchande simple » de Marx [1867].

2. La multiplicité des ressources productives (humaines, naturelles et techniques) constitue une complexité de l'exploitation économique, qui soulève de nombreuses difficultés théoriques : comment le travail est-il rendu plus productif par le capital ? Le capital est-il du travail mort ? La nature, ou plus spécifiquement la terre, est-elle un facteur de production comme un autre ?

Tableau 1. Les formes d'exploitation positive

EXPLOITER =	... du travail d'autrui commandé (domination)	... d'autres ressources mobilisées : capital et nature
Tirer [du] profit (au sens propre)...	- Exploitation salariale / Capitalisme industriel (A-Production-MA')	- K^{isme} commercial (AMA') - K^{isme} financier (AA')
Tirer [un] avantage ($\neq \pi$)...	- Exploitation féodale - Exploitation esclavagiste	- Économie de Robinson - Travail indépendant (MAM')

Le passage du registre positif au registre normatif de l'exploitation intervient dès lors que l'*exploitant* est jugé comme un exploitant déraisonnable, voire comme un *exploiteur*. Définie normativement, l'exploitation est l'action de tirer un profit illégitime ou un *avantage injuste*[3] de l'emploi de ressources. Et la question de la légitimité de l'exploitation repose sur la distinction première entre exploitation naturelle et exploitation humaine...

L'exploitation naturelle est-elle légitime ? Trois points de vue sont *a priori* possibles. Le premier, celui d'une illégitimité totale de l'exploitation naturelle, n'est pas tenable du point de vue humain, puisqu'il interdirait la survie matérielle de l'espèce. La reproduction primordiale de la vie humaine repose en effet sur la production, entendue comme transformation d'un substrat naturel façonné lors de la fabrication de « biens » aptes à satisfaire, dans la consommation, les besoins matériels des êtres humains[4]. Le deuxième point de vue, éminemment moderne même s'il est préparé par la séparation judéo-chrétienne entre une nature inerte et un Dieu transcendant, est celui de la légitimité entière de l'exploitation naturelle. Il est exprimé par la fameuse formule de Descartes, qui énonce que la science et ses applications techniques permettent de « nous rendre comme maîtres et possesseurs de la Nature », cette possibilité étant ensuite pour ainsi dire exploitée par l'idéologie productiviste notamment portée par le capitalisme industriel. Cette vision s'oppose à un troisième point de vue, celui de la légitimité partielle de l'exploitation naturelle, en version ancienne de l'animisme (prescrivant le respect d'une nature nourricière mais enchantée)

3. Suivant Fleurbaey [2012, p. 6], l'exploitation correspond à une situation « dans laquelle certains prennent un *avantage injuste* aux dépens des autres » (traduit et souligné par nous).

4. Voir l'introduction de Berthoud [2002]. La perspective substantialiste constitue, avec l'approche formaliste à la Robbins, l'une des deux façons de définir l'économie. Si la reproduction matérielle, condition première de la vie humaine, est radicalisée en élément déterminant de la vie sociale, alors elle ouvre au matérialisme.

ou en version contemporaine de l'écologie politique (promouvant un usage prudent ou raisonnable des ressources non renouvelables). Les importantes perspectives de « justice environnementale » qui s'ouvrent ici, par exemple comme exploitation naturelle raisonnée[5], ne sont pourtant pas celles que nous allons suivre ici pour associer exploitation et (in)justice.

L'exploitation humaine est-elle légitime ? Là encore, trois points de vue sont *a priori* possibles, mais il faut d'emblée écarter celui de la légitimité inconditionnelle de l'exploitation humaine, auquel on oppose qu'on ne peut librement disposer que de choses[6]. Aussi tranché mais plus sensé, le point de vue inverse est celui de l'illégitimité inconditionnelle de l'exploitation humaine. Il relève d'un *absolutisme moral* condamnant tout traitement d'autrui comme un moyen (Kant)[7]. Le troisième point de vue, celui de la légitimité conditionnelle de l'exploitation humaine, engage le *relativisme politique* des idéologies ou doctrines sociales qui font le partage entre formes d'exploitation *légitimées* et formes d'exploitation *dénoncées* suivant différentes lignes de démarcation.

C'est précisément cette question de l'alternative ouverte entre *justification et condamnation de l'exploitation humaine* que nous allons essentiellement retenir, en l'engageant sous les deux angles systémique d'une part et distributif d'autre part. Ce faisant, nous laissons de côté la question de l'exploitation commutative, l'examen de l'exploitation dans l'échange marchand constituant un problème propre[8]. Dans tout l'article, il y a exploitation au sens kantien général, c'est-à-dire *considération d'autrui non pas comme fin propre mais comme moyen.* Toute notre analyse concernant la production, autrui est ici instrumenté comme « moyen de production », outil engagé dans la production ou facteur permettant la production. Ce problème de l'exploitation humaine en matière de production est d'abord

5. C. et R. Larrère [1997] défendent ainsi un « bon usage de la nature », au-delà de l'opposition stricte entre naturalisme fondamental et humanisme radical. Plus généralement, la notion d'usage (de la nature ou d'autrui) pourrait permettre d'exprimer l'opération médiane dépassant l'alternative entre l'utilisation rationnelle d'un moyen et la considération éthique d'une fin, le « bon usage » articulant l'emploi de l'entité mobilisée et le respect de l'entité reconnue, dans la synthèse d'une exploitation mesurée ou « sans abus ».

6. Ou éventuellement d'êtres humains chosifiés, ce qui supposerait précisément une condition de chosification.

7. Parmi les quatre formes distinguées par Fleurbaey [2012], il s'agit de la *M-exploitation* (M like « means »).

8. L'« échange inégal » est une des quatre *facets of exploitation* distinguées par Fleurbaey [2012].

saisi au travers de modes déterminés de production et ensuite pensé dans le cadre de l'association abstraite de facteurs de production[9].

La première partie s'attache en substance aux modes d'exploitation ou d'injustice *structurelles* propres aux systèmes esclavagiste, féodal et capitaliste, en se concentrant plus spécifiquement sur l'exploitation salariale de ce dernier système. Ce développement de la définition positive de l'exploitation comme *appropriation par les exploiteurs d'une partie du produit du travail des exploités* ouvre[10] à une condamnation normative du système de classes comme injuste, la détermination de cette injustice reposant sur la position d'une certaine norme exprimant les justes contributions et rétributions dont l'état d'exploitation se démarque.

La seconde partie est précisément consacrée aux formes d'exploitation ou d'injustice *distributives* entendues comme *situations d'écart de sous-contribution et/ou de sur-rétribution des exploiteurs*. Il s'agit d'abord d'expliciter les normes de justice qui posent l'étalon de référence, en distinguant les justices d'égalité (absolue ou relative) et la justice supérieure (productiviste ou utilitariste). Il s'agit ensuite de présenter trois types d'exploitation, l'une relevant d'un comportement individuel, alors que les deux autres engagent une structure sociale. Primo, l'exploitation anomique est celle d'un individu intéressé opérant une déviation opportuniste vis-à-vis de la règle en vigueur, la justice de la règle déterminant l'injustice de la déviation. Deuxio, l'exploitation statutaire tient à une règle injuste car hiérarchique, dénoncée par une règle juste car égalitaire. Tertio, l'exploitation mystificatrice correspond à une règle faussement juste démystifiée par une règle authentiquement juste.

L'intersection de ces deux études joint finalement les dimensions positive et normative du propos de Marx. L'exploitation féodale en tant que statutaire peut être mise en évidence sur la base d'une étude historique dialectique ; et elle peut être dénoncée par la revendication d'une égalité formelle et d'une liberté abstraite. Et l'exploitation capitaliste en tant que mystificatrice peut être mise en évidence sur la base d'une analyse économique critique ; et elle peut être dénoncée par la revendication d'une égalité réelle et d'une liberté concrète.

---

9. Alors que les modes d'exploitation systémique de la première partie relèvent intrinsèquement du niveau macroéconomique et sont essentiellement associés à une domination sociale structurelle, les formes d'exploitation distributive de la seconde partie peuvent être d'échelle macro ou micro et sont liées ou non à une structure de domination.

10. Marx prétend développer une analyse économique « scientifique », mais son propos positif est souvent débordé ou dédoublé par une perspective normative fustigeant notamment la domination, l'exploitation et l'aliénation inhérentes au système capitaliste. Voir Arnsperger et Van Parijs [2003, p. 43-46].

1. Exploitation et injustice systémiques

(a) Trois exploitations par domination : esclavagiste, féodale et capitaliste

En écho avec les trois modes de production distingués par Marx, les formes esclavagiste / féodale / capitaliste[11] d'exploitation structurelle tiennent à des modes de *domination sociale* d'espèce / de rang / de classe, associés à trois modes d'appropriation par un groupe social dominant d'une part substantielle du produit du travail d'un groupe social dominé.

L'exploitation systémique de domination sociale est qualifiée de juste si l'ordre hiérarchique en cause est justifié comme fait naturel, par volonté divine ou comme accord humain. Et elle est injuste si cet ordre hiérarchique est condamné au motif d'un défaut d'égalité entre les uns et les autres, et/ou d'un défaut de liberté des dominés. On va considérer spécifiquement les trois formes structurelles d'exploitation(s) par domination(s).

L'exploitation esclavagiste opère une *subordination réifiante.* Elle est juste dans le cadre d'une vision opposant d'un côté les véritables humains et de l'autre les sous-hommes, ou plutôt les humains déshumanisés ; et l'exploitation esclavagiste est injuste d'un point de vue de « commune humanité ». L'humanité de l'esclave peut être déniée par assignation essentielle (en raison d'une prétendue « infériorité raciale ») ou perdue par accident historique (du fait d'une défaite militaire)[12]. Suivant Grenouilleau [2014], l'esclave est un humain transformé en « autre radical » qui « voit son humanité mise en sursis » ; il est « possédé par son maître » et présente une « utilité quasi universelle » non strictement économique. « Outil animé » selon Aristote[13], l'esclave est approprié et mobilisé par le « maître de maison » dans l'unité économique hiérarchique réunissant ce maître, puis sa femme et ses enfants, et enfin leurs esclaves.

11. On identifie ici exploitation capitaliste et exploitation salariale (soit la case « nord-ouest » du tableau 1).

12. La contingence historique des états d'homme libre ou d'esclave ne tient pas seulement aux processus idéologiques ou guerriers de dés-humanisation (exclusion de l'espèce des hommes libres), mais aussi à la procédure de ré-humanisation particulière qu'est l'affranchissement (ré-inclusion dans l'espèce des hommes libres), lequel est à distinguer de la ré-humanisation générale qu'est l'abolition du système esclavagiste.

13. Aristote définit ainsi l'esclavage dans le livre VI de l'*Éthique à Nicomaque*. Il décrit l'organisation domestique dans le livre I du *Politique*.

L'exploitation féodale met en œuvre une *subordination statutaire*. Elle est juste pour les visions hiérarchiques de dépendance interpersonnelle ; et injuste d'un point de vue posant la liberté et l'égalité formelles. La situation du serf pourrait parfois sembler proche de celle de l'esclave, mais le premier possède une personnalité juridique propre dont le second est privé. Si le lien de maître à esclave est relation de propriété (d'une chose par une personne), le lien de serf à seigneur est relation interpersonnelle (asymétrique mais réciproque) obligeant toutes ses parties prenantes dans le cadre de la hiérarchie féodale générale qui les attache mutuellement. Le seigneur doit protection à son paysan, qui doit à son seigneur une fidélité personnelle et des contributions économiques en effort productif (la corvée) ou en part de récolte agricole (la taille et le cens) ; tout comme le curé doit prier pour le salut du paysan qui lui doit la dîme. Ces différents prélèvements ou ponctions[14] constituent les vecteurs de l'exploitation féodale que Cordonnier et Van de Velde [2009, p. 121-122] caractérisent comme directe, réelle et non marchande. Dans « l'imaginaire du féodalisme » [Duby, 1978], les « trois ordres » en complémentarité organique entretiennent une solidarité hiérarchique : le clergé en priant œuvre au salut de tous ; la noblesse en combattant assure la sécurité de tous ; et le tiers-état en travaillant assure la subsistance de tous. Avec sa notion de mode de production féodal, Marx ramène cette idéologie médiévale triangulaire à l'exploitation de l'ordre qui travaille par les deux ordres qui ne travaillent pas.

L'exploitation capitaliste procède d'une *subordination contractuelle*. Suivant Marx, elle est en fait plus opaque (voire plus intense) que l'exploitation féodale, alors même qu'elle repose en droit sur un échange fondé sur des principes de liberté et d'égalité[15]. En effet, du point de vue de l'humanisme libéral et abstrait exprimé par le « droit bourgeois », l'exploitation salariale est juste en tant qu'elle n'est que l'exécution d'un contrat (de travail) conclu entre des individus libres et égaux. En revanche, l'exploitation salariale est injuste du point de vue critique soulignant d'une part l'absence de véritable liberté d'un prolétaire qui doit s'employer pour survivre (puisqu'il ne dispose pas des moyens de production)[16] et d'autre part l'absence de véritable égalité

14. Voir Demade [2007] sur les deux contrôles (direct et visible pour la production *versus* indirect et invisible par la circulation) exercés à propos de ces prélèvements ou ponctions.

15. Marx [1867], livre I, chapitre 8, section 2 et section 1.

16. L'exigence d'une liberté réelle et d'une égalité véritable se retrouve chez Sen [2009], dont la notion de capabilités (substituts aux biens sociaux rawlsiens) demande de considérer la liberté *effective* et non la possibilité abstraite de la liberté. Mais Sen ne semble pas porter d'attention particulière à la relation salariale.

(dans l'exécution du contrat à l'intérieur de l'entreprise capitaliste) entre le bourgeois commandant et le prolétaire obéissant.

L'exploitation salariale marxienne soulève des problèmes et suscite des reformulations relevant du registre de la philosophie économique (b) et s'inscrivant dans le champ de l'économie politique (c).

(b) Exploitation salariale et (in)justice sociale

L'injustice de l'exploitation salariale peut être fondée sur un motif de fausse liberté ou sur un argument d'inégalité, les deux points étant d'ailleurs articulés dans la mesure où la fausse liberté des uns tient à leur privation de la propriété des moyens de production, dont l'envers est la dotation des autres en la matière, ce qui constitue l'inégalité fondamentale de la société capitaliste selon Marx.

En termes de liberté illusoire, la subordination contractuelle du salarié exprime une « servitude volontaire » plus opaque que celles de l'esclave (servitude forcée) et du serf (servitude obligée). Mais suivant Marx, l'emploi salarié relève plus d'un consentement que d'un choix véritable, en situation de nécessité vitale pour un prolétaire précisément défini doublement : comme titulaire d'une force de travail et comme non-propriétaire des moyens de production. Cette condition sociale détermine une dépendance économique, le prolétaire ne pouvant actualiser de façon indépendante sa force de travail en activité de travail, à l'inverse des travailleurs indépendants (ou « travailleurs capitalistes ») que sont notamment les artisans.

Pour saisir la subtilité de la subordination contractuelle comme servitude volontaire, il peut être éclairant de revenir à la distinction scolastique entre la « contrainte absolue », qui exclut toute manifestation de consentement, et la « contrainte conditionnelle », qui amène le sujet à vouloir[17]. L'esclavage relève de la contrainte absolue du travail forcé, alors que le salariat relève de la contrainte conditionnelle du vrai-faux choix (veux-tu mourir de faim ou bien manger en travaillant pour un autre ?), le féodalisme apparaissant comme une situation intermédiaire ou transitionnelle.

En termes d'inégalité, les prolétaires sont dépouillés du capital et doivent donc devenir employés ; et les capitalistes en sont pourvus et peuvent donc devenir employeurs. Cette inégalité de dotation procure un « avantage injuste » aux capitalistes, qui reçoivent plus de travail des salariés qu'ils ne

17. Voir à ce propos la controverse relative au baptême forcé des enfants juifs (vers la fin du XIIIe siècle) relatée par Marmursztejn [2016] : faut-il baptiser de force ou laisser le choix entre le baptême et la mort ?

leur en livrent à travers les biens-salaires. On identifie ici l'« A-exploitation » (A for Advantage) au sens de Fleurbaey [2012], qui fait particulièrement référence aux travaux de Roemer.

Insatisfait de la théorie de la valeur travail marxienne (et de la théorie de la plus-value qu'elle est supposée fonder) et soucieux d'employer la syntaxe *mainstream* de la théorie de l'équilibre général et de la théorie des jeux coopératifs, Roemer [1982] a proposé une reformulation de la théorie de l'exploitation dans laquelle on compare le sort de deux groupes sociaux polaires dans deux situations sociales, l'une étant factuelle et inégalitaire et l'autre étant contrefactuelle et égalitaire. L'exploitation est alors attestée par l'amélioration du sort des *petits* et la détérioration du sort des *grands* dans l'hypothèse d'une redistribution égalitaire du bien fondamental. De là, l'exploitation féodale est mise en évidence : si la liberté formelle était accordée à tous, le serf s'en porterait mieux et le seigneur plus mal. Et l'exploitation capitaliste est ainsi démontrée : si le capital était réparti de manière égale, le salarié irait mieux et le capitaliste irait plus mal[18].

(c) Exploitation salariale et théorie du profit

Après avoir repensé l'exploitation dans les termes d'une théorie de la justice, Roemer [1996] a poursuivi ses travaux en théorie de la justice (comme égalité des opportunités) en délaissant la notion d'exploitation, arguant notamment qu'il n'est pas en soi illégitime et injuste que les salariés ne récupèrent pas tout le produit de leur travail, le profit pouvant être vu comme une *rente* à payer pour l'accès aux moyens de production. Car si le travail salarié et le capital technique sont tous deux nécessaires à la production, il pourrait être justifié qu'ils reçoivent chacun une part des fruits de leur coopération[19].

Cette objection de Roemer présente implicitement une alternative programmatique. Soit on abandonne la théorie économique en général et la notion d'exploitation en particulier, au profit d'une pure philosophie de la justice, mouvement suivi par Roemer lui-même. Soit on opère un retour théorique à la question marxienne de l'exploitation, en revisitant la

18. Roemer évoque aussi une « exploitation socialiste » attestée par le meilleur sort des non-qualifiés et le plus mauvais sort des qualifiés au cas où les qualifications seraient réparties de manière égale. Voir Arnsperger et Van Parijs [2003, p. 53-55].

19. Roemer [1996, p. 9]. Revenant sur ses recherches passées, l'auteur dit notamment : « I came to believe that it [the theory of exploitation] is not in itself a fundamental theory of (in)justice. » Ainsi détachée de la question de l'exploitation, la théorie de la justice vient alors s'attacher à la question préalable de la légitimité de la propriété bourgeoise des moyens de production.

question de la formation des revenus que sont le salaire et le profit[20], tout particulièrement dans le cadre d'une approche monétaire appuyée sur une critique de Marx et sur une reprise de Keynes. Un tel programme peut se présenter en deux moments.

Dans un premier temps, une base théorique fondamentale pourrait se trouver dans les travaux de Cartelier, qui propose une critique de la théorie de la plus-value fondée sur la contradiction de Marx à traiter la force de travail comme une « marchandise spéciale » alors même qu'il définit la marchandise comme produite par des travaux privés. En amont de la production capitaliste, Cartelier reprend aussi une critique de la théorie de la valeur travail de Marx portant sur les difficultés à traiter le caractère double du travail en division marchande des activités : la matérialisation des marchandises comme temps de travail général est à la fois la condition et le résultat de l'échange. Plus généralement encore, ces objections à Marx s'inscrivent dans un large examen critique, qui embrasse les auteurs classiques et néoclassiques : celui de la théorie de la valeur sans phrase, soit les difficultés à traiter la formation des prix relatifs fondés sur l'objectivité naturaliste d'une « nomenclature de biens »[21]. Toutes ces critiques de l'approche réelle ouvrent à la proposition d'une alternative monétaire distinguant structurellement les relations salariales des relations d'échange marchand (et des relations domestiques). La formation du profit et du salaire repose alors sur la dépendance monétaire des salariés, qui ne peuvent dépenser que ce qu'ils ont gagné, alors que les capitalistes disposent d'une capacité de dépense autonome[22].

Dans un second temps, les développements théoriques et analytiques de ce programme « salarial et monétaire » relèvent précisément des reprises post-keynésiennes de l'aphorisme de Kaldor-Kalecki : « les capitalistes gagnent ce qu'ils dépensent et les salariés dépensent ce qu'ils gagnent »[23]. Ce sont les *dépenses d'investissement et de consommation des capitalistes* (et non plus

20. Il ne s'agit pas ici de revenir au débat relatif à la transformation des valeurs en prix que relate Dostaler [1978].

21. Il est connu à propos de la théorie néoclassique [Guerrien, 1989] que les succès à expliciter la détermination statique des prix d'équilibre sont limités par les échecs à rendre compte de leur formation dynamique.

22. Voir Cartelier [2014] sur la critique de la plus-value ; et voir Cartelier [2016] sur la critique de la théorie de la valeur travail de Marx [p. 58-65], sur le rapport salarial comme relation monétaire particulière [p. 126-131] et pour une approche monétaire du profit [p. 147-150].

23. Voir Kaldor [1956] et Kalecki [1942] à propos des dépenses d'investissement et Keynes [1930] à propos des dépenses de consommation (question évoquée avec la mention de la « jarre de la veuve »).

le surtravail des salariés) qui font alors le *profit macroéconomique*[24]. Cette conception débouche normativement sur l'abandon d'une condamnation systématique du profit (en tant qu'issu de la survaleur créée par les travailleurs) et sur l'adoption d'un jugement portant sur la nature circonstancielle des dépenses des capitalistes. Ces dépenses pourront être légitimées si elles sont la contrepartie sociale d'un service extra-économique rendu aux autres ou à la collectivité, ou si elles entraînent des conséquences économiques socialement bénéfiques. En revanche, des dépenses premières du circuit économique dépourvues de justification politique ou avantageuses au seul groupe initiateur seraient condamnables.

Van de Velde écrit à ce propos que « l'exploitation capitaliste fondée sur l'investissement est évidemment plus acceptable que l'exploitation à l'ancienne [...] [à la Quesnay], puisque l'investissement est le gage de gains de productivité dont la rétrocession partielle aux classes laborieuses assure la bonne marche du système. Si la consommation des profits devait à l'avenir se substituer à l'investissement productif, l'exploitation capitaliste perdrait toute justification économique, sans grande chance de renouer avec les justifications extra-économiques, culturelles ou religieuses de l'exploitation d'ancien régime ou d'en élaborer de nouvelles[25]. » On reconnaît d'abord la légitimation des dépenses de consommation des propriétaires terriens, dont le glaive garantissait la protection des obligés aux temps féodaux ; ensuite la légitimité des dépenses d'investissement des capitalistes, sous la régulation fordiste des « trente glorieuses » ; enfin l'illégitimité des dépenses de consommation des actionnaires-rentiers, à l'époque contemporaine du capitalisme financiarisé...

En abordant les formes d'exploitation systémique, on s'est particulièrement attaché aux modes d'appropriation du travail d'autrui fondés sur une structure générale de domination sociale. Mais l'exploitation peut prendre d'autres formes que celles de la *subordination* sociale. En écartant la *coordination* marchande en cause dans l'échange structuré par la division sociale du travail, on va se concentrer sur la *coopération* organisationnelle à l'œuvre dans la production opérée comme division technique du travail. Alors que la subordination met en œuvre une exploitation asymétrique, la

24. Les décisions d'investissement et de consommation des capitalistes entraînent des « effets-dépense » similaires aujourd'hui (soit l'alimentation du profit macro dans les deux cas), mais des « effets-production » différents demain (soit l'augmentation des capacités de production dans le seul cas de l'investissement).

25. Van de Velde [2005, p. 188].

coopération présente des exploitations *a priori* symétriques, qui peuvent être équilibrées/justes ou déséquilibrées/injustes…

2. Exploitation et injustice distributives

L'exploitation comme injustice sociale peut émerger dans un *contexte distributif* de *coopération* exemplairement productive, avec deux « facteurs » associés dans l'engagement d'une production combinée et dans le partage du produit commun. Si les facteurs productifs sont des agents humains (soit typiquement des travailleurs), alors on suppose qu'ils ont des capacités égales à produire, sans aucun handicap, et que leur bien-être décroît avec la contribution productive et croît avec la rétribution consommatoire. On suppose aussi, au-delà de cette qualification utilitariste, que de tels acteurs sont autonomes, au sens où ils sont capables d'adhérer à une règle de justice, quand bien même son adoption viendrait limiter leur strict intérêt individualiste.

D'un point de vue moral ou éthique, il y a exploitation absolue (et typiquement qualitative) de chaque facteur par l'autre, au sens où chacun, en visant l'obtention d'une part de produit, mobilise l'autre comme moyen de co-produire[26]. D'un point de vue politique ou social, il y a des exploitations relatives (et possiblement quantitatives) qui peuvent se compenser ou pas : la justice tient alors à l'équilibre des exploitations mutuelles, ce qui constitue une situation légitime ; et l'injustice est identifiée par l'existence d'une exploitation « nette » ou déséquilibrée, ce qui caractérise un état illégitime.

De nombreuses règles de justice sont concevables, qui déterminent en creux une multitude de situations exceptionnelles (ou bien de règles alternatives) d'injustice. Les formules de justice posent une norme ; et les formes d'exploitation s'écartent de la norme, constituant des dérogations singulières (ou bien des déviations systématiques).

(a) Coopération productive : distribution des contributions et des rétributions

Pour proposer une présentation organisée (à défaut d'un exposé systématique) de(s) règles de justice, on va se situer dans le cadre général d'un problème de contributions associées et de rétributions interdépendantes.

26. Chaque contributeur considérant l'action de l'autre et la sienne comme des moyens d'accès au produit, il n'y a pas seulement exploitation morale de l'autre, mais aussi en quelque sorte auto-exploitation. L'individu n'est pas dans la *praxis* mais dans la *poiesis* : l'action n'est pas sa propre fin mais le moyen d'une fin extérieure.

Pour autant qu'il en coûte de prendre part *à* la production et qu'il y a intérêt à prendre une part *de* la production, le problème est étendu à la distribution des coûts et à la répartition des avantages.

Le problème complexe de la contribution-rétribution dépasse ses deux expressions simples. D'une part, le pur problème de contribution, illustré par la question du financement d'un bien public, peut donner lieu à un partage injuste des efforts avec l'exploitation comme *free riding*, soit la D(eviation)-exploitation au sens de Fleurbaey [2012][27]. D'autre part, le pur problème de rétribution, illustré par la question d'un héritage à diviser, peut occasionner un partage injuste du bien qui relève sans doute plus du vol que de l'exploitation, dans la mesure où il y a déni des droits d'appropriation de l'autre et non abus de sa contribution ou sous-rémunération de son effort.

Pour poser le problème général de la contribution-rétribution, on suppose que deux entités i et j (soit l'un k et l'autre -k) coopèrent en apportant chacune une contribution (c_i et c_j) à une oeuvre commune produite en quantité y_{ij} et en retirant chacune une rétribution (r_i et r_j) comme part du produit commun y_{ij}. Dit synthétiquement et schématiquement : « $(c_i ; c_j) \rightarrow y_{ij} \rightarrow (r_i ; r_j)$ ».

Une telle formulation quantitative du problème de coopération est adéquate à la conception linéaire et néoclassique de la « production-transformation »[28] exprimée par la fonction de production « Q = F(K ; L) », particulièrement associée aux hypothèses de rendements d'échelle constants (permettant l'épuisement du produit) et de productivités marginales décroissantes (permettant la rémunération des facteurs à leur productivité marginale).

La représentation de ce problème quantitatif de coopération repose d'abord sur une *structure objective d'opération* déterminée par une fonction de production F et une clé de répartition R, qui tiennent à deux contraintes matérielles primordiales. D'une part, il y a une contrainte de production car le rendement maximal est indépassable : en mobilisant c_i et c_j, on ne peut pas produire plus que y_{ij}. De surcroît : sous l'hypothèse de *production efficiente*, en mobilisant c_i et c_j, on va effectivement produire y_{ij} et pas moins.

27. La possibilité que deux individus jouissent d'un bien public (co-consommé mais non réparti) produit ou financé par un seul d'entre eux tient à la non-rivalité dans la consommation et à la non-exclusion par le prix.

28. La conception circulaire et classique de la « production de marchandises au moyen de marchandises » (Sraffa) débouche quant à elle sur la question de la répartition du « surproduit ». Sur l'opposition entre production-transformation et production-accroissement, voir Rebeyrol [1999, p. 38-41].

La fonction de production F exprime l'économicité (soit le non-gaspillage productif) de la technique de production : « $\mathbf{F(c_i\ ;\ c_j) = y_{ij}}$ ». D'autre part, il y a une contrainte de répartition car la somme des parts ne peut excéder la taille du gâteau : $y_{ij} \geq r_i + r_j$. De surcroît : sous l'hypothèse d'*épuisement du produit* (soit le non-gaspillage distributif), tout ce qui est produit va être réparti : « $\mathbf{y_{ij} = r_i + r_j}$ », suivant une clé de répartition R à définir.

La représentation du problème quantitatif de coopération peut ensuite être enrichie grâce à des *indicateurs subjectifs d'évaluation* des désutilités de contribution et des utilités de rétribution. Sous l'hypothèse d'utilité séparable des peines et des plaisirs, l'individu k participe d'une part à l'action commune en apportant une *contribution objective* c_k associée à une *désutilité subjective* $d_k = d_k(c_k)$; et il profite d'autre part de l'action commune en recevant une *rétribution objective* r_k associée à une *utilité subjective* $u_k = u_k(r_k)$. La satisfaction individuelle globale apparaît alors comme une utilité individuelle nette, un solde « avantages nets de coûts » $U_k = U_k(c_k\ ;\ r_k) = u_k(r_k) - d_k(c_k)$[29].

(b) Quelques ensembles de règles de justice

Quelle que soit la règle de justice en cause, son adoption suppose des parties prenantes qui ne soient pas des individus rationnels simples ou primitifs. La justice peut d'une part être le *moyen* de dénouer le conflit entre des intérêts qui doivent être modérés pour permettre une coopération satisfaisante pour l'un et pour l'autre, en écho avec la justice comme « avantage mutuel » au sens de Barry [1989] ou comme « disposition rationnelle au comportement coopératif » au sens de Gauthier [1986]. L'*homo oeconomicus* est ici équipé d'une « prudence rationnelle » nécessaire à la conclusion d'un accord exprimé comme solution axiomatique d'un problème de marchandage[30]. La justice peut d'autre part être un *impératif* que s'imposent des sujets se refusant chacun à revendiquer un traitement plus favorable que celui d'autrui, en écho avec la justice comme « impartialité » éthique au sens de Barry [1989] ou comme « équité » au sens de Rawls [1971][31].

[α] Les *justices d'égalité* (absolue ou relative) reposent sur une reconnaissance mutuelle : elles expriment un accord commun d'attribution symétrique de

29. Sans cette hypothèse d'utilité séparable, la satisfaction de l'individu k forme un tout insécable $U_k = U_k(c_k\ ;\ r_k)$ affecté négativement par c_k et positivement par r_k.

30. Voir Roemer [1996], chapitre 2.

31. La philosophie économique aristotélicienne présente une conception alternative de la justice, ici mentionnée même si elle est plus marchande que productive. La justice est alors la *fin* poursuivie par des agents volontairement engagés dans la reconnaissance mutuelle des besoins, signifiée par une discussion rhétorique établissant l'égalité analogique des avantages retirés. Voir Berthoud [1992].

droits et/ou de devoirs (absolus en égalité ou relatifs en proportion) qui sont identiques pour l'un et pour l'autre : il y a impersonnalité générale ou indifférence personnelle de la règle. Chacun consent à autolimiter son intérêt si l'autre en fait autant (condition de réciprocité)[32], ce qui permet de déterminer un accord raisonnable.

Sous la formalisation proposée, les règles de justice d'égalité absolue appliquent le principe impersonnel et inconditionnel du partage en grandeurs égales (« fifty-fifty »). À propos des variables objectives, le partage égalitariste concerne les rétributions (A1) ou les contributions si ces *inputs* sont commensurables (A2). S'agissant des variables subjectives, le partage égalitariste regarde les plaisirs (A3) ou les peines (A4), ou encore les plaisirs nets des peines si ces utilités et désutilités sont comparables (A5). Le tableau 2 explicite les formules de justice en cause, leurs conditions de possibilité et les systèmes algébriques associés.

Tableau 2. Les règles de justice égalitariste (égalité absolue)

Règle de justice (A)	Formule de justice	Hypothèse(s) nécessaire(s)	Système algébrique	Bouclage du système
A1 : « $r_i = r_j$ » (égalitarisme de partage des fruits)	« À chacun une rétribution égale »	Aucune	5 variables : c_i, c_j, y_{ij}, r_i, r_j 3 équations : F, R, A_1	Combinaison des règles A1 et A2 + détermination exogène de y_{ij}
A2 : « $c_i = c_j$ » (égalitarisme de partage des tâches)	« De chacun une contribution égale »	Homogénéité des facteurs	5 variables : c_i, c_j, y_{ij}, r_i, r_j 3 équations : A_2, F, R	
A3 : « $u_i = u_j$ » (égalitarisme des plaisirs-avantages)	« À chacun un plaisir consommatoire égal »	Comparaison interpersonnelle des utilités	9 variables : d_i, d_j, c_i, c_j, y_{ij}, r_i, r_j, u_i, u_j 7 équations : d_i, d_j, F, R, u_i, u_j, A_3	Détermination exogène de c_i et de c_j
A4 : « $d_i = d_j$ » (égalitarisme des peines-coûts)	« De chacun une peine productive égale »	Comparaison interpersonnelle des désutilités	9 variables : d_i, d_j, c_i, c_j, y_{ij}, r_i, r_j, u_i, u_j 7 équations : d_i, d_j, A_4, F, R, u_i, u_j	Détermination exogène de r_i et de r_j
A5 : « $U_i = U_j$ » (égalitarisme des avantages nets de coûts)	« Pour chacun une satisfaction synthétique égale »	Comparaison interpersonnelle des utilités et des désutilités (CIPU)	11 variables : d_i, d_j, c_i, c_j, y_{ij}, r_i, r_j, u_i, u_j, U_i, U_j 9 équations : d_i, d_j, F, R, u_i, u_j, U_i, U_j, A_5	Max U_k par rapport à c_k

32. Sur cette condition de réciprocité, voir Cordonnier [1997, p. 23-25].

On peut proposer trois commentaires à propos du bouclage de ces règles égalitaristes. Primo, la combinaison des deux règles égalitaristes en contribution (A2) et en rétribution (A1) constitue une règle égalitariste synthétique (A12) de participation identique aux efforts et au partage de leurs fruits. Deuxio, le bouclage pertinent pour la règle (A3) opère par le choix exogène de c_i et de c_j, qui détermine en amont d_i et d_j et en aval y_{ij}, divisée en parts r_i et r_j en sorte que $u_i = u_j$. Le bouclage alternatif « Max u_k » susciterait trivialement des contributions maximales. Symétriquement, le bouclage pertinent pour la règle (A4) opère par le choix exogène de r_i et de r_j, qui détermine en aval u_i et u_j et en amont y_{ij}, produite par c_i et c_j en sorte que $d_i = d_j$. Le bouclage alternatif « Min d_k » livrerait trivialement des rétributions nulles. Tertio, la règle d'égalité des utilités synthétiques (A5) peut être spécifiée par la détermination de « l'optimum égalitariste »[33], qui distingue l'égalité des utilités synthétiques *au plus haut niveau* par l'ajout des deux conditions d'optimalité parétienne, soit la double égalité (k = i, j) entre la désutilité à produire une quantité Δx_k de bien en plus ($[\Delta d_k / \Delta c_k] / [\Delta x_k / \Delta c_k]$) et l'utilité à consommer cette quantité Δx_k de bien supplémentaire ($\Delta u_k / \Delta x_k$)[34].

Sous la formalisation proposée, les règles de justice d'égalité relative appliquent le principe impersonnel des égalités de rapports pour l'un et pour l'autre. S'ensuivent (6x5)/2 = 15 règles possibles, parmi lesquelles on distingue, en raison de leur pertinence interprétative, quatre règles de répartition du produit (B1 à B4) et une règle simple rapportant plaisirs et peines (B5). Le tableau 3 explicite les formules de justice, leurs conditions et leur expression algébrique.

On peut proposer deux commentaires à propos du bouclage de ces règles proportionnelles. Primo, pour les quatre premières règles, la donnée exogène de c_i et de c_j détermine y_{ij} en aval, et de plus d_i et d_j en amont pour B3 et pour B4. La détermination des parts de produit en découle pour les quatre règles, avec de plus une détermination des utilités par les parts sous B3 et une codétermination entre parts et utilités sous B4. Secundo, pour la dernière règle, le bouclage par la prédétermination de c_i et de c_j est aussi possible, mais il ne garantit pas l'optimalité ; alors que les deux contributions peuvent être optimisées dans la poursuite du plus grand ratio commun « plaisir consommatoire sur peine productive ».

33. Voir Mas-Colell *et al.* [1995, p. 838-846] et Roemer [1996, p. 72-78].

34. Pour chacun, la désutilité marginale de l'effort rapportée à la productivité marginale de l'effort doit égaler l'utilité marginale des fruits de l'effort. Sans cette double condition, on pourrait augmenter l'utilité synthétique de k sans diminuer l'utilité synthétique de -k, ce qui constituerait un cas de sous-optimalité parétienne.

Tableau 3. Les règles de justice proportionnelle (égalité relative)

Règle de justice (B)	Formule de justice	Hypothèse(s) nécessaire(s)	Système algébrique	Bouclage du système
B1 : « $c_i/c_j = r_i/r_j$ » (rémunération au prorata de l'engagement productif)	« À chacun selon (la quantité de) son travail »	Homogénéité des facteurs (ex. : deux travailleurs)	5 variables : c_i, c_j, y_{ij}, r_i, r_j 3 équations : B_1, F, R	Prédétermination des contributions c_i et c_j
B2 : « $P(c_i)/P(c_j) = r_i/r_j$ »[35] (rémunération au prorata de l'efficacité productive)	« À chacun selon (la productivité de) son travail »	Homogénéité des facteurs (ex. : deux travailleurs)	5 variables : c_i, c_j, y_{ij}, r_i, r_j 3 équations : B_2, F, R	Prédétermination des contributions c_i et c_j
B3 : « $d_i/d_j = r_i/r_j$ » (rémunération au prorata de la désutilité productive)	« À chacun selon (la peine de) son travail »	Comparaison interpersonnelle des désutilités	9 variables : d_i, d_j, c_i, c_j, y_{ij}, r_i, r_j, u_i, u_j 7 équations : d_i, d_j, F, R, u_i, u_j, B_3	Prédétermination des contributions c_i et c_j
B4 : « $u_i/u_j = r_i/r_j$ » (rémunération au prorata de la satisfaction consommatoire)	« À chacun selon (le plaisir de) sa consommation »	Comparaison interpersonnelle des utilités	9 variables : d_i, d_j, c_i, c_j, y_{ij}, r_i, r_j, u_i, u_j 7 équations : d_i, d_j, F, R, u_i, u_j, B_4	Prédétermination des contributions c_i et c_j
B5 : «$u_i/d_i = u_j/d_j$» (égalité des rapports plaisirs sur peines)	« À chacun un même ratio (maximal) utilité / désutilité »	Utilités (et désutilités) cardinales	9 variables : d_i, d_j, c_i, c_j, y_{ij}, r_i, r_j, u_i, u_j 7 équations : d_i, d_j, F, R, u_i, u_j, B_5	Max (u_k/d_k) par rapport à c_k et par rapport à c_{-k}

[β] À la différence des justices d'égalité, la *justice supérieure* repose sur la constitution volontaire et partagée d'un intérêt supra-individuel. Pour les règles visant le plus grand produit (C1) ou la plus grande efficacité productive (C2), l'intérêt supérieur tient à la production commune et est indifférent à la répartition du produit. Pour les règles benthamienne[36] (C3) et nashienne[37] (C4), la promotion de l'intérêt supérieur détermine indirectement les contributions et les rétributions individuelles (différentes pour des individus différents). L'intérêt supérieur procède ainsi des intérêts individuels mais les

35. On envisage cette règle B2 sous la modalité simple de la productivité moyenne : ainsi, $P(c_i) = y_{ij} / c_i$. Il s'ensuit que B2 donne $(y_{ij} / c_i) / (y_{ij} / c_j) = c_j / c_i = r_i / r_j$.

36. Voir Mas-Colell *et al.* [1995, p. 838-846] et Roemer [1996, chapitre 4].

37. Voir Mas-Colell *et al.* [1995, p. 838-846] et Roemer [1996, p. 53-61].

dépasse, qu'il soit défini comme somme des utilités (C3) ou comme produit des utilités (C4).

Tableau 4. Les règles de justice supérieure

Règle de justice (A)	Formule de justice	Hypothèse(s) nécessaire(s)	Système algébrique	Bouclage du système
C1 : « Max y_{ij} » (Maximum productiviste)	« Pour la production la plus grande »	Aucune	5 variables : c_i, c_j, y_{ij}, r_i, r_j 4 équations : $c_i = c_{imax}$, $c_j = c_{jmax}$, F, R	Fixation d'une part (r_i ou r_j) ; ou choix d'une règle de répartition (A1 ou B1)
C2 : « Max $P(c_k)$ » (Maximum d'efficacité productive)	« Pour la productivité (moyenne) la plus grande »	Aucune[38]	5 variables : c_i, c_j, y_{ij}, r_i, r_j 4 équations : $P'(c_i)=0$, $P'(c_j)=0$, F, R	Fixation d'une part (r_i ou r_j) ; ou choix d'une règle de répartition (A1 ou B1)
C3 : « Max $U = U_i+U_j$ » (Optimum utilitariste)	« Pour la somme des utilités la plus grande »	Comparaison interpersonnelle des utilités (CIPU)	12 variables : d_i, d_j, c_i, c_j, y_{ij}, r_i, r_j, u_i, u_j, U_i, U_j, U 9 équations : d_i, d_j, F, R, u_i, u_j, U_i, U_j, C_2	Max U par rapport à c_i, c_j et r_k
C4 : « Max PN = $U_i U_j$ » (Solution de Nash)[39]	« Pour le produit des utilités le plus grand »	Utilités cardinales (avec origine absolue)	12 variables : d_i, d_j, c_i, c_j, y_{ij}, r_i, r_j, u_i, u_j, U_i, U_j, NP 9 équations : d_i, d_j, F, R, u_i, u_j, U_i, U_j, C_3	Max PN par rapport à c_i, c_j et r_i ou r_j (NB : le choix de ces 3 variables détermine la valeur de la 4e : $r_j = F(c_i ; c_j) - r_i$.)

Les règles de justice *supérieure* soutenant une certaine conception de la production collective ou de l'utilité globale, elles expriment un bien social supra-individuel. Mais sont-elles bien des règles de *justice* sociale, et pas simplement des règles d'efficacité sociale ou de bien-être social ? En fait, on peut défendre qu'il s'agit encore de règles de justice, au sens minimal où le « principe d'égalité de traitement » est respecté : chacun participe également au bien supérieur poursuivi. Sous C1 et C2, les facteurs sont parfaitement symétriques, à la différence de la situation de l'entreprise capitaliste qui

38. L'obtention de résultats non dégénérés demande des rendements factoriels croissants puis décroissants.

39. Le produit de Nash (PN) s'entend usuellement comme produit des gains d'utilité et la solution associée ne demande pas de zéro absolu. Ici il se comprend comme produit des utilités et la solution correspondante exige un zéro absolu. Voir Fleurbaey [1996, p. 187-188] et Giraud [2000, p. 188-193].

donne à voir une domination du capital sur le travail[40]. Et sous C3 et C4, les individus comptent ou pèsent autant l'un que l'autre, à la différence de règles asymétriques du type Max $\{\alpha U_i + \beta U_j\}$[41] ou Max $\{U_i^{\alpha} U_j^{\beta}\}$ (avec $\alpha \neq \beta$)[42].

Au-delà, on pourrait aussi avancer que les règles de justice supérieure sont simplement « justes » au sens de normativement « bonnes », un sens général que Van Parijs [1991] mobilise pour subsumer les valeurs dominantes possibles qui seraient le bonheur pour les utilitaristes, l'égalité pour les marxistes et pour les rawlsiens, la liberté pour les libertariens[43]. On dira alors que les règles de justice d'égalité et les règles de justice supérieure sont toutes justes au sens où elles posent toutes un idéal normatif ; mais que seules les premières sont justes au sens où elles mettent en avant une conception forte de l'égalité sociale. Les règles de justice supérieure, quant à elles, promeuvent avant tout le bonheur matériel, associé à la richesse objective ou entendu comme bien-être subjectif.

(c) Vers quatre pôles de règles de justice

La diversité des règles de justice peut troubler, d'autant que cette pluralité se déploie sur plusieurs dimensions. Il y a les règles qui sont incomplètes (A1, A2, C1, C2...) et celles qui sont complètes (A5, C3, C4...) ; il y a les règles qui sont complémentaires (A1 et A2 sont combinables en A12) et celles qui sont substituables (B1 et B2 sont contradictoires), etc.

Il est cependant possible de réduire cette diversité en quatre pôles, en croisant essentiellement les deux oppositions entre objectivisme (physique) et subjectivisme (welfariste) d'une part et entre justice d'égalité et justice supérieure (valeur de prospérité ou d'efficacité)[44] d'autre part. Subsidiairement, on présentera deux déclinaisons de chaque pôle, l'une d'expression absolue et l'autre d'expression relative.

---

40. L'asymétrie capital-travail n'est cependant pas reconnue par la tradition néoclassique, dans laquelle prévaut « the Walrasian equivalence of worker-run or capitalist-run firms » [Bowles, 2004, p. 483].

41. Binmore [2011, p. 27-33] introduit ainsi la notion de *social indices* dans la solution utilitariste.

42. Il s'agit de la solution de Nash « généralisée » d'Harsanyi et Selten [1972].

43. À la question « Qu'est-ce qu'une société juste ? » (entendons : qu'est-ce qu'une bonne société ?), les philosophies politiques contemporaines répondent diversement : une société heureuse, ou égale, ou libre...

44. On rapproche efficacité et prospérité sur la base de la causalité smithienne posant la puissance productive du travail (augmentée par la division du travail) comme source de la richesse des nations.

Tableau 5. Une carte synthétique des principales règles de justice

	Objectivisme		Subjectivisme	
	Absolu (en nombre)	Relatif (en ratio)	Absolu (= avec CIPU)	Relatif (= sans CIPU)
Justice supérieure	Productivisme Max y_{ij} (C1)	Efficientisme Max $P(c_k)$ (C2)	Utilitarisme Max $U = U_i+U_j$ (C3)	Sol. de Nash Max $PN = U_i U_j$ (C4)
Justice d'égalité	Égalitarisme (objectif) $r_i = r_j$ et $c_i = c_j$ (A12)	Proportionnalisme (objectif) $c_i/c_j = r_i/r_j$ (B1)	Égalitarisme (welfariste) $U_i = U_j$ (A5)	Proportionnalisme (welfariste) $u_i/d_i = u_j/d_j$ (B5)

(d) Trois formes d'exploitation distributive : anomique, statutaire et mystificatrice

Si la règle de justice adoptée détermine la norme de rétribution et/ou de contribution légitime(s), alors l'exploitation est mise en évidence comme écart (singulier ou systématique) à la norme, l'exploiteur [respectivement l'exploité] recevant plus [respectivement moins] que son droit de juste rétribution et/ou livrant moins [respectivement plus] que son devoir de juste contribution. Trois formes d'exploitation seraient alors concevables, en regard des formules de justice…

Première configuration : « cas particulier injuste *vs* règle générale juste ». On pourrait parler d'*exploitation anomique*[45] ou opportuniste, soit l'écart singulier à la norme générale supposée valide. L'exploitation apparaît ici comme un cas de déviation irrégulière, une exception ponctuelle à la règle de justice retenue, qui peut être quelconque.

L'exploitation anomique peut donc s'incarner de multiples manières, qu'on présente ci-dessous (pour quelques règles prépondérantes) dans la configuration d'une exploitation de j par i, en reconnaissant les valeurs effectives par un astérisque et en identifiant les valeurs idéales par la mention (en exposant) de la règle considérée :

– Écart à la norme productiviste : $c_i^* < c_i^{C1}$ et $c_j^* > c_j^{C1}$ (ou $c_j^* = c_j^{C1}$ si $c_j^{C1} = c_{jmax}$), soit une sous-contribution de l'exploiteur et une sur-contribution de l'exploité.

– Écart à la norme de contribution égalitariste : $c_i^* < c_i^{A2} = c_j^{A2} < c_j^*$, soit une sous-contribution de l'exploiteur et une sur-contribution de l'exploité.

45. Voir Boudon et Bourricaud [1982, p. 27-31].

– Écart à la norme de rétribution égalitariste : $r_i^* > r_i^{A1} = r_j^{A1} > r_j^*$, soit une sur-rétribution de l'exploiteur et une sous-rétribution de l'exploité.

– Écart à la norme utilitariste : $U_i^* > U_i^{C3}$ et $U_j^* < U_j^{C3}$, soit une sur-satisfaction pour l'exploiteur et une sous-satisfaction pour l'exploité.

– Écart à la norme égalitariste (welfariste) : $U_i^* > U_i^{A5} = U_j^{A5} > U_j^*$, soit une sur-satisfaction pour l'exploiteur et une sous-satisfaction pour l'exploité.

Deuxième configuration : « règle de justice asymétrique *vs* règle de justice symétrique ». On pourrait parler d'*exploitation statutaire*, soit l'exploitation transparente et régulière fondée sur une règle hiérarchique traitant différemment les êtres selon leur rang (ou leur poids social). La règle égalitaire associée vient alors dénoncer comme illégitime ou condamner comme cynique l'injustice du traitement systématiquement différencié des personnes (selon leur naissance).

L'exploitation statutaire peut alors s'incarner de plusieurs façons :

– Soit la règle (⅂A12) opposant une classe de non-travailleurs ($c_i = 0$) et une classe de travailleurs ($c_j = c_{jmax}$), les exploités recevant une part du produit correspondant au minimum de subsistance ($r_j = r_{jmin}$) et les exploiteurs s'appropriant le surplus ($r_i = y_{ij} - r_{jmin} > r_j$). On décrit ainsi une société inégalitaire d'exploitation à la Marx[46], dénoncée par le contre-modèle d'une société égalitaire sans exploitation qui pourrait correspondre à la règle égalitariste A12 : $c_i^{⅂A12} < c_i^{A12} = c_j^{A12} < c_j^{⅂A12}$ et $r_i^{⅂A12} > r_i^{A12} = r_j^{A12} > r_j^{⅂A12}$ (exploitation en contribution et en rétribution).

– Soit la règle (⅂C3) posant $\text{Max } U = \alpha U_i + \beta U_j$, avec $\alpha > \beta$[47]. On décrit ainsi une société hiérarchique « ante-utilitariste » dénoncée par l'idéal moderne d'une société d'équivalence individuelle exprimée par la règle utilitariste d'équipondération C3 : $U_i^{⅂C3} > U_i^{C3}$ et $U_j^{⅂C3} < U_j^{C3}$ (exploitation en satisfaction).

– Soit la règle (⅂A5) posant $U_i / \alpha = U_j / \beta$, avec $\alpha > \beta$[48]. On décrit ainsi une société hiérarchique « ante-égalitariste » dénoncée par l'idéal moderne d'une société d'équivalence individuelle exprimée par la règle égalitariste d'équipondération A5 : $U_i^{⅂A5} > U_i^{A5} = U_j^{A5} > U_j^{⅂A5}$ (exploitation en satisfaction).

46. La relation i/j peut correspondre aux rapports maître/esclave, seigneur/serf et bourgeois/prolétaire.

47. Voir Binmore [2011, p. 29-31].

48. Voir Binmore [2011, p. 31-33].

Troisième configuration : « règle faussement juste *vs* règle authentiquement juste ». On pourrait parler d'*exploitation mystificatrice,* soit l'exploitation opaque et régulière fondée sur une règle de mauvaise ou fausse justice que vient contester ou critiquer une (autre) règle de bonne ou vraie justice, dans une situation d'antinomie.

L'exploitation mystificatrice peut s'incarner de différentes façons. Mais d'abord les règles de justice peuvent être discutées et s'opposer en matière de conditions générales : Est-il pertinent de raisonner en utilités subjectives ou pas ? Est-il indiqué de considérer la justice supérieure ou la justice d'égalité ? Ensuite les règles de justice peuvent se disputer au sujet de leurs spécifications particulières. Si l'on se concentre sur la famille des règles établies en termes objectivistes et fondées sur une justice d'égalité, trois règles particulières peuvent se dénoncer en cascade comme faussement justes et génératrices d'exploitation. En premier lieu : alors que la règle d'égalitarisme rétributif (A1) écarte les contributions productives pour déterminer les parts de produit, la règle de rétribution en proportion des contributions (B1) dénonce le partage égalitaire aveugle aux participations productives et dévoile l'injustice cachée de la règle égalitariste : ainsi le partage du produit proportionnel aux quantités de travail exclut l'exploitation du trimeur assidu et laborieux par le *free rider* buissonnier et oisif. En second lieu : alors que la règle de rétribution B1 est fondée sur les quantités de facteur et insensible à l'efficacité de chaque facteur, la règle de rétribution B2 s'appuie sur la productivité de chaque facteur pour déterminer sa part de produit, l'antinomie s'exprimant par des prescriptions de ratio de rétributions (r_i/r_j) inverses : c_i/c_j sous B1 et c_j/c_i sous B2.

(e) Conclusion : Comportements d'exploitation et systèmes d'exploitation

Les trois formes d'exploitation distributive distinguées (anomique et individuelle, statutaire et hiérarchique, mystificatrice et pseudo-juste) ne se situent pas sur le même plan conceptuel et n'opèrent pas dans le même contexte social.

L'exploitation anomique correspond à l'action opportuniste d'un *free rider* ayant intérêt à dévier de la règle courante. Ce comportement constitue une expression particulière et occasionnelle du principe néoclassique général de rationalité individualiste. La dénonciation de l'exploitation anomique pourrait opérer sur le plan moral ou politique, la règle s'imposant pour elle-même (Kant) ou par sa vertu d'organisation sociale (Rousseau). Le comportement conséquentialiste de passager clandestin n'est pas sensible à ces injonctions d'obéissance autonome ; mais il peut être affecté si un dispositif d'*enforcement* impose une pénalité à la déviation vis-à-vis de la loi, ou si la généralisation de ce comportement entraîne un « défaut de coopération » (exprimé par la configuration du dilemme du prisonnier)[49] signifiant le retournement général de l'intérêt individualiste contre lui-même.

Bien plus socialement déterminée et structurée que l'exploitation anomique, l'exploitation statutaire renvoie au phénomène hiérarchique, qui caractérise selon Dumont [1977] les sociétés pré-modernes à idéologie holiste, dont le féodalisme constitue une incarnation majeure. La dénonciation de l'exploitation statutaire consiste à opposer au principe traditionnel de la hiérarchie le principe moderne de l'égalité. Cette critique égalitaire de l'exploitation hiérarchique implique donc deux univers idéologiques structurellement opposés et historiquement successifs, puisqu'il est question de la contestation substitutive d'un ordre ancien par une vision moderne appelée à façonner l'organisation sociale à venir.

Si l'exploitation statutaire est révélée dans le cadre d'une dispute opposant l'univers hiérarchique et l'univers égalitaire, l'exploitation mystificatrice est saisie dans le contexte d'une dispute interne à l'univers moderne de l'égalité : la fausse justice est dénoncée par la vraie justice[50], dans l'ordre de la pensée critique voire dans la perspective de la transformation sociale. Une telle situation de conflit entre deux justices est crucialement présentée par le capitalisme tel qu'il est analysé par Marx [1867], avec une règle de rémunération salariale à la valeur coûtée par la force de travail différente de la règle de rétribution à la valeur créée par le travail[51]. Les deux règles contradictoires sont concevables, et c'est le rapport de force favorable à la « classe dominante » qui impose l'effectivité de la première règle, laquelle permet la formation d'une plus-value productive réalisée comme profit marchand.

Si l'exploitation anomique se manifeste comme un *comportement d'exploitation* qui est occasionnel et opportuniste, les exploitations statutaire(s) et mystificatrice(s) relèvent de *systèmes d'exploitation* tels le féodalisme et le capitalisme. L'intérêt effectif et le « bon droit » des dominants prévalent alors en s'imposant par la force répressive et/ou par la conviction idéologique, sur les corps et/ou dans les esprits des dominés...

---

49. Voir Cordonnier [1997, chapitre 3].

50. L'idéologie n'est plus alors une vision du monde social exprimant les valeurs propres d'une société [Dumont, 1977], mais une représentation orientée justifiant l'intérêt de la classe dominante et assurant la reproduction de la soumission au moyen d'appareils répressifs et idéologiques d'État [Althusser, 1970].

51. Sur le droit du travailleur au fruit de son travail, voir Arnsperger et Van Parijs [2003, p. 50-51].

Bibliographie

Althusser, L. [1970], « Idéologie et appareils idéologiques d'État », *La Pensée*, n° 151.

Aristote [1990], *Éthique à Nicomaque*, traduction J. Tricot, Paris : Vrin, coll. « Bibliothèque des textes philosophiques » (première édition en 1959).

Aristote [1977], *Le Politique*, traduction J. Tricot, Paris : Vrin, coll. « Bibliothèque des textes philosophiques » (première édition en 1962).

Arnsperger, Ch. et Van Parijs, Ph. [2003], *Éthique économique et sociale*, Paris : La Découverte.

Barry, B. [1989], *Theories of Justice*, vol. 1, University of California Press.

Berthoud, A. [2002], *Essais de philosophie économique*, Villeneuve-d'Ascq, Presses universitaires du Septentrion.

Berthoud, A. [1992], « Marché rencontre et marché mécanique », *Cahiers d'économie politique*, n° 20-21, p. 167-186.

Binmore, K. [2011], *Natural justice*, Oxford: Oxford University Press.

Boudon, R. et Bourricaud, F. [1982], *Dictionnaire critique de la sociologie*, Paris : PUF, coll. « Quadrige ».

Bowles, S. [2004], *Microeconomics: behavior, institutions and evolution*, New York: Russell Sage Foundation.

Cartelier, J. [2016], *L'intrus et l'absent. Essai sur le travail et le salariat dans la théorie économique*, Paris : Presses universitaires de Paris Ouest, coll. « Essais économiques ».

Cartelier, J. [2014], « Marx et la critique de l'économie politique : une appréciation critique », in Tricou F. et Leeman D. (dir.), *Économie, mathématique et histoire. Hommage à Christian Bidard*, Paris : Presses universitaires de Paris Ouest, p. 153-164.

Cordonnier, L. [1997], *Coopération et réciprocité*, Paris : PUF, coll. « Sociologies ».

Cordonnier, L. et Van de Velde, Franck [2009], « Pauvreté et exploitation dans une économie d'abondance : un point de vue keynésien », in Berthoud A.,

Lengaigne B. et Mardellat P. (dir.), *Figures et énigme de la pauvreté*, Villeneuve-d'Ascq, Presses universitaires du Septentrion, p. 119-141.

Demade, J. [2007], « Du prélèvement à la ponction : temps du prélèvement et marché des denrées », in Bourin M. et Martinez Sopena P. (dir.), *Pour une anthropologie du prélèvement seigneurial dans les campagnes médiévales (XIe-XIVe siècles) : les mots, les temps, les lieux*, Paris : Publications de la Sorbonne, p. 321-342.

Dostaler, G. [1978], *Valeur et prix. Histoire d'un débat*, Grenoble : PUG.

Duby, G. [1978], *Les trois ordres ou l'imaginaire du féodalisme*, Paris, Gallimard-NRF, coll. « Bibliothèque des Histoires ».

Dumont, L. [1977], *« Homo aequalis » : genèse et épanouissement de l'idéologie économique*, Paris : Gallimard-NRF.

Fleurbaey, M. [2012], « The facets of exploitation », *FMSH-WP*, n° 11, May.

Fleurbaey, M. [1996], *Théories économiques de la justice*, Paris : Economica.

Gauthier, D. [1986], *Morals by agreement*, Oxford: Oxford University Press.

Giraud, G. [2000], *La théorie des jeux*, Paris : Flammarion, coll. « Champs Université ».

Grenouilleau, O. [2014], *Qu'est-ce que l'esclavage ? Une histoire globale*, Paris : Gallimard.

Guerrien, B. [1989], *Concurrence, flexibilité et stabilité*, Paris : Economica.

Harsanyi, J.C. et Selten, R. [1972], « A generalized Nash solution for two-person bargaining games with incomplete information », *Management Science*, 18, p. 80-106.

Kaldor, N. [1956], « Alternative Theories of Distribution », *Review of Economic Studies*, vol. 23, n° 2, p. 83-100.

Kalecki, M. [1942], « A theory of profits », *Economic Journal*, 52, June-September, p. 258-267.

Keynes, J.M. [1930], « A treatise on money: the pure theory of money ». Reprint in 1971 : *The collected writings of John Maynard Keynes*, vol. V. London: Macmillan.

Larrère, C. et R. [1997], *Du bon usage de la nature. Pour une philosophie de l'environnement*, Paris : Aubier, coll. « Alto ».

Marmursztejn, E. [2016], *Le baptême forcé des enfants juifs. Question scolastique, enjeu politique, échos contemporains*, Paris : Les Belles Lettres.

Marx, K. [1867], *Le Capital*, Livre 1, édition française, Paris, PUF, 2009.

Mas-Colell, A., Whinston, M.D. et Green, J.R. [1995], *Microeconomic theory*, Oxford: Oxford University Press.

Rawls, J. [1971], *A theory of justice*, Cambridge, MA: Harvard University Press.

Rebeyrol, A. [1999], *La pensée économique de Walras*, Paris : Dunod, coll. « Théories économiques ».

Roemer, J.E. [1996], *Theories of distributive justice*, Cambridge, MA: Harvard University Press.

Roemer, J.E. [1982], *A general theory of exploitation and class*, Cambridge, MA: Harvard University Press.

Sen, A. [2009], *The idea of justice*, Cambridge, MA: The Belknap Press of Harvard University Press.

Smith, A. [1776], *La richesse des nations*. Réédition de la traduction française de G. Garnier, Paris : GF-Flammarion, 2 tomes, 1991.

Sugden, R. [1991], « Rational choice: a survey of contributions from economics and philosophy », *Economic Journal*, 101, p. 751-785.

Van de Velde, F. [2005], *Monnaie, chômage et capitalisme*, Villeneuve-d'Ascq, Presses universitaires du Septentrion.

Van Parijs, Ph. [1991], *Qu'est-ce qu'une société juste ?*, Paris : Seuil, coll. « La couleur des idées ».

JUSTICE ACQUISITIVE, LIBERTÉ NÉGATIVE ET EXPLOITATION : LE LIBERTARISME EST-IL COHÉRENT ?

Christian Lazzeri[1]

Le libéralisme classique n'a que peu abordé théoriquement la question de l'exploitation économique ; à l'inverse, le libertarisme (de droite comme de gauche) tente de rendre compte de ce phénomène à partir du concept central de liberté négative. Une telle option théorique tend à mettre en valeur l'asymétrie entre les libres transactions marchandes et la coercition exercée par des groupes sociaux ou par l'État qui représente la seule définition possible du concept d'exploitation. Au plan normatif, les principes libertariens de justice acquisitive constituent tout à la fois la justification de l'inégalité de la propriété et de l'échange marchand et le principe d'une critique de l'exploitation. L'article interroge la possibilité de construire un concept d'exploitation consistant au moyen des concepts de liberté négative et de justice acquisitive.

Acquisitive justice, negative freedom and exploitation: Is libertarianism coherent?

Classical liberalism has only theoretically touched on the question of economic exploitation. On the contrary, libertarianism (right and left) tries to account for this phenomenon from the central concept of negative freedom. Such a theoretical option tends to highlight the asymmetry between free market transactions and the coercion exercised by social groups or by the State, which represents the only possible definition of the concept of exploitation. At the normative level, the libertarian principles of acquisitive justice constitute both the justification for the inequality of property, market exchange and the principle of a critique of exploitation. The article questions the possibility of constructing a concept of exploitation consisting of the concepts of negative freedom and acquisitive justice.

Mots clés : libertarisme, liberté négative, justice acquisitive, exploitation, coercition, propriété, marché.

Keywords: libertarianism, negative freedom, acquisitive justice, exploitation, coercion, property, market.

Codes JEL : D31, D63, D86, J01, J21, J41, P1, P14, P26

1. Université de Paris Nanterre, Sophiapol.

Il ne semble pas déplacé de soutenir que la tradition philosophique libérale n'a pas manifesté un intérêt théorique et politique majeur concernant le phénomène de l'exploitation, au moins dans le cadre de la sphère économique. Si cette tradition s'est fondamentalement attachée à la défense des droits politiques et des droits civils, dont celui de la propriété, elle semble plutôt opter pour la thèse selon laquelle il n'y a pas de rapport nécessaire entre la propriété privée des moyens de production et l'exploitation du travail et elle peut même aller jusqu'à soutenir que l'exploitation ne saurait d'ailleurs se réduire à ce type de rapport social car il existe, dans les relations sociales, bien d'autres formes d'exploitation située à l'extérieur de la sphère économique. On ne saurait contester le bien-fondé de cet élargissement du concept, mais la reconnaissance de cette prétention n'implique pas que l'on renonce à demander à la tradition libérale de se prononcer sur la question de la pertinence du concept d'exploitation au sein des rapports économiques. Il y a cependant peu de réponses à espérer du côté des représentants du libéralisme classique, notamment les théoriciens égalitaristes libéraux, chez lesquels la question de l'exploitation n'est pratiquement pas abordée : on trouve, dans l'œuvre de Rawls, une seule mention de la question de l'exploitation dans la seconde partie de *Théorie de la justice* [Rawls, 1986, § 47] lorsqu'il aborde la question de la concurrence faussée par l'existence de cartels et une discussion du concept marxien d'exploitation dans ses *Lectures on the history of political philosophy* [Rawls, 2007, p. 319 sqq. ; 2003, p. 204, 240][2]. Mais la question semble absente des écrits d'autres théoriciens comme Ronald Dworkin, Brian Barry, Thomas Scanlon, ou Will Kymlycka qui ne l'aborde qu'incidemment, dans son livre sur la *Théorie de la justice*, dans le chapitre qu'il consacre au marxisme [Kymlicka, 1999, p. 190 sqq.].

On pourrait penser qu'il en va de même dans les œuvres de nombre d'auteurs libertariens, qu'ils se rattachent au courant du libertarisme de droite ou à celui du libertarisme de gauche, dans la mesure où leur thèse sur la propriété de soi, la valeur absolue du consentement individuel, la promotion de l'autonomie personnelle et de la responsabilité des choix, la négation des obligations interpersonnelles, la déduction des droits civils et politiques, ainsi que la production d'une théorie des institutions, semblent *a priori* orienter la doctrine vers un traitement exclusif des questions morales et politiques. On négligerait cependant ainsi le fait que le libertarisme ne se réduit pas à une théorie politique, mais qu'il s'agit plutôt « d'une théorie économique de la justice qui a des conséquences politiques » [Gharbi et Sambuc, 2011, p. 2]. Sa conception de la justice

2. Sur la discussion de la critique marxienne du libéralisme, voir Rawls [2003, p. 204, 240, sqq.].

acquisitive (cf. *infra*) de la propriété privée égale ou inégale à partir d'une situation initiale d'acquisition des ressources naturelles, son intérêt pour la production des richesses, sa valorisation du marché et des accords contractuels, son attention aux questions de redistribution, sa conception de la coercition, ses analyses du rôle économique de l'État conduisent en réalité les auteurs libertariens, de droite comme de gauche, à traiter de la question de l'exploitation sous plusieurs de ces aspects. Sans doute le concept d'exploitation n'occupe-t-il pas une place centrale dans la théorie libertarienne[3], mais il représente cependant une manière intéressante d'interroger sa conception de la liberté car il permet de se demander si le concept central de « liberté négative » (cf. *infra*) au cœur du libertarisme permet de rendre compte de l'exploitation, ce qui revient à « tester » la valeur et les éventuelles limites de son pouvoir explicatif.

Il n'existe pas de théorie unifiée de l'exploitation transversale aux différents courants du libertarisme et celui-ci ne présente qu'une pluralité de conceptions qui se distribuent de part et d'autre de la ligne de partage qui distingue le libertarisme de droite du libertarisme de gauche. La distinction entre les deux courants de la doctrine se fonde sur une différence de conception des rapports entre la propriété de soi et celle des ressources extérieures, ainsi que sur les conséquences qui en découlent en termes de quantité d'appropriation de ces dernières, qui mesure le degré de liberté négative des individus. Cette différence de conception se fonde à son tour sur le recours à différents principes de justice acquisitive des ressources extérieures, ce qui permet de définir l'exploitation de manière normative en différenciant son contenu en fonction des principes de justice adoptés.

Cet article se propose d'évaluer la cohérence du rapport entre liberté négative, justice acquisitive et exploitation au sein des deux variantes du libertarisme et se limite à cette dimension purement critique. Il procède, pour ce faire, à une définition préliminaire du concept d'exploitation destinée à montrer quelles propriétés du concept sélectionnent les auteurs libertariens (1). Il expose ensuite les concepts de liberté négative, de droit de propriété, de justice acquisitive et d'exploitation du libertarisme de droite (2) et de gauche (3) dont il examine la validité. Deux remarques préliminaires sont cependant nécessaires : la première est que nombre d'auteurs recourent à des concepts tirés du libertarisme (propriété de soi, liberté négative, justice acquisitive, taxe sur l'utilisation des ressources naturelles, etc.) en les combinant avec

3. Il n'existe ainsi aucune entrée « Exploitation » dans l'*Encyclopedia of libertarianism* de Ronald Hamowy [Hamowy, 2008].

d'autres cadres théoriques comme celui du marxisme analytique (Gerald Cohen) ou de la justice distributive et des capabilités (Philippe van Parijs). On a cependant choisi dans cette contribution de s'en tenir uniquement à ce qu'on peut appeler un libertarisme « strict ». La seconde est que, lorsqu'on parle de « libertarisme » ou de « libertariens » sans autre spécification, on renvoie indifféremment aux libertariens de droite et de gauche du point de vue des caractéristiques communes de la doctrine.

1. Une esquisse de définition du concept d'exploitation

On peut considérer que le concept d'exploitation comporte, sans que cela soit limitatif, au moins trois propriétés centrales : la première concerne l'existence d'un rapport inégal entre l'exploiteur et l'exploité, la deuxième concerne la modalité d'existence de ce rapport et la troisième concerne sa qualification normative ou non normative[4]. Trois propriétés que l'on peut examiner dans l'ordre en commençant par la première, celle du rapport inégal entre l'exploiteur et l'exploité[5].

1) En première approximation, il apparaît que l'exploitation procède d'une transaction constituée par un échange inégal entre l'exploiteur et l'exploité. Comme le fait observer Hillel Steiner, si l'on compare le don, l'échange, le vol et l'exploitation, on dira que le don est unilatéral et volontaire, l'échange est bilatéral, égal et volontaire, le vol est unilatéral, inégal et involontaire [Steiner, 1984, p. 225]. L'exploitation possède en fait les caractéristiques du transfert bilatéral, inégal et volontaire. Il peut s'agir d'un jeu à somme nulle si l'exploiteur bénéficie exactement des ressources que perd l'exploité ; il peut s'agir d'un jeu à somme négative si l'exploiteur ne gagne pas autant que perd l'exploité, ce qui est possible si l'exploitation entraîne des coûts supplémentaires dérivés pour l'exploité et que l'exploiteur n'empoche pas ; ce peut être enfin un jeu à somme positive si le gain de l'exploiteur impose à l'exploité une perte moindre que celle du gain de l'exploiteur [Wertheimer, 1999, p. 16 sqq.]. Ces trois types de transaction définissent des échanges à contenu inégal entre des agents au profit majeur de l'exploiteur, soit que l'on dispose d'un critère quantitatif précis pour évaluer cette inégalité en valeur, soit qu'on l'exprime en recourant à des préférences alternatives pour l'agent désavantagé dans l'échange. Quoi qu'il en soit, ces trois types de transaction

4. La place manque pour considérer une quatrième propriété qui distingue l'aspect procédural et l'aspect substantiel de l'exploitation ; voir, sur ce point, Thomas Christiano [2015, p. 251 sqq.].

5. Cette définition reprend en partie celle qui figure dans Lazzeri [2018, p. 133-170].

ne peuvent exister qu'en raison d'un rapport *asymétrique* entre l'exploiteur et l'exploité, rapport fondé sur une différence de pouvoir ou de ressources favorables au premier et sur une vulnérabilité spécifique du second qui ne peut se protéger d'une telle relation car il se trouve dans une situation de pré-offre (*id est* avant que l'exploiteur propose son offre) sans alternatives plus avantageuses que celle qui s'impose à lui. De manière générale, l'exploiteur se comporte comme un « opportuniste » qui tire parti de la situation désavantageuse initiale de l'exploité en se servant de cet avantage pour obtenir un autre avantage au moyen d'une offre spécifique, avantage qui peut être une simple satisfaction ou un profit de type monétaire : il s'agit d'une offre sous forme de « choix contraint » qui améliore la situation de l'exploité au regard de sa situation initiale désavantageuse et donc au regard de ce que serait l'absence de transaction. L'offre exploitative est donc Pareto-supérieure, elle est un « échange productif » selon Nozick [Nozick, 1988, p. 111], mais elle comporte pour l'exploité ce qu'on pourrait appeler un bénéfice grevé d'un dommage, ou un « bénéfice coûteux », dont le dommage est cependant moindre que le bénéfice sans quoi il n'accepterait pas la transaction. Mais, comme l'offre est difficile ou impossible à refuser, le coût lié à l'offre se révèle aussi difficile ou impossible à refuser d'acquitter [Gorr, 1989, p. 158]. On pourrait présenter cette définition de deux manières, l'une, quantitative, fondée sur la valeur travail, l'autre, qualitative, fondée sur le concept de préférences alternatives.

Dans le premier cas, on a affaire à une offre qui s'appuie sur une structure de choix contraint, c'est-à-dire impossible à séparer d'un coût élevé non désiré, de sorte que l'offre soit tout à la fois désirable, mais que cette désirabilité diminue en même temps sous l'effet du coût imposé. Si l'on retient le critère quantitatif, on peut soutenir avec Marx que le travailleur est exploité par le capitaliste, si et seulement s'il contribue à la création de la valeur d'échange de la marchandise plus que le temps de travail socialement nécessaire à la production et à la reproduction de sa force de travail, la différence de valeur étant appropriée par le capitaliste. On peut soutenir aussi avec John Roemer que, dans une économie à simple marché des biens avec des agents producteurs indépendants et maximisateurs, avec des capacités productives voisines mais des dotations initiales inégales en capital, les agents, à l'équilibre du marché, réalisent des échanges en incorporant des quantités inégales de travail dans les produits échangés. De sorte que la différence d'incorporation mesure les différentes quantités de travail données et reçues et l'exploitation d'un agent par l'autre désigne alors la supériorité de la quantité de travail reçu sur celle qu'il fournit [Roemer, 1986, p. 86]. Ce type d'échange exploitatif n'est pas exempt de l'exercice d'une contrainte sur la situation de pré-offre, puisque le différentiel de dotations initiales en ressources productives impose systématiquement à l'exploité d'accepter moins de quantité de travail qu'il n'en fournit.

Dans le second cas, celui des préférences alternatives, on rencontre dans la littérature libertarienne (mais pas exclusivement) un ensemble de situations à offres exploitatives telles que, pour reprendre l'exemple de Nozick dans son article sur la contrainte, si X est en train de se noyer et que Y qui passe à proximité lui propose de le secourir contre un très substantiel dédommagement, on a bien affaire à une offre exploitative qui améliore la situation de X au regard de ce que serait l'absence de transaction et compte tenu du cours attendu des événements, mais sous la forme d'un « bénéfice coûteux » pour lui [Nozick, 1995, p. 282-283]. De même, si X a contracté une maladie grave et que Y détenteur monopolistique d'un médicament lui propose ses soins sous les mêmes conditions, on disposera du même type d'offre. De même encore, si Y contre une aide quelconque à X qui se trouve dans une situation difficile exige comme contrepartie de cette aide des services sexuels, ou encore, si une attitude de *free riding* implique qu'un ou plusieurs agents doivent, à eux seuls, porter la charge de la production d'un bien collectif dont ils ne peuvent se passer prioritairement, etc. Bref, l'exploité ne peut se protéger de l'offre exploitative car il ne peut se protéger contre sa situation désavantageuse initiale qui le rend vulnérable à la formulation de ce type d'offre.

On peut aborder maintenant la deuxième propriété, celle des *modalités* de l'existence de ce rapport asymétrique.

2) Il est possible de définir deux grandes catégories d'offres exploitatives, E_1 et E_2, dont le simple examen conduit à modifier la définition initiale de Steiner :

a) E_1 renvoie à une situation dans laquelle l'exploiteur crée lui-même conditionnellement la situation désavantageuse de l'exploité en recourant à la *contrainte* pour formuler son offre et, dans ce cas, l'exploiteur est évidemment autre chose qu'un simple opportuniste. La coercition constitue ici une composante essentielle de l'exploitation : l'exploité, par exemple, en tant qu'esclave ou travailleur forcé, est directement menacé de voir sa situation se détériorer s'il n'accepte pas « l'offre » qui lui est faite par l'exploiteur. La coercition équivaut, ici, d'une part, à créer une contrainte de choix en imposant directement la nature et la quantité des options, en fusionnant l'offre et la situation de pré-offre et, d'autre part, à orienter le choix sur l'une des options. La menace corrélative de la coercition ne se réduit pas simplement pour X à l'empêchement physique de faire *x* ou à la contrainte de faire *z* : elle comporte aussi une dimension *punitive* qui engendre un dommage supplémentaire. Si la menace est « crédible », *i.e.* si on n'est pas protégé contre ses conséquences conditionnelles, on additionne alors deux coûts : l'empêchement de faire *x* ou la contrainte de faire *z* et la punition liée à la menace. La situation de X empire ainsi de façon nette par l'ajout des deux coûts qui, soit compensent négativement le gain du choix de *x* (sans quoi la menace n'aurait pas d'effet), soit renchérissent le coût de *z* qu'on ne veut pas faire. Le principe de la menace consiste ainsi à rendre une option non désirable parce que le coût exerce une contrainte sur le désir à la manière d'un obstacle plus important qu'il ne l'est dans la seconde situation (cf. *infra*). Les choix des exploités, selon les libertariens, sont évidemment contraints dans cette situation, mais la contrainte émane entièrement de l'exploiteur et il n'y a pas d'acceptation volontaire de l'offre exploitative parce que la contrainte est *irrésistible*. On dira, dans ce cas, que l'on a affaire à une « offre coercitive ». Pour certains libertariens, l'exploitation est ici involontaire concernant la contrainte sur la situation de pré-offre et involontaire concernant l'option non préférée par l'exploité[6].

b) E_2, le second modèle d'exploitation, est celui dans lequel, à l'inverse, l'exploiteur (opportuniste) profite de la situation initiale désavantageuse de l'exploité pour présenter son offre et cette offre est une « offre exploitative » Pareto-supérieure, dans laquelle la structure de choix imposée est le produit de la combinaison de la situation initiale désavantageuse de l'exploité *et* de l'offre de l'exploiteur qui en profite. Cependant, il n'est nullement exclu, même dans ce cas, que l'exploiteur provoque lui-même la situation défavorable du futur exploité sans recourir cependant à la violence ni à la menace, mais en se contentant, par exemple, de modifier la quantité de ressources disponibles nécessaires à l'exploité: monopoliser par l'achat la quantité de terre disponible sur une aire géographique donnée pour la revendre ensuite à des prix prohibitifs représente une action de ce type ; l'accaparement des moyens de production en privant, par exemple, sans coercition les travailleurs de l'accès à ces moyens représente aussi une situation semblable dans un marché concurrentiel. Pour les libertariens, l'exploitation est ici involontaire concernant la contrainte sur la situation de pré-offre et volontaire concernant l'option préférée par l'exploiteur.

---

6. Pour Hayek, par exemple, la menace suffit à rendre une action involontaire [cf. Hayek, 1994, p. 133 sqq.]. Pour Steiner, cependant, seule la pure contrainte physique rend l'action involontaire, c'est pourquoi il n'est pas étonnant qu'il définisse l'exploitation comme un échange bilatéral, inégal et *volontaire* et qu'il se rallie au modèle E_1 (cf. *infra*) : il n'y a aucune contradiction dans sa position si on accepte sa définition de la coercition [Steiner, 1980, p. 247-248 ; 1994, p. 6-10, 22-30]. Voir aussi Block [1993, p. 15-16].

On peut, à partir de là, considérer que la définition de l'exploitation s'élargit au-delà de la formule de Steiner puisque, en raison de cette double modalité, elle possède en fait les caractéristiques du transfert bilatéral, inégal et volontaire (E_2) ou *involontaire* (E_1). En second lieu, on peut opérer un choix *inclusif* ou *exclusif* entre ces deux définitions des modalités de l'exploitation : on peut retenir les définitions coercitive et non coercitive de l'exploitation, ce qui est le cas du marxisme, ou, à l'inverse, considérer comme seule valide la définition de l'exploitation fondée sur la coercition (« l'offre coercitive ») et, de façon générale, ce sont les libertariens de droite comme de gauche qui retiennent, dans l'ensemble, cette seconde définition de l'exploitation en recourant au concept de liberté négative. Ce concept, commun au libéralisme classique et au libertarisme désigne la classe de toutes les opportunités d'action (et elles seules) définissables par l'absence de toute interférence sous forme de contrainte purement physique ou de menace susceptible de les restreindre de façon variable. La liberté négative de X est donc inversement proportionnelle aux contraintes exercées sur la quantité de ses opportunités d'action [Carter, 1999, p. 41 sqq. ; Steiner, 1980, p. 247-248 et 1994, p. 6-10, 22-30]. Une telle définition de la liberté négative revendiquée par les auteurs libertariens leur permet de définir l'exploitation par la seule propriété de la coercition. On peut examiner maintenant la troisième propriété, celle du caractère *normatif* ou *non normatif* de l'exploitation.

3) On a observé dans l'énoncé de la première propriété de l'exploitation que l'offre exploitative est Pareto-supérieure, mais qu'elle comporte pour l'exploité un bénéfice grevé d'un dommage, ou un « bénéfice coûteux », dont le dommage est moindre que le bénéfice, sans quoi il n'accepterait pas la transaction. On pourrait cependant considérer que cette formulation est problématique dans la mesure où elle repose sur le présupposé selon lequel il existerait une définition *objective* de la notion de bénéfice coûteux, alors même que le dommage subi par l'exploité ou l'avantage offert dépendent en réalité de ses seules préférences. De sorte qu'il faudrait soutenir, comme le font John Roemer ou David Zimmermann que l'offre de l'exploiteur, quelle que soit la situation initiale ou provoquée de l'exploité, est une offre désavantageuse si on la compare à une offre alternative qui serait préférable pour l'exploité parce qu'elle améliorerait sa position au regard de la première offre, l'exploité étant alors seul juge en raison de ses préférences de l'amélioration de sa position [Roemer, 1982, chap. 7 ; Zimmermann, 1981, p. 126-127 ; Steiner, 2013, p. 337]. Cependant, cette alternative préférable peut, comme dans le cas des goûts dispendieux, se révéler problématique car on peut toujours considérer dans une transaction marchande qu'une offre alternative à la vente serait bien meilleure si l'acheteur pouvait obtenir gratuitement

la marchandise ou qu'un travailleur serait désavantagé par une situation d'emploi effectif car il pourrait préférer une meilleure offre dans laquelle il serait payé à ne rien faire, à moins que l'offre ne soit encore améliorée si on lui propose purement et simplement de gagner autant que le capitaliste, ou de l'exproprier [Alexander, 1983, p. 161-162]. Dans ces conditions, même un échange bilatéral, volontaire et égal ne serait pas satisfaisant. Le problème est alors de savoir où se situent exactement le maximum et le minimum de la *limite* de l'alternative préférable pour l'exploité, à l'offre qui lui est faite. Pour créer les conditions d'un accord satisfaisant entre les partenaires de l'échange, ne faudrait-il pas disposer de principes ou de critères normatifs susceptibles de définir des échanges non exploitatifs en définissant les paramètres pertinents qui permettent de fixer le montant acceptable de l'offre ? Dans ces conditions, toute dérogation à ces principes qui peuvent être des principes de justice définirait une situation exploitative, ce qui fait que l'exploitation ne pourrait être définie indépendamment de tout recours à ces principes et qu'elle devrait être considérée comme un gain injuste ou illicite. On peut ainsi définir deux perspectives pour conceptualiser l'exploitation : la première serait une perspective non normative, c'est-à-dire purement descriptive-explicative qui rendrait compte de la structure de l'échange inégal et dont la tâche essentielle, dans ce cas, consisterait à exhiber un critère objectif de définition de l'exploitation ; la seconde est une perspective normative qui aurait pour tâche essentielle d'exhiber le(s) principe(s) de justice le(s) plus convaincant(s) pour définir et pour produire une critique du phénomène de l'exploitation.

Pour aller à l'essentiel, et sans prendre en compte toutes leurs variantes, on propose de se référer à cinq thèses qui défendent un point de vue normatif sur l'exploitation. La première, soutenue par Allen Buchanan et Ruth Sample, définit l'exploitation comme l'utilisation instrumentale d'un partenaire d'interaction en dérogeant à l'impératif catégorique kantien (« considère autrui comme une fin en lui-même et jamais simplement comme un moyen ») [Sample, 2003, p. 55 sqq. ; Buchanan, 1985, p. 87 sqq.]. Mais, dans ces conditions, n'importe quelle forme de coopération à caractère utilitaire se révèle exploitative dans toutes les sphères sociales[7]. Il en résulte, en outre, que n'importe quelle option alternative à une offre exploitative est elle-même exploitative si elle ne constitue pas un don. La seconde thèse, soutenue par Robert Goodin et Michael Gorr, relâche en partie la contrainte d'instrumentalisation en soutenant que l'exploitation

---

7. L'utilisation instrumentale d'autrui n'est d'ailleurs pas contraire à l'impératif catégorique de Kant qui ne proscrit que l'usage instrumental *exclusif* [Kant, 1971, p. 150].

se produit si et seulement si on transgresse l'impératif moral de protection des individus vulnérables sous les deux versants (selon Goodin) de la non-nuisance (condition faible négative) et de l'aide (condition forte positive). L'exploitation ne consiste pas à tirer avantage d'une offre compatible avec la réduction de la vulnérabilité du partenaire, mais à obtenir un profit trop important à ses dépens [Gorr, 1978, p. 164 ; Goodin, 1987, p. 183 sqq.]. Il découle cependant de l'imprécision de cette thèse (quel est le seuil du « trop » ?) une gradation continue dans les offres telle qu'il est difficile de savoir quand une offre devient exploitative et quand elle cesse de l'être, de sorte qu'on risque de se trouver « progressivement » exploité ou « progressivement » non exploité. Si l'offre exploitative est indéterminée, ses alternatives le sont aussi. On peut alors se tourner vers une troisième thèse plus précise, soutenue par Alan Wertheimer, selon laquelle le critère de référence pour l'échange d'un bien quelconque est son prix de marché défini par une situation de concurrence parfaite, de sorte qu'aucun des partenaires d'échange ne disposerait d'un avantage injuste découlant d'une erreur de décision d'un autre agent ou de sa situation de vulnérabilité : « c'est un prix pour lequel aucun des agents partenaires de cette transaction spécifique ne reçoit de valeur supérieure à celle qu'il aurait reçue s'ils ne s'étaient pas rencontrés » [Wertheimer, 1999, p. 232]. Il ne s'agit nullement de la référence à un « juste prix », mais simplement à un prix qui rend les transactions exploitatives en principe impossibles. Le problème est que, d'une part, on ne sait pas très bien quel type de marché constitue le point de référence considéré et la différence de prix entre marché global et marché local crée une incertitude sur le critère choisi. D'autre part, rien ne contraint une fraction significative des agents, pour des raisons diverses, à ne pas vendre au-dessous ou au-dessus du prix du marché, ce qui peut fausser le montant du prix de référence [Christiano, 2015, p. 255].

Ces différentes thèses présentent l'inconvénient de se référer à des principes ou des critères imprécis pour l'évaluation des offres exploitatives, ce qui conduit à l'examen des deux dernières. La première est une thèse « contributiviste » qui, abstraction faite des comparaisons interpersonnelles d'utilité, décrit et évalue la contribution des agents à la production d'un bien quelconque dont on doit se partager la valeur d'échange selon l'égalité ou l'inégalité des contributions respectives et selon l'égalité ou l'inégalité des rétributions respectives. L'exploitation, si le critère de mesure de la contribution est constitué par le temps de travail socialement nécessaire à la production du bien, est définie par un revenu égal pour une contribution inégale, par un revenu inégal pour une contribution égale et par un revenu inégal pour une contribution inégale si celui qui contribue le plus reçoit le moins. C'est un principe auquel recourent certains marxistes analytiques, mais dont la discussion ne fait pas l'objet de cet article [Elster, 1983, p. 293 ; 1989, p. 295 sqq., p. 299 sqq. ; 1986, p. 96-97 ; van Parijs, 1987, p. 116 sqq. ; 1995, chap. IV].

Quant à la cinquième thèse, celle des libertariens de droite comme de gauche (E_1), elle soutient qu'une offre exploitative est une offre coercitive et que celle-ci consiste à transgresser un principe de justice acquisitive lié à la liberté négative, de sorte que toute alternative à une offre coercitive se définit comme toute offre possible qui respecte ce principe. On peut fournir une définition de la justice acquisitive en se référant à sa présentation par Robert Nozick ou Hillel Steiner [Nozick, 1988, p. 194-195, 200 ; Steiner, 1987a, p. 50-51][8]. Ce principe se caractérise, en premier lieu, par la remise en cause de toutes les théories de la justice fondées sur le principe du résultat final ou « end state principle » : ce dernier rassemble pour une fois des théories de la justice aussi peu compatibles que celle de l'utilitarisme et celle de Rawls qui ont pour point commun d'adopter une démarche distributiviste en partant, à n'importe quel moment, d'un volume donné de richesse sociale produite et en se demandant quelle est la meilleure procédure de redistribution de ressources à partir d'une interrogation pour savoir à qui on doit quoi et selon quel montant. Dans ce cadre, on ne pose pas la question de savoir comment et à partir de quoi se trouve produite la richesse sociale disponible. Or, pour Nozick, si des transactions ou des redistributions se produisent sur la base de titres de propriété injustement acquis, on doit considérer qu'il s'agit de transactions ou de redistributions injustes qui se propagent au cours du temps en reproduisant les injustices passées. Aussi, en second lieu, n'importe quelle théorie de la justice doit se poser la question de savoir de quelle manière, légitime ou non, ont été acquises les ressources utilisables, ce qui confère alors un primat non à la justice distributive qui en dépend, mais à la justice acquisitive, non à la justice qui s'exerce à n'importe quel moment, mais à la justice qui se préoccupe de la légitimation des titres originaires de propriété sur les ressources actuellement disponibles. La justice acquisitive est une justice « historique » si l'on entend par là, non la référence à une période historique déterminée mais la référence à des « états du monde » qui se distinguent selon la situation de propriété des ressources naturelles à laquelle s'applique une égalité ou une inégalité d'appropriation. Bref, comme l'observe Steiner, les droits ont des *pedigrees*

8. Certains marxistes analytiques comme Cohen se sont aussi référés à ces principes de justice acquisitive et il est parfaitement possible de combiner, selon des proportions variables, un modèle de justice contributiviste et un modèle de justice acquisitive.

qui ne s'emboîtent pas à l'infini et doivent nécessairement déboucher sur des situations originaires d'appropriation [Steiner, 1987a, p. 49]. On déduit alors plusieurs configurations possibles à partir d'une corrélation entre le type de propriété originaire des ressources naturelles ou son inexistence et les différentes modalités d'appropriation privative. La tradition philosophique distingue deux grandes conceptions concernant les rapports de propriété entre les individus et les ressources naturelles :

a) Dans un état initial du monde, la propriété des ressources naturelles peut être *res nullius* : aucun agent n'est propriétaire d'une quelconque partie des ressources naturelles et,

a_1) il existe une appropriation privative égale de ces ressources à partir de (a), ou

a_2) il existe une appropriation privative inégale de ces ressources à partir de (a).

b) Dans un état initial du monde, la propriété des ressources naturelles peut être collective, *res communis* : tous les agents sont copropriétaires de ces ressources et

b_1) il existe une appropriation privative égale de ces ressources à partir de (b), ou

b_2) il existe une appropriation privative inégale de ces ressources à partir de (b).

Mais il est aussi possible de demeurer dans la situation (b).

Chacune des options, (a) → (a_1), (a) → (a_2), (b) → (b_1), (b) → (b_2) constitue un modèle d'acquisition[9].

On peut examiner, à partir de cette ébauche des propriétés de la justice acquisitive, la manière dont celle-ci définit les modalités de l'acquisition de la propriété ainsi que les conditions de l'exploitation pour les deux familles libertariennes. Une telle justice a pour objet la défense d'une égalité des droits individuels – les droits formels – comprenant la liberté de l'action, la sécurité, l'appropriation, et de façon optionnelle (*i.e.* selon les courants considérés), la défense de droits matériels comme l'égalité de conditions – telle que l'égalité de bien-être où la valeur égale des projets de vie. La spécificité de la doctrine libertarienne est que cet ensemble de droits se déduit d'un droit plus

9. On laisse ici de côté le problème de savoir s'il est seulement possible d'offrir une justification philosophique à l'une ou l'autre de ces conceptions de l'état initial du monde. La plupart du temps, elles ne sont pas fournies par les auteurs libertariens : ce sont des postulats.

fondamental qui en constitue le principe, celui de la *propriété de soi*. Chaque agent, au moins initialement c'est-à-dire avant tout acte répréhensible ou contractuel, se possède pleinement, c'est-à-dire qu'il dispose de tous les droits moraux sur lui-même comme le propriétaire d'une chose inanimée les possède sur elle sous la forme la plus entière de la propriété privée. C'est un droit de souveraineté absolue analogue au rapport de soumission entre le propriétaire et l'esclave sur lequel il exerce son pouvoir. Ce droit de propriété sur soi-même est seulement limité par le droit formel égal des autres propriétaires [Vallentyne, 2009, p. 57 sqq.]. En tant que droit absolu, la propriété de soi confère à chaque agent la liberté d'user à volonté sa propre personne sans aucune interférence coercitive – fût-elle paternaliste – qui interdirait l'auto-détérioration de soi ou même l'esclavage volontaire. À l'égard d'autrui, cette propriété rend impossible la définition de devoirs impersonnels (c'est-à-dire non contractuels) d'assistance appuyés sur des prélèvements de ressources ou des obligations de services quelconques [Nozick· 1988, p. 211, 214, 217, 324 sqq. ; Vallentyne, 1999, p. 860 ; Gauthier, 2000, p. 272]. Le principe du consentement personnel constitue donc, avec les droits individuels, la conséquence la plus immédiate et la plus importante de la propriété de soi.

Ce principe de propriété de soi fait cependant l'objet de justifications hétérogènes chez les libertariens : il constitue la conséquence de l'autonomie individuelle chez Nozick et Éric Mack car la propriété de soi n'est que la contrepartie de l'exigence de ne pas porter atteinte à cette égale autonomie puisque personne ne peut être sacrifié pour une fin sociale quelconque ou servir de moyen pour n'importe quelle entreprise sociale [Nozick, 1988, p. 51 sqq ; Mack, 1990, p. 521]. Il constitue, pour Murray Rothbard et Walter Block à sa suite, la conséquence de la possession *factuelle* de soi-même inhérente à toute activité humaine transformée en principe normatif (passage du *is* au *ought*) égalitaire [Rothbard, 1991, p. 39, 54-55 ; 2000, p. 97-98 ; Block, 1993, p. 154 ; 2010, p. 217 sqq.]. Pour les libertariens contractariens, la propriété de soi n'est à l'inverse qu'un droit au libre usage de ses propres capacités sous condition d'un accord rationnel découlant d'une concession réciproque entre les agents dans l'état de nature car les coûts des désavantages qu'ils peuvent réciproquement s'infliger en se dominant sont supérieurs aux gains de la liberté de maximisation de leur utilité [Gauthier, 2000, p. 254, 262-263 ; Narveson, 2001, chap. 12 et 13 ; 1992, p. 25-49][10]. D'autres enfin défendent la propriété de soi comme un simple principe moral sans justification spéciale [Steiner, 1980, p. 247-248 ; 1987, p. 49 ; Vallentyne,

10. On notera que, chez Gauthier, les individus les plus vulnérables (handicapés, enfants...) sont exclus de l'application des principes de justice car ils ne disposent d'aucun pouvoir dissuasif.

1999, p. 862]. La propriété de soi et l'ensemble des droits individuels qui en découlent constituent ainsi un cadre principiel non seulement pour statuer sur la validité des titres d'acquisition originaire, mais encore sur la question de l'exploitation. Ce sont ces deux dimensions qu'il faut successivement examiner en commençant par le libertarisme de droite qui se revendique du modèle (a) → (a_2).

2. Justice acquisitive et l'exploitation selon le modèle (a) → (a_2)

1) Les modalités de l'acquisition

Selon Nozick, c'est la propriété de soi qui, par la médiation du travail ou l'occupation (Nozick n'est pas très clair sur ce point) fonde l'appropriation individuelle des ressources naturelles dans une situation originaire de *res nullius* à partir de l'argument suivant : « 1°) les personnes ont droit à leurs actifs naturels, 2°) si des personnes ont droit à quelque chose, elles ont droit à tout ce qui en découle (à travers des types de processus spécifiés), 3°) les avoirs des personnes découlent de leurs actifs naturels. Par voie de conséquence : 4°) les personnes ont droit à leurs avoirs » [Nozick, 1988, p. 278]. À partir de là, si l'appropriation originaire des ressources ne constitue qu'une extension de la propriété de soi, toutes les ressources naturelles dont on peut s'approprier par le travail ou l'occupation sont considérées comme incorporées à l'individu, aussi importantes soient-elles. Simplement, comme c'était le cas chez Locke dont Nozick s'inspire, l'appropriation privative des ressources naturelles par certains agents risque de créer une rareté qui priverait les autres de tout accès à ces ressources créant une inégalité originaire dans la réalisation des fins individuelles, ce qui débouche alors sur la formulation du *proviso* lockien. Celui-ci stipule que l'appropriation privative des ressources par A ne doit pas se traduire par une détérioration de la situation de B qui doit de ce fait recevoir de la part de A une compensation telle qu'il ne se trouve pas plus mal loti que lorsque l'appropriation de A n'avait pas eu lieu. Dès lors, si et tant que le *proviso* est appliqué, tant qu'il n'existe pas de monopole des ressources naturelles, les droits de propriété individuels sont établis, les agents peuvent procéder à des transactions sur des marchés multiples et ce sont ces marchés qui prennent en charge le principe de compensation du *proviso* en permettant à ceux qui n'ont pas d'accès aux ressources et aux moyens de production de vendre leur force de travail et de demeurer propriétaires des ressources qu'ils acquièrent. « Le fonctionnement libre d'un système de marché, écrit Nozick, ne trahira pas véritablement la clause de Locke » [Nozick, 1988, p. 221].

Il n'en reste pas moins que la vente de la force de travail pourrait donner lieu à une forme d'exploitation des producteurs par les possesseurs des moyens de production comme le soutient le marxisme (sous le double modèle E_1 et E_2) et Nozick doit donc répondre à cette objection, ce qu'il fait d'une double manière : la première consiste à se tourner vers la théorie marxienne de l'exploitation en se proposant de réfuter la théorie de la valeur travail comme source de la valeur d'échange de la marchandise en plaçant le principe de production de la valeur d'échange uniquement dans le rapport de l'offre et de la demande de travail [Nozick, 1988, p. 315 sqq.]. La seconde consiste à défendre l'idée que la faiblesse possible du salaire sur le marché du travail résulte d'une agrégation de transactions dont aucune ne recourt à la coercition ni ne viole le droit de propriété de qui que ce soit [Nozick, 1988, p. 322]. Nozick peut alors se référer à la première variante du concept d'exploitation E_1 (cf. *supra*) qui stipule que toute forme d'exploitation comporte une dimension coercitive. De sorte que sur le marché du travail, les transactions agrégées produisent bien une contrainte de situation en matière de pré-offre, mais pas de contrainte sur la décision de choix : le salaire peut ainsi descendre au niveau du salaire de subsistance pour une valeur d'échange produite aussi grande que l'on voudra, mais cela n'a rien d'injuste puisque le salaire traduit la mise en œuvre du *proviso*. En outre, dans la mesure où l'existence de la propriété privée et des échanges marchands permettent d'augmenter la production, d'encourager l'expérimentation sociale, la prise de risque, la garantie de la richesse future par l'épargne et la diversification des sources d'emploi, on doit faire entrer ces avantages dans le cadre du *proviso* car ils offrent des probabilités d'amélioration significative de la situation de ceux qui n'ont pas d'accès à la propriété privée [Nozick, 1988, p. 221-222].

Cependant, dans le cadre du marché du travail, on ne peut pas soutenir que le montant du salaire devrait compenser, à titre de montant du *proviso*, le bénéfice *éventuel* qu'un producteur aurait pu tirer de son accès aux moyens de production, puisque le chapitre VIII d'*Anarchie, État et utopie* explique que la réussite économique entrepreneuriale est le seul critère *effectif* de mesure de ce qu'aurait pu faire un agent et on ne peut donc recourir ici à des contrefactuelles de réussite potentielle qui pourraient se révéler fantaisistes [Nozick, 1988, p. 310-311][11].

La position de David Gauthier est relativement proche de celle de Nozick avec cependant la différence que le passage de la propriété de soi à la propriété

11. Pour une discussion précise des différentes conséquences de ces positions contrefactuelles, cf. Lazzeri [2018, p. 154 sqq.].

individuelle des ressources naturelles recourt à une justification du modèle a_2 non au moyen d'un transfert de légitimité de la première vers la seconde, mais selon la même stratégie de maximisation rationnelle qui conférait à chaque agent la propriété de lui-même. En acceptant, comme Nozick, le principe du *proviso* lockien, Gauthier fait valoir que la maximisation de l'utilité individuelle passe par l'appropriation privée des ressources qui accroît la productivité du travail et la production de surplus. Cela induit, en cas d'échange avec des individus qui en sont restés au modèle (b), une incitation à migrer à leur tour vers (a_2) et à entrer dans un circuit d'échange mutuellement profitable : l'appropriation privative des uns, au lieu de détériorer la situation des autres, contribue ainsi à l'améliorer [Gauthier, 2000, p. 263 sqq. et 337-338 ; Buchanan, 1992, p. 28 sqq.]. De leur côté, Rothbard et Narveson rejettent tout recours au *proviso* dans leur choix du modèle (a) → (a_2) en privilégiant le « droit du premier occupant » qui transfère la propriété de soi aux objets *via* le travail [Rothbard, 1991, p. 43, 49, 55, 65, 67], ou en rejetant toute interférence restreignant ce droit qui ne restreint lui-même aucun droit antérieur d'occupation [Narveson, 2001, p. 100-101].

Quelles que soient leurs différences, ces justifications de l'acquisition originaire constituent le fondement de la définition de l'exploitation et de sa critique par les libertariens de droite comme le montre la section suivante.

2) Le modèle E_1 du libertarisme de droite

Pour tous ces auteurs, la référence au principe de propriété de soi et à l'ensemble des droits qui en découlent, ainsi que l'option fondamentale en faveur du consentement comme principe de transfert de tout droit individuel, conduit de façon cohérente au choix du modèle $E_{1.}$ Toute exploitation est ainsi de nature coercitive. Elle est « décentralisée » si des individus violent des droits individuels au moyen d'offres coercitives comme dans l'état de nature initial décrit par Gauthier, de sorte que les concessions réciproques de droits dans la négociation sont corrélatives de la disparition de toute exploitation [Gauthier, 2000, p. 255 sqq.]. L'exploitation peut être « centralisée » si elle émane d'une agence étatique qui détient le monopole de la coercition. Cette agence est à la fois historiquement et théoriquement investie de la tâche de protéger les droits civils et les droits politiques, mais elle a inévitablement tendance, pour des raisons économiques et politiques diverses, à échanger la protection de ces droits contre le droit supplémentaire qu'elle s'arroge de prélever des ressources sur la propriété privée pour pratiquer une série de redistributions assistantielles qui, même en conséquence d'une décision démocratique majoritaire, n'en violent pas moins le droit individuel de propriété en extorquant un surtravail. Cette extorsion est obtenue par la coercition et elle viole la liberté négative des propriétaires qui ne voudraient pas consentir à la distribution de tels revenus. Comme le note Nozick, « l'imposition sur les biens provenant du travail se retrouve sur un pied d'égalité avec des travaux forcés. Certaines personnes trouvent que cette thèse est de toute évidence vraie : le fait de prendre les gains de *n* heures de travail revient à prendre *n* heures de cette personne ; c'est comme si l'on forçait cette personne à travailler *n* heures pour quelqu'un d'autre » [Nozick, 1988, p. 211, 214-217 ; Block, 1993, p. 16]. Et comme le principe de justice acquisitive rend cette appropriation légitime, l'exploitation étatique est donc injuste et doit être abolie en réintégrant l'agence étatique dans le seul périmètre acceptable qui est celui de la protection minimale des droits déjà mentionnés.

La conclusion de Rothbard est identique concernant l'exploitation : dans *For a new liberty* et *Anatomy of the state*, il n'admet l'existence de l'exploitation que sous la forme coercitive de l'esclavage produit par l'État dont la coercition sert à extraire de l'impôt : « L'État n'a jamais été créé par un "contrat social", il a toujours été engendré par la conquête et l'exploitation » et c'est à travers la seconde qu'il se perpétue » [Rothbard, 2000, p. 37, 60, 37, 78, 212 ; 2002, p. 50, 316 ; 1991, p. 212-216, 221, 226-227 ; 2004, p. 19, 109, 210, 318-319][12]. Sa position est même plus radicale encore, puisqu'il est un partisan de l'État ultra-minimal qui ne reconnaît même pas à l'État sa fonction d'État protecteur des droits individuels qui doit être prise en charge par des agences privées concurrentes. Narveson soutient une thèse semblable : la négation de toute jouissance de droits-créances rend indisponible tout droit de quiconque au bénéfice de services d'assistance et à la possession de quoi que ce soit en tant que droit naturel *a priori* à une partie des ressources naturelles : cela ne constituerait que des droits-créances venant limiter les droits-libertés. Les non-propriétaires devront conclure, dans ce cas, des « arrangements » avec les propriétaires, ce qui inclut, entre autres, le fait de leur vendre leur travail. Dans ces conditions, comme chez Nozick et Rothbard, l'État minimal ne garantit que l'exercice des droits-libertés et il devient impossible de procéder à des redistributions de revenus de transfert quelconques sans recourir à une forme de contrainte comme le fait l'État « les armes à la main », revêtu d'une pseudo-légitimité

12. On retrouve une thèse semblable chez nombre de libertariens [cf. Hamowy, 2008, p. 365, 490 ; Long, 2012, p. 418 ; 1998, p. 329 ; Mack, 2002, p. 251-252].

démocratique en extorquant des ressources qui ne doivent être distribuées que sous les conditions de la charité privée [Narveson, 2001, p. 257-268 ; 1998, p. 23].

Dans tous ces cas de figure, il s'agit d'une exploitation directe par l'État qui restreint la liberté négative de ses citoyens, mais celle-ci peut aussi s'avérer indirecte comme le soutiennent Armen Alchian, Walter Block et Hans Hermann Hoppe à partir de l'examen des limites illégitimes du droit de propriété. Tout droit de propriété sur des objets (incluant les actions) fondé sur la propriété de soi, se réduit *in fine* à une propriété sur des objets physiques. Mais cette propriété ne peut en aucun cas s'étendre à la *valeur* de ces objets qui ne leur est pas inhérente comme un attribut physique, mais dépend des préférences des autres agents. La valeur d'un bien sur un marché est une externalité positive ou négative variant avec l'entrée de différents agents sur ce marché. Or nul n'est propriétaire des préférences des autres agents et ne peut donc protéger la valeur de son bien au moyen d'une interférence étatique qui leur interdirait de manifester leurs préférences. Dès lors, si B possédait la propriété de ses ressources et celle de leur valeur, toute action de A qui diminuerait la seconde, devrait donner lieu à des compensations. Ainsi, A, en contradiction avec le principe de propriété de soi, ne posséderait aucune propriété (ou une propriété limitée) sur ses propres objets puisqu'il devrait reverser une compensation à B et ne devrait agir que dans l'intérêt de B. La propriété de la valeur de sa propriété aboutit ainsi à une relation d'exploitation de type E_1 qui diminue la liberté d'usage de sa propriété par A au profit de B. L'exploitation est alors une contrainte d'usage sur la propriété. Ainsi, toute loi sur le salaire minimum, sur la discrimination à l'emploi, sur la parité, sur la diffamation, sur la régulation de zonage d'habitat ou sur celle des trusts, est une loi à caractère exploitatif qui doit être abolie. En deçà de la coercition, tous les arrangements économiques et sociaux doivent être tenus pour justes s'ils respectent la chaîne de légitimité des droits subjectifs [Alchian, 1977, p. 131-132 ; Hoppe et Block, 2002, p. 226-228].

3) Quelques objections

Les thèses de ces auteurs peuvent cependant faire l'objet d'une série d'objections concernant aussi bien le résultat des principes acquisitifs (1°) que l'application du *proviso* et l'usage du concept d'exploitation (2°). Certaines de ces critiques émanent des auteurs qui se réclament du libertarisme de gauche, d'autres vont au-delà.

1°) En ce qui concerne les principes acquisitifs, la première objection s'adresse à la position de Nozick-Rothbard, alors que la seconde s'adresse à la position de Rothbard-Narveson.

La première objection est formulée par le libertarien de gauche Hillel Steiner et elle consiste purement et simplement à nier qu'on puisse, à partir de la propriété de soi-même, s'approprier des ressources naturelles via l'exercice du travail. Dans *Essay on rights*, Steiner fait observer qu'en toute rigueur, le travail n'est appropriatif du produit qu'il engendre que lorsqu'on est déjà propriétaire du matériau sur lequel il s'exerce. Lorsqu'au contraire il s'applique à des ressources naturelles non encore appropriées, il faut prendre le contre-pied de la thèse de Locke et de Nozick selon laquelle, parce que le travail dont l'agent est propriétaire s'incorpore dans des ressources naturelles quelconques, celles-ci s'incorporent à leur tour à la personne de l'agent en devenant sa propriété. Cette thèse est inexacte car elle porte à croire que le matériau naturel auquel s'applique le travail a purement et simplement disparu. Comme le matériau demeure en réalité *immanent* au travail qui le transforme et que l'agent n'en est pas originellement propriétaire, le travail ne le rend toujours pas propriétaire de la ressource naturelle qu'il utilise. Il est seulement propriétaire de la valeur d'usage ajoutée par son travail qui découle directement de la propriété de soi et qui varie avec l'effort et le talent individuel [Steiner, 1994, p. 78].

La seconde objection, que l'on peut adresser à la thèse du droit du premier occupant de Rothbard-Narveson, fait simplement observer qu'il n'y a rien d'évident à déduire d'une égalité du droit de propriété de soi des agents et d'une égalité des droits formels qui en découle, un quelconque droit du premier occupant. La « déduction » ressemble même à un cercle vicieux : la liberté du premier occupant est censée ne pas pouvoir être violée par une interférence ultérieure exigeant un droit sur le même objet par un autre agent, mais cette inviolabilité qui est censée établir ce droit n'a de sens que dans la mesure où on a d'abord montré que cette occupation initiale est elle-même légitime, ce qui ne peut se faire en réalité que par la négation même de toute interférence ultérieure par un autre agent, etc.

2°) En ce qui concerne le *proviso* et l'exploitation, on peut sans doute déduire de la thèse de la réussite effective de l'entrepreneur nozickien que les non-propriétaires, contraints de vendre leur force de travail sur le marché pour un salaire de subsistance, ne pourraient élever aucune revendication car le fait qu'ils ne soient pas propriétaires (sauf de leur salaire) montre qu'ils n'auraient pas mieux réussi en l'absence de toute mise en œuvre du modèle (a) $\rightarrow$ (a_2)

[Kymlicka, 1999, p. 131-132 ; Cohen, 1995, p. 85-86]. Un tel argument n'a cependant pas grande valeur. Même des agents parfaitement qualifiés peuvent – sans que ce soit de leur fait – ne pas rencontrer de demande sur le marché du travail et se trouver ainsi possiblement plus mal lotis qu'ils ne l'auraient été sans l'existence d'une appropriation privative. Ils seraient donc habilités, selon le *proviso*, à exiger une compensation de la part des capitalistes, faute de quoi ceux-ci ne seraient même pas propriétaires des moyens de production. Dans ces conditions, si les capitalistes ne se coordonnent pas spontanément pour distribuer des revenus de transfert (*i.e.* s'il y a trop de *free riders*), il reviendrait à l'État (Providence) de rendre le *proviso* exécutoire : la contrainte de l'État, dans ce cas, n'a rien d'exploitatif puisqu'elle est analogue à celle qui consiste à défendre des droits individuels en présence de violations quelconques.

En second lieu, comme l'observe Steiner, le *proviso* est censé compenser la perte de ressources du non-propriétaire. Or celui qui entre dans une relation salariale ne perd pas seulement des ressources matérielles, mais aussi la *liberté* d'y accéder et de les mettre en valeur dès lors qu'il devient dépendant du capitaliste [Steiner, 1977a, p. 44 sqq. ; 1987, p. 63 ; Cohen, 1995, p. 80, 237 ; 1990, p. 41]. Que doit donc exactement compenser le *proviso* ? Seulement une perte financière ou encore une perte de liberté qui constitue aussi une détérioration de la situation du non-propriétaire ? Plus encore, si l'égalité formelle de droits de propriété de soi et de droits de propriété sur les choses n'est que la conséquence de la promotion de l'égalité de l'autonomie, on devra alors forcément limiter les deux premiers au profit de la seconde s'il apparaît que la relation de dépendance salariale constitue une entrave à l'exercice de l'autonomie, ce qui risque sans doute d'influer de façon complexe sur les négociations pour fixer le montant du *proviso* (comment compenser financièrement une perte de liberté et d'autonomie ?).

Il en découle du même coup que le *proviso* ainsi compris constitue une critique de la critique de l'appropriation de la valeur de la propriété d'un agent proposée par Alchian, Hoppe et Block. Supposons que le montant d'un salaire de subsistance d'une classe d'agents constitue une *détérioration* au regard de leur accès possible aux ressources naturelles, le recours à une compensation limiterait nécessairement la liberté d'usage du capitaliste sur ses propres ressources. On aurait alors l'équivalent d'une loi de revalorisation du salaire qui aurait pu émaner d'agents s'estimant propriétaires de la valeur de leur force de travail et cherchant à la protéger contre une baisse menaçante, sans que cela donne nécessairement lieu à l'existence de goûts dispendieux. Plus encore, un montant salarial inférieur au salaire de subsistance porterait directement atteinte à la propriété physique de soi-même en menaçant de la détruire, de sorte que la propriété de ses propres capacités ne peut pas être séparée de celle de leur valeur si on est habilité à la protéger. Dans ces conditions, pourquoi la propriété de soi serait-elle non exploitative dans le cas du capitaliste et exploitative dans le cas du travailleur ?

La dernière objection concerne la limite évidente de la conception nozickienne du *proviso* qui se limite en fait à un simple rapport entre des agents *contemporains* entre lesquels se réalisent des formes de compensation, en particulier par le salaire. Mais comment traiter le cas des générations *futures* dépourvues d'accès aux ressources naturelles privatisées et qui devraient pourtant recevoir une compensation pour cette privation ? Pour que l'appropriation continue d'être valide, l'ensemble des propriétaires devrait compenser l'ensemble des futurs non-propriétaires, faute de voir les titres de propriété annulés, éventualité qui n'est même pas évoquée par Nozick [Steiner, 1977a, p. 44 ; 1977b, p. 151].

3. Justice acquisitive et l'exploitation selon les modèles (a) → (a_1) et (b) → (b_1)

1) Les modalités de l'acquisition

Les objections formulées à l'endroit du libertarisme de droite permettent maintenant de se tourner vers le libertarisme de gauche dont la conception alternative en matière de justice acquisitive débouche sur un concept d'exploitation différent, bien que certains de ses prédicats soient communs aux deux courants. Comme les libertariens de droite, les libertariens de gauche placent au principe de la justice acquisitive originaire le concept de propriété de soi, mais ils ne déduisent pas de ce concept les mêmes conséquences, en particulier en ce qui concerne le droit d'appropriation des ressources naturelles. En premier lieu, on a vu (cf. *supra*) qu'il est possible d'objecter à la théorie de l'appropriation par le travail que celui-ci ne crée pas de titre de propriété. Cependant, à supposer que cette appropriation soit valide, l'accaparement de toutes les ressources naturelles travaillées (ou simplement « occupées ») risque de créer une situation de rareté pour les non-propriétaires contemporains et ceux des générations futures qui se trouveraient alors dans une situation de dépendance à l'égard des propriétaires, situation peu compatible avec l'exercice de l'égalité de la propriété de soi. Celle-ci ne s'exerce pas seulement lorsqu'est garantie la non-interférence coercitive et donc le consentement des agents, elle requiert aussi la libre utilisation de son corps dans et par des actions extérieures nécessairement consommatrices de ressources, à commencer simplement par l'espace. Comme le notait déjà Herbert Spencer, « il est impossible de priver absolument quelqu'un de l'usage de la surface de la Terre, sans arrêter les activités qui entretiennent sa vie. À défaut de terrain où se poser, il est incapable de faire quoi que ce soit » [Spencer, 1893, p. 94 ; 1883, p. 132-133]. Une appropriation intégrale de toutes les ressources par le travail ou l'occupation – pour prendre un cas limite – violerait ainsi le principe de propriété de soi. Si X et son groupe s'approprient de toutes les ressources naturelles, il devient impossible pour Y de ne pas dépendre de X dans une relation de pouvoir puisqu'il sera partout sur son territoire et donc sous sa dépendance (non contractuelle), de telle sorte que le corps de Y deviendra un simple appendice de la propriété de X. Il n'y a donc plus de propriété de soi de Y et plus de droits compossibles entre X et Y [Steiner, 1987a, p. 63 ; George, 1887, p. 329-330].

Ainsi, le respect de l'égalité de la propriété de soi débouche directement sur l'instauration d'une limite à l'appropriation exclusive : on peut posséder et utiliser des ressources naturelles tant qu'on ne viole pas ce principe, c'est-à-dire tant qu'on ne prive pas les autres de la possibilité de les utiliser. À la différence du libertarisme de droite, il ne peut y avoir de transfert de la propriété de soi vers l'appropriation des ressources naturelles qui puisse déboucher sur une inégalité de propriété aussi grande que possible. Le droit réel de propriété ne se déduit donc pas du droit formel de propriété, il en constitue plutôt la *condition de réalisation*. De ce fait, pour garantir réellement l'égalité de la propriété de soi, et puisque le *proviso* a été soumis à critique, il faut abandonner le modèle (a) → (a_2) pour les modèles égalitaristes (a) → (a1) et (b) → (b_1), ce qui entraîne des conséquences sur la manière de comprendre l'exploitation au sein du même modèle E_1.

Le modèle (b) → (b_1) garantit cette égalité en promouvant le principe de la propriété collective des ressources naturelles (*res communis*) qui exige l'exercice d'un consentement collectif pour toute appropriation ou utilisation de ressources naturelles. C'est le modèle adopté par certains marxistes comme Gerald Cohen et certains libertariens de gauche. Cependant, comme ce consentement est difficile, sinon impossible à obtenir (comment réunir toute l'humanité pour obtenir un vote ?), il est préférable d'adopter le modèle (a) → (a_1) : une situation de *res nullius* avec appropriation privative égale des ressources sans consentement collectif pour leur utilisation. Or l'utilisation privative de ces ressources par chacun dans une situation réelle risque, en raison de leur rareté possible, ou pour toute autre raison, de priver n'importe qui d'autre de cet accès, ce qui menace l'égalité de la propriété de soi. Il faudra donc mettre en œuvre ici aussi une compensation qui transforme chaque agent en une sorte de « locataire » ou preneur à vie des ressources qu'il utilise et qui compense ainsi, par un versement à un fonds, leur utilisation exclusive, conformément au maintien de l'égalité originaire des propriétés [Vallentyne, 2009, p. 119][13]. Il ne s'agit en aucun cas d'une forme de redistribution fondée sur une obligation impersonnelle à l'égard des agents les plus vulnérables : on a affaire ici à une stricte défense de la liberté négative de chacun et il n'est nul besoin d'abandonner le cadre de la théorie libertarienne pour s'opposer aux thèses de Nozick, Rothbard et Narveson. Par ailleurs, cette thèse n'est pas incompatible avec l'inégalité qui peut se produire à partir d'une dotation initiale égale des ressources naturelles, selon l'utilisation différenciée que peuvent ensuite en faire les individus via leur travail ou leur pratique des échanges [Steiner, 1984, p. 239]. Elle est donc compatible avec toute forme de capitalisme qui intègre l'égalité des dotations en ressources naturelles ou leur compensation [Steiner, 1987a, p. 69].

2) Le modèle E_1 du libertarisme de gauche

On peut maintenant se tourner vers la théorie libertarienne de gauche de l'exploitation qui se présente comme une alternative à l'égard de celle du libertarisme de droite (notamment de celle de Nozick), tout en partageant avec elle certains traits (E_1). Elle a été principalement développée par Hillel Steiner et son idée directrice est que l'exploitation doit être comprise comme une forme de coercition qui a pour conséquence le blocage des transactions marchandes entre des producteurs A et B. La coercition exercée par C sur au moins un des producteurs crée une situation qui exclut l'échange antérieur mutuellement avantageux entre A et B et les contraintes d'échanger avec lui en deçà des prix auxquels ils se seraient librement entendus. Dans une relation de domination, l'esclave ou le serf, par exemple, ne peuvent échanger avec nul autre que le maître et ceux qui échangeaient antérieurement avec eux se trouvent privés de cet échange et contraints d'échanger avec lui s'il n'existe pas d'autre solution possible [Steiner, 1984, p. 232 ; 1987b, p. 141 ; 2013, p. 339]. Mais il en va de même si – sans esclavage ni servage – les moyens de production ont été accaparés par C de telle sorte que les producteurs indépendants (A, B) qui échangeaient préalablement entre eux soient désormais privés des moyens de production antérieurs et contraints à un échange *inégal* exclusivement avec C, par exemple, sous la forme du rapport salarial, car leurs ressources respectives ne leur permettent plus désormais de se faire mutuellement des offres. L'exploitation en tant

13. Le revenu inconditionnel de base en constitue une possible expression [cf. Vanderborght et van Parijs, 1984, p. 68 sqq.].

que transfert bilatéral, inégal et volontaire découle de cette appropriation. Cependant, l'accaparement des ressources par C suppose une mobilisation de moyens coercitifs et dès que l'État acquiert le monopole de la violence, il devient l'opérateur majeur de la confiscation des ressources productives par C dont il est l'allié ou l'instrument. Ce n'est donc pas principalement parce que l'État prélève des revenus de transfert qu'il est exploitatif – comme chez Nozick, Rothbard et Narveson –, c'est parce qu'il est l'allié de la classe des accapareurs. Or on a vu antérieurement que, pour Steiner, les droits ont des *pedigrees* et que leur validité repose sur leur enchaînement historique jusqu'à la situation d'appropriation originaire de *res nullius*. Cependant, cette situation ne se retrouve pas dans la répartition inégale actuelle des moyens de production, parce que celle-ci trouve en grande partie son origine historique dans les sociétés précapitalistes dans lesquelles se sont produites des injustices acquisitives qui se sont prolongées au sein des sociétés capitalistes. Sans doute, dans ces dernières, l'État apparaît-il comme une condition des échanges marchands. Mais celle-ci se produit sur un arrière-fond historique qui les a très largement faussés par la protection de l'inégalité de la propriété privée engendrée par des expropriations forcées. Le marché devient ainsi un auxiliaire de l'exploitation dans la mesure où il est dépourvu de toute mesure correctrice susceptible de rétablir l'égalité de propriété de soi de chaque agent via des dotations individuelles équivalentes à la part de ressources naturelles qui auraient dû être également acquises[14].

Ainsi la thèse de Steiner se trouve-t-elle au point de rencontre de Marx et d'Henry George, non pas du Marx de la théorie de l'exploitation fondée sur la valeur travail, mais du Marx de la section 8 du livre I du *Capital*, historien de l'accumulation primitive du capital fondé sur l'expropriation de la petite paysannerie et de la thèse de George concernant la monopolisation des terres aux États-Unis dans le cadre de la construction des chemins de fer. Elle se trouve aussi au point de rencontre entre les exigences géorgiste de taxation de la terre et la préconisation par Marx de sa nationalisation dans son article de 1872 sur la nationalisation de la terre qui déclare que : « La propriété du sol est la source originelle de toute richesse, et elle est devenue le grand problème dont la situation déterminera l'avenir de la classe ouvrière » [Marx, 1963, p. 1476-1479 ; Cohen, 1979, p. 234].

Bref, à la différence de Rothbard, Nozick et Narveson, la différence dans l'appropriation des ressources ne procède pas, pour Steiner, d'une différence

14. « Ma conclusion sera que dans la mesure où le capitalisme respecte les droits de chaque personne à la propriété de soi, ces prétentions à la justice exigent que personne ne soit privé ce type de revenu égal – un revenu qui peut servir de point de départ pour chaque vie » [Steiner, 1987a, p. 49].

de compétences entre agents économiques négativement compensée par les prélèvements étatiques coercitifs qui font de l'État la seule force de l'exploitation. Cette différence découle d'une appropriation historique coercitive des moyens de production par les classes possédantes dont l'État a servi les intérêts et qui se prolonge même en régime de marché non corrigé. Cette thèse présente un avantage au regard de celle du libertarisme de droite en ce qu'elle rompt avec une conception « idyllique » de la répartition initiale des dotations qui fait de l'inégalité de ressources le seul produit de la compétence, mais elle n'est pas sans inconvénients théoriques.

Le libertarisme de gauche, dans la version de Steiner, choisit, comme le libertarisme de droite – liberté négative oblige – le modèle E_1 d'exploitation. Or sa critique du libéralisme de droite n'en devient, du coup, que plus étrange : si l'on défend en effet la thèse d'une appropriation intégrale par X et son groupe – via le travail ou l'occupation – de toutes les ressources naturelles (cf. *supra*), tous les agents non-propriétaires seront au pouvoir de X et de son groupe et seront contraints d'échanger inégalement avec eux. Or cet accaparement n'est pas forcément coercitif puisqu'il peut être une simple conséquence (tenue pour légitime par les libertariens de droite) de la propriété de soi. De même, si l'on suppose que l'accumulation primitive du capital a eu lieu, expropriant par la violence un certain nombre de producteurs devenus pourtant libres aujourd'hui d'échange sur le marché, le marché devient un auxiliaire d'exploitation, sans être coercitif. Cependant, quelle sera la différence avec une situation de coercition exploitative du point de vue du résultat ? Aucune, en termes d'exploitation, *i.e.* d'échange inégal, sauf que cette situation exploitative relève du modèle E_2 au lieu du modèle E_1 exclusivement choisi par les libertariens (de gauche comme de droite). Tout se passe donc comme si Steiner introduisait subrepticement E_2 dans son argumentation. Dans ces conditions, cela signifie, d'une part, que la conception de l'exploitation par le libertarisme de gauche (version Steiner) manque de cohérence et se trouve fragilisée parce qu'elle commence par partager le modèle E_1 avec le libertarisme de droite tout en critiquant implicitement son unique validité. Cela signifie, d'autre part, qu'il y a alors exploitation chaque fois qu'un agent se trouve dans une situation d'échange inégal (de nature aussi bien coercitive que non coercitive) sans alternative plus avantageuse que celle qui s'impose à lui. Mais, dans ces conditions, sauf à risquer l'incohérence, le libertarisme de gauche doit alors se rallier à une conception plus *inclusive* de l'exploitation et reconnaître, du même coup, l'insuffisance du concept de liberté négative pour la penser: il devient dès lors difficile de contourner la thèse selon laquelle l'exploitation est compatible avec un concept de liberté négative. C'était, on s'en souvient, l'une des thèses de Marx [Marx 1980, I, p. 100-101 ; II, p. 144].

Références

Alchian, Armen [1977], *Economic Forces at Work*, Indianapolis: Liberty Fund.

Alexander, Larry [1983], « Zimmerman on coercitive wage offers », *Philosophy and Public Affairs*, 12, p. 160-164.

Block, Walter [1993], *Défendre les indéfendables (Proxénètes, vendeurs d'héroïne, prostituées, maîtres chanteurs, faux-monnayeurs et autres boucs émissaires de notre société)*, Paris : Les Belles Lettres.

Block, Walter et Hoppe, Hans Herman [2002], « On Property and Exploitation », *International Journal of Value-Based Management*, 15, p. 225-236.

Block, Walter [2010], *Building blocks for liberty. Critical essays*, ed. Julian Tanase & Bogdan Glavan, Auburn, Alabama: Ludwig von Mises Institute.

Buchanan, Allen [1985], *Ethics, efficiency and the market*, Oxford: Clarendon Press.

Buchanan, James [1992], *Les limites de la liberté. Entre anarchie et Léviathan*, Paris, Litec.

Carter, Ian [1999], *The measure of freedom*, Oxford: Oxford University Press.

Christiano, Thomas [2015], « What is wrongful exploitation? », in David Sobel & Peter Vallentyne, *Studies in political philosophy*, vol. 1, Oxford: Oxford University Press.

Cohen, Gerald A. [1979], « The labor theory of value and the concept of exploitation », *Philosophy and Public Affairs*, vol. 8, n° 4, p. 338-360.

Cohen, Gerald A. [1995], « Self Ownership, world ownership, and equality », in *Self Ownership, freedom and equality*, Paris : Maison des sciences de l'homme & Cambridge: Cambridge University Press.

Cohen, Gerald A. [1990], « La liberté et l'égalité sont-elles compatibles ? », *Actuel Marx*, n° 7, p. 29-42.

Elster, Jon [1983], « Exploitation, freedom and justice », *Nomos*, vol. 26, p. 277-304.

Elster, Jon [1989], *Karl Marx : une interprétation analytique*, Paris : Presses universitaires de France.

Elster, Jon [1986], *An introduction to Karl Marx*, Cambridge: Cambridge University Press.

Gauthier, David [2000], *Morale et contrat. Recherche sur les fondements de la morale*, Liège : Mardaga.

Gharbi, Jean-Sébastien et Sambuc, Cléa [2011], « Le libertarisme de gauche comme théorie économique. État et redistribution des revenus », document de travail Greqam, https://www.google.alain.alcouffe.free.fr/fullpapers/c3gharbi.pdf.

Goodin, Robert [1987], « Exploiting a situation and exploiting a person», in Andrew Reeve (ed.), *Modern theories of exploitation*, Thousand Oaks, CA: Sage.

Gorr, Michael [1989], *Coercion, freedom and exploitation*, New York: Peter Lang.

Hamowy Ronald [2008], *Encyclopedia of libertarianism*, Thousand Oaks, CA: Sage.

Hayek, Friedrich [1994], *La constitution de la liberté*, Paris : Litec.

Kant, Emmanuel [1971], *Fondements de la métaphysique des mœurs*, Paris : Delagrave.

Kymlicka, Will [1999], *Les théories de la justice. Une introduction*, Paris : La Découverte,

Lazzeri, Christian [2018], « De la propriété à l'exploitation. Une critique du libertarisme », in Marie Garrau & Delphine Prévost (dir.) *La liberté négative. Usages et critiques*, Paris : Hermann.

Long, Roderick T. [2012], « Left-Libertarianism, Market Anarchism, Class Conflict and Historical Theories of Distributive Justice », *Griffith Law Review*, vol. 21, n° 2, p. 413-431.

Long, Roderick T. [1998], « Toward a libertarian theory of class », *Social Philosophy and Policy*, vol. 15, n° 2, p. 303-349.

Mack, Eric [1990], « Self ownership and the right of property », *The Monist*, vol. 73, n° 4, p. 519-538.

Mack, Eric [2002], « Self-ownership, Marxism, and Egalitarianism. Part II », *Politics, Philosophy & Economics*, vol. 1, n° 2, p. 75-108.

Marx, Karl [1963], « La nationalisation de la terre », in *Œuvres*, tome I, appendice IV, Paris : Gallimard – La Pléiade.

Narveson, Jan [1992], « Remarques sur le fondement de la morale», in Jocelyne Couture (dir.), *Éthique et rationalité*, Liège : Mardaga, p. 25-49.

Narveson, Jan [1998], « Libertarianism vs Marxism: Reflections on G. A Cohen's *Self Ownership, freedom and equality* », *The Journal of Ethics*, n° 2, p. 1-26.

Narveson, Jan [2001], *The libertarian Idea*, Peterborough: Broadview Press.

Nozick, Robert [1988], *Anarchie, État et utopie*, Paris : Presses universitaires de France.

Nozick, Robert [1995], « La contrainte », in Marc Neuberg (dir.), *Théorie de l'action. Textes majeurs de la philosophie analytique de l'action*, Liège : Mardaga.

Rawls, John [1986], *Théorie de la justice*, Paris : Seuil.

Rawls, John [2003], *La justice comme équité*, Paris : La Découverte.

Rawls, John [2007], *Lectures on the History of Political Philosophy*, ed. Samuel Freeman, Cambridge, Mass.: The Belknap Press of Harvard University Press.

Roemer, John [1982], *A general theory of exploitation and class*, Cambridge, Mass.: Harvard University Press.

Roemer, John [1986], « New directions in Marxian theory of exploitation and class », in *Analytical marxism*, Cambridge, Mass.: Cambridge University Press.

Rothbard, Murray [1991], *L'éthique de la liberté*, Paris : Les Belles Lettres.

Rothbard, Murray [2000], *Egalitarianism as a Revolt Against Nature and Other Essays*, Auburn, Alabama: Ludwig von Mises Institute.

Rothbard, Murray [2002], *For a new liberty. The libertarian manifesto* [ed. révisée], New York-London: Collier Books.

Rothbard, Murray [2004], *Power and Market: Government and the Economy*, Auburn, Alabama: Ludwig von Mises Institute.

Rothbard, Murray [2009], *Anatomy of the state*, Auburn, Alabama: Ludwig von Mises Institute.

Sample, Ruth [2003], *Exploitation: what it is and why it is wrong?* Oxford-New York: Rowman & Littlefield.

Steiner, Hillel [1977a], « The natural right to the means of production », *The Philosophical Quarterly*, vol. 27, n° 106, p. 194-210.

Steiner, Hillel [1977b], « Justice and entitlement », *Ethics*, n° 2, January, p. 150-152.

Steiner, Hillel [1980], « Slavery, socialism, and private property », *Nomos*, vol. 22, p. 244-265.

Steiner, Hillel [1984], « A liberal theory of exploitation », *Ethics*, n° 94, p. 225-241.

Steiner, Hillel [1987a], « Capitalism, justice and equal starts », *Social Philosophy and Policy*, vol. 5, p. 49-71.

Steiner, Hillel [1987b], « Exploitation: a liberal theory amended, defended and extended », in Andrew Reeve (ed.) *Modern theories of exploitation*, Thousand Oaks, CA: Sage.

Steiner, Hillel [1994], *Essays on rights*, Oxford: Blackwell.

Steiner, Hillel [2013], « Liberalism, neutrality and exploitation », *Politics, Philosophy and Economy*, vol. 12, n° 4, p. 335-344.

Vallentyne, Peter [1999], « Le libertarisme de gauche et la justice », *Revue économique*, vol. 50, n° 4, p. 859-878.

Vallentyne, Peter [2009], « Left-libertarianism as a promising form of liberal egalitarianism », *Philosophic Exchange*, vol. 39, n° 1, p. 2-17.

Van Parijs, Philippe [1987], « Exploitation and the libertarian challenge », in Andrew Reeve [ed.] *Modern theories of exploitation*, Thousand Oaks, CA: Sage, p. 111-137.

Van Parijs, Philippe [1995], *Real Freedom for All. What [If Anything] Can Justify Capitalism?* Oxford: Clarendon Press.

Van Parijs, Philippe et Vanderborght, Yannick [2005], *L'allocation universelle*, Paris : La Découverte.

Wertheimer, Alan [1999], *Exploitation*, Princeton: Princeton University Press.

Zimmermann, David [1981], « On Coercitive wage offers », *Philosophy and Public Affairs*, vol. 10, n° 2, p. 121-145.

CAN THE CONCEPT OF EXPLOITATION BE ASSOCIATED WITH THAT OF INFERIORISATION? A CRITICAL ANALYSIS

Alice Nicole Sindzingre[1]

The concept of exploitation has been the subject of innumerable studies. A less investigated issue, however, is the relationship of this concept with that of 'inferiorisation', i.e. the beliefs and norms that induce an individual to place another individual in an inferior position. The article argues that the analysis of the links between the two concepts leads to a theoretical puzzle: the concept of exploitation seems to imply that of inferiorisation, but simultaneously, the theoretical definition of the capitalist exploitation of a human being is incompatible with that of his inferiorisation.

Le concept d'exploitation peut-il être associé à celui d'infériorisation ? Une analyse critique

Le concept d'exploitation a été l'objet de nombreuses analyses. Une question a été cependant moins investiguée, celle de la relation de ce concept avec celui d'« infériorisation », définie comme les croyances et normes conduisant un individu à placer un autre individu dans une position inférieure. L'article montre qu'une analyse des liens entre ces deux concepts mène à une aporie : le concept d'exploitation semble impliquer celui d'infériorisation, mais simultanément, la définition théorique de l'exploitation capitaliste d'un être humain est incompatible avec celle de son infériorisation.

Keywords: exploitation, inferiorisation, social norms, capitalism, developing countries.
Mots clés : exploitation, infériorisation, normes sociales, capitalisme, pays en développement.

JEL: B40, B52, Z1

1. School of Oriental and African Studies (SOAS), University of London, Department of Economics. A first version of this paper has been presented at the Workshop "Theories of Exploitation", Nanterre, ANR Phicentrav-Sophiapol-EconomiX, 19-20 January 2017. The author particularly thanks Fabrice Tricou for his encouragements to investigate these issues and very stimulating discussions.

1. Introduction

The concept of exploitation has been the subject of innumerable studies, which, moreover, have come from almost all social sciences, notably economics, political science, sociology, history or anthropology, all of them having developed different conceptual frameworks. The concept has been central in the writings of Marx, with its meanings particularly shaped by Marxian theories and debates, which therefore now constitute canonical references for further explorations of the concept.

Yet a less investigated issue is the relationship of the concept of exploitation with that of 'inferiorisation', i.e. the beliefs, norms and behaviour that induce an individual or a group of individuals to place another individual or group of individuals in an inferior position. Indeed, ordinary language and thinking may associate the persona of the 'exploited' to that of an 'inferior'. With a primary focus on the assessment of concepts and an epistemological approach, the article argues that the analysis of the links between the two concepts leads to a theoretical puzzle: the concept of exploitation seems to imply that of inferiorisation, and, at the empirical level, across history exploitation has been massively grounded on the inferiorisation of individuals, but simultaneously, the theoretical definition of the capitalist exploitation of a human being contradicts – is incompatible with – that of his inferiorisation.

More precisely, and in particular in the Marxian perspective, the relationship of exploitation requires the existence of a contract between the exploiter and the exploited. The concept of exploitation in capitalist settings requires 'some equality', some identical attributes, between the exploiter and the exploited under the common characteristic of being human (i.e. belonging to mankind) because it requires a contractual relationship: e.g., one cannot contract with an animal, a thing, or a god. In contrast, the process of inferiorisation is an essentialisation by an individual (or a group) of attributes that an individual (or a group) receives at birth: inferiorisation relies on the locking by an individual of another individual (and actually any living entity) in a specific ontology, i.e. that of 'inferiors', who can be defined as living entities that can be ignored and which is exactly the opposite of a relationship. This relationship (of exploitation) on the one hand, and this process (of inferiorisation) on the other, should therefore not be compatible. Capitalist exploitation when it relies on inferiorisation therefore generates an aporia.

Yet at the empirical level and since the existence of capitalism, capitalist exploitation has included the ontological inferiorisation of very large numbers of individuals, and in particular in its 'periphery' (in developing countries) – and also in its centre (through the concept of 'immigrant', which appeared with the industrial revolution in the 19th century [Blanchard *et al.*, 2016]).

Though studies of exploitation in peripheral capitalism usually do not notice it, the article thus shows that this relationship of exploitation when associated with a process of inferiorisation constitutes a puzzling theoretical oxymoron. This argument is examined both in a conceptual and empirical perspective.

The article is structured as follows. Firstly, it reviews the definitional issues related to the two concepts of exploitation and inferiorisation. Secondly, it analyses a series of stylised empirical facts regarding exploitation in 'peripheral capitalism', notably those related to the concept of hierarchy. Thirdly, it examines the paradoxes of the concept of exploitation when it is also a representation, and in particular associated with norms of inferiorisation. Finally, it shows that the nexus exploitation-cum-inferiorisation highlights the links between the concept of exploitation and that of alienation.

2. As a preamble, brief definitional issues

2.1. The concept of exploitation

The concept of exploitation has been the subject of heated debates regarding its nature and definition. While a discussion of definitions goes beyond the scope of the article, a brief mention of some definitional elements of the concept may highlight the argument.

Exploitation has been viewed as just a brute fact, whatever its meanings, but it is also a concept. As underscored by Hodgson [1980, p. 258], neoclassical approaches consider that the owner of a factor of production is exploited if she receives less than the marginal product of that factor, while Marxian approaches consider that exploitation occurs when workers create more value than they receive in the form of wages, the coercion exerted by capitalists over the labour process enabling this expropriation of surplus value. In a Marxian perspective, it is the transfer of the economic surplus from workers to capitalists. Equally, among the four concepts of exploitation highlighted by Fleurbaey [2014], that of unequal exchange and of using persons as a means are particularly relevant for the analysis of the concept's link with that of inferiorisation. Unequal exchange of labour is also viewed as a key feature of exploitation in the capitalist economy [Yoshihara, 2017].

Analyses of exploitation have been deepened via the prism of ethical theories. For example, it has been argued that to exploit others is to take unfair advantage of them. The capitalist class exploits the proletariat: one party exploits another when it gets unfair and undeserved benefits from its transactions or relationships [Wertheimer and Zwolinski, 2013].

An important point here is that the notions of freedom and contract constitute key intrinsic dimensions of the concept of capitalist exploitation – even if at the empirical level forced labour coexists with and may even be viewed as a matrix of 'free' contractual labour [Moulier-Boutang, 1998]. In the latter, 'nobody forces the worker to sell his labour power to the capitalist; labour power is traded on a competitive market (at least in the ideal form)'. Capitalism is based 'upon voluntary trade, with *de jure* personal freedom' and freedom to contract [Roemer, 2017] – though other studies of exploitation focus on the reduction of the material welfare of the exploited [Wright, 2000], on the instrumentalisation of the latter' vulnerability [Vrousalis, 2013], or on Marx's recurrent use of the terms of 'domination', 'subsumption' and 'subordination' of labour by capital, which in fact reflects worker unfreedom [Vrousalis, 2017].

These intrinsic dimensions of contract and freedom in capitalist exploitation are similarly highlighted in other studies. Heinrich [2004-2012, p. 14 and 96] explains these dimensions with great clarity, and is therefore worth quoting in detail: regardless of the level of wages or quality of working conditions, exploitation means that the dominated class produces its own subsistence and also that of the ruling class – slaves vs. slave owners, serfs vs. landlords in non-capitalist societies, and in capitalism, the propertied class vs. the proletariat, i.e. wage labourers. Thus, in non-capitalist societies, 'exploitation rests upon a relationship of personal domination and dependency'. In contrast, 'under capitalist relations, wage labourers enter into a contract with a capitalist. Wage labourers are formally free (there is no external force that compels them to sign a contract, and contracts, once signed, can be annulled later) and are formally equal to capitalists'. 'Domination and exploitation in capitalism are realised precisely by means of the formal freedom and equality between partners' [Heinrich, 2004-2012, p. 14]. Indeed, rather than divisions by birth as in aristocratic societies, it is the possession of capital that grounds divisions in capitalist societies [Sindzingre and Tricou, 2012]. In contrast with slaves or serfs, the sellers of their labour-power are proprietors of it and legally free individuals - but also 'free' of property of means of production [Heinrich, 2004-2012, p. 91].

2.2. The concept of inferiorisation

Inferiorisation may be defined as a placing an individual in an inferior position because he-she exhibits a specific attribute that he-she gets by birth (e.g., a physical attribute, being born in a given descent group, among others), i.e. an attribute that this individual has not the capacity or freedom to 'detach'. The action of the inferioriser constitutes an ontology of the inferiorised, it allocates him an essence, via a mechanism where a part generates the whole. The criterion of ontology is crucial: otherwise inferiorisation is simply viewing someone as being in a lower rank within a hierarchy. Hence a key point is that inferiorisation is not exploitation in the capitalist sense that involves a 'free seller' proletarian.

Most often, this action places the inferiorised individuals outside of the category of human beings, of mankind – and this category may be restricted to a limited number of individuals, e.g., the 'citizens', specific lineages, castes, etc.

Precapitalist modes of exploitation have included different modes of inferiorisation. In a harsh mode of exploitation such as slavery, inferiorisation may have been mainly a ranking (e.g. slaves in Athens, who could become free men, and vice versa; slaves of Russia until the 18th century, driven by poverty). It may also be an ontological qualification by birth (as the helot in Sparta, ontologically an 'enemy of the state' and not fully belonging to mankind [Cliff, 2009]; or as the Romani in Moldavia-Wallachia until the abolition of their slavery in the mid-19th century [Marushiakova and Popov, 2009]). Significantly, in the West, serfdom may have been viewed as a conversion of slavery. Interestingly, though only the criterion of the possession of capital should explain rankings in capitalist societies, capitalist modes of exploitation have also included a variety of modes of inferiorisation (e.g., being born in certain categories of families, Jewish, Romani, etc, having a 'darker' skin, among many others)[2].

The concept of exploitation has a close relationship with the concept of domination, though the two concepts cannot be viewed a synonymous. Similarly, the concept of inferiorisation cannot be viewed as superimposable

2. This is not 'passé': see in 2016: http://edition.cnn.com/2016/12/13/us/official-racist-post-return-trnd.

on that of domination: for example, it is a common empirical fact in history that individuals who are dominated may 'inferiorise' the individuals who dominate them (in contexts of conquest, they can be scorned as 'barbarians'; equally, even if they are in the position of being dominated, women can have contempt for men, among many examples).

2.3. The context of the question: 'peripheral capitalism'

The concept of 'peripheral capitalism' is associated with the general movement of colonisation operated by Western countries from the 15th century onwards and its aftermath. The fact that colonial conquest has been exploitative remains debated. For example, Hopkins [1973] has analysed the 'small open economy' model that colonisation put in place, which is based on the export of commodities in exchange for manufactures. Blattman *et al.* [2004] have shown the vulnerability of 'periphery' economies as early as the 19th century (see also the debates on textile industry in 19th century's India, Roy [2010]). For some studies, however, a colonial empire such as the French one gained little from its colonial territories [Marseille, 1984; Huillery, 2008]. Equally, forms and consequences of colonial exploitation also varied from one region to another (Frankema and Buelens [2013] on the differences between colonial exploitation in Congo and Indonesia; Acemoglu and Robinson [2001; 2002] on the 'colonial origins' of development and the 'reversal of fortune' of certain countries from 1500 onwards depending on the institutional arrangements established by colonial powers).

This 'peripheral capitalism' has undoubtedly been of an exploitive nature, however, and in a more visible way after social struggles of the working class in the 20th century have secured some basic rights and resulted at a global scale in the outsourcing of the exploitation put in place in the 'centre'[3] and the coexistence of various forms of exploitation [Van der Linden, 2008]. For example, colonial exploitation and its global legacies have been analysed via the prism of dependency theories and those of the deterioration of terms of trade between the centre and periphery (the theses of Raul Prebisch and Hans Singer elaborated in the 1950s [Prebisch, 1950; Singer, 1950]), neo-Marxist perspectives, theories of unequal exchange [Emmanuel, 1972], or of comprador bourgeoisies, among others. Significantly, after the decline of conceptual frameworks backed by communism from 1989 onwards, these theories, and with them the concept of exploitation of the 'periphery', have

3. As shown by the exploitation in textile industry in Bangladesh, made public with the collapse of the Rana Plaza building in 2012; or in the computer industry in China.

been marginalised by theories inspired by the concept of 'globalisation' (openness of trade in goods and people): for example, in a critical perspective, theories of global production networks focusing on the exploitation by multinational firms, or theories of global inequality [Milanovic, 2005], or, in contrast, in mainstream economics, theories of comparative advantage and lower productivity of labour in developing countries (Baldwin [2012] on the dismissal of national industrial policies as beneficial for developing countries' growth). These mainstream theories of globalisation view trade openness as an 'engine of growth' that is beneficial for the global consumer, international migration (legal or not) and outsourcing as harnessing wages differentials and hence economically optimal; they ignore the dimensions of unequal exchange, uneven distribution of value added and the exploitation of cheaper labour by multinational firms. These conceptual changes were reinforced by the analysis of the new forms of capitalism that are driven by financialisation (Dumenil and Levy [2011] on the 'international managerial class').

3. Exploitation in 'peripheral capitalism'-cum-representations of inferiorisation: conceptual aporias

The conditions under which an individual who is inferiorised may be 'exploited' in the context of peripheral capitalism are examined here. It is firstly argued that representations of other individuals that inferiorise them are not an exclusive feature of capitalist Western societies. Secondly, it is argued that in a theoretical perspective the concept of exploitation is not compatible with that of inferiorisation.

3.1. Membership and hierarchies as 'core' institutions of societies

Capitalist exploitation of the 'periphery's' people has been shaped by the fact that the 'exploited' also include their own internal hierarchies.

All societies display groups which divide members and non-members, and the inside and the outside. Sometimes non-members are even considered as non-human, and can therefore be eliminated without any more guilt than an animal or a thing. Membership is a 'core' institution of societies, which is consubstantial with beliefs that separate 'we' from 'them' (non-members to which internal rules constitutive of the group do not apply), and beyond, humans and non-humans [Sindzingre, 2017][4]. For evolutionary economics,

4. In the Guayaki society, the name that members give to themselves is 'the humans' [Clastres, 1972].

group cooperation (and altruism) is a better strategy regarding survival. In psychology, an individual welfare may be created by the fact of being in a group. In a sociological perspective, groups provide social security and social welfare in the absence of a third party (the state) that provides it. Equally, all societies exhibit some degree of exclusion, rejection of difference, of the 'other'. Group membership relies on the concepts of identity or similarity. 'Traditional' societies have been analysed as proofs of the existence of altruistic behaviour: yet the latter manifests itself only inside the group [Heinrich *et al.*, 2004; Bowles and Polania-Reyes, 2012; Fehr and Williams, 2013]. According to Tönnies' and Weber's classical distinction between *Gemeinschaft* and *Gesellschaft*, in non-capitalist 'collectivist' societies, the individual is a 'property' of the caste, the lineage, the religion.

The concept of membership cannot be dissociated from that of hierarchy, which operates outside of a group (all groups place other groups in hierarchies) and inside the group, via statuses (e.g., men-women, elders-younger). Hierarchies are norms (representations) that order, or classify, not only individuals within a given group but other groups as well. All societies rank some categories as inferiors, within and outside groups. These rankings are parts of coherent sets of representations of the world (*Weltanschauung*) (e.g., the caste system in India): these hierarchies are always embedded in ontological representations (e.g., submission to God, Sahlins [2016]). Inferiorising representations are thus core elements of the formation of societies. These non-capitalist societies are typically based on heteronomy. The nomos is enacted by unobservable entities that are outside the human order (god, ancestors, etc), which fix dominant beliefs that are by definition irrefutable and incontestable, and which prescribe associated rules of behaviour (and deliver future gains if these rules are complied with); simultaneously these compulsory beliefs build the group as they create links (shared knowledge) among group members (*religio*). In contrast, after the Renaissance, modern European societies tried to build societies with the goal of autonomy – a free and autonomous individual.

In non-capitalist societies – e.g. 'traditional' or aristocratic societies – hierarchies are based on status, prestige, honour, and as opposed to market societies, they are sometimes coined as 'order societies' (which must not be confused with slave societies, e.g. as Ancient Greece mentioned by Marx). A prime criterion of ordering is kinship, and significantly it is a non-modifiable (by any individual desire or decision) criterion of hierarchy, discrimination, and exclusion. A question is as to whether these hierarchical relationships in non-capitalist ('traditional', feudal) societies are relationships of exploitation in the capitalist sense. Features of exploitation are present in these societies, e.g., the individual worker receiving less than the value he-she produced through his-her labour. The existence of exploitation may be debated, however, for example when there is no wealth accumulation. It is a group that 'exploits' another group, but these groups are constituted by birth and kinship, age and gender, and without the volition of the agents; it is not individuals that are the terms of this relationship of 'exploitation', which do not correspond to the concept of capitalist exploitation, where the sellers of labour must be legally free people with this freedom differentiating capitalist from other types of exploitation (e.g. serfdom, slavery). Indeed, the drivers of such 'traditional' exploitation are social norms (as in serfdom and slavery) but provided by the core institutions and norms organising the reproduction of the society, in particular kinship – rather than exploitation, these societies may exhibit 'inequality without exploitation', i.e. inequality in exchanges between groups, but without the exploitation of a group by another one [Godelier, 1969].

These non-capitalist societies contrast with modern capitalist societies, where hierarchies are based on capital, money and convertible assets. Capitalist exploitation theoretically implies a world of individuals: the capitalist exploits individuals, and the class is the subsumption of these individuals, i.e. a group that is constituted by common interests. Thus, the existence of a 'third party' – e.g. a state, a nation (as in France with the decisions taken at the Revolution regarding the citizens as all equals) is here crucial for attenuating 'traditional' memberships in creating a higher-level membership and affiliation. Indeed, the erosion of 'core' membership institutions is unlikely to be achieved by these institutions themselves, as they are typically self-reinforcing.

In expanding to the 'periphery' capitalist relationships have been articulated with these local hierarchies (a classical example is the contrast of the 'assimilationist' mode of the French colonisation with the British indirect rule that implemented a mode of production, e.g., plantations, which employed wage workers but relied on local chiefs for discipline). In peripheral capitalism, exploitation is thus de-doubled: the multinational firms (or previously the colonisers) vis-à-vis the periphery's workforce, and people of the 'periphery' vis-à-vis other people of this 'periphery' – which in 'rank societies' have been, e.g., individuals situated outside the group or belonging to groups represented as inferior (examples are the forced labour of lower castes and other dominated groups, 'house slaves', isolated individuals, etc, or in Sub-Saharan Africa the shaping of slave trade by local hierarchies, e.g., coastal societies selling to the Westerners individuals from the hinterland (Polanyi (1966] on the slave trade in Dahomey)[5].

3.2. Exploiting entities represented as inferiors in a capitalist regime?

As mentioned above, capitalist exploitation implies 'some' equality, 'some' common membership, stemming from the 'contractual relationship' between the exploiter and the exploited [Heinrich, 2004-2012], even if the 'voluntary' aspect is a purely heuristic device that is erased by the *ex ante* inequality in capital ownership prevailing in the empirical world. Indeed, capitalism relies on a representation of mobility, on the expectation of a possible reversal of places. The ruined capitalist can become a worker; the worker can accumulate and become a capitalist. This contrasts with 'orders' societies in peripheral capitalism: in contrast with capitalist exploitation that involves 'free' sellers of their labour-force belonging to the same humanness as the buyer, in slavery, 'orders'-based, and peripheral capitalism modes of exploitation that include inferiorisation, the exploited may be represented as not fully being a member of the same humankind and in a limbo of not-full-humanness or even full 'otherness', most often associated with contempt. Even in the slavery and serfdom modes of exploitation representing individuals as property, certain types of slave (e.g., captured at war) belonged to the same human species (and when they shared the same religion, religious hierarchies and sanctions could equally apply to both statuses, landlord and serf). Similarly, in 'traditional' societies, sanctions made by religious entities (gods, etc) applied homogenously to all group members as soon as they were group members and sharing common beliefs. Capitalist exploitation requires 'humans': hence, paradoxically, for exploitation of inferiorised people to be achieved, these inferiorised 'sub-humans' must be humans. The sole concept of capitalist exploitation therefore has difficulty in explaining the empirical coalescence of exploitation and inferiorisation, and the resilience of norms of inferiorisation within the capitalist regime.

Norms of inferiorisation are universal, as are hierarchies – be they traditional-feudal hierarchies 'by birth' or 'capitalist' hierarchies [Sindzingre and Tricou, 2012; Sindzingre, 2012] because they are the representations in which these hierarchies are embedded. They are found in capitalist,

5. It can be noted that in colonial (post-slavery) times in Africa the people of lower status given to colonisers (for wage labour, or for missionaries) enjoyed an upward mobility due to this insertion in the capitalist world (e.g., via a Western higher education), and some later became members of parliaments in the colonising country, political activists, or rulers after independence...

'periphery' capitalist and non-capitalist societies (e.g. in some Sub-Saharan African societies, as in Mauritania, some individuals may be viewed as 'darker' than oneself and thus be an object of contempt; in South America, 'whiter' urban people may view native people as 'non-humans', etc.).

Norms of inferiorisation use attributes that are irreversible, non-detachable from the individual: they delineate an ontology. Accumulation of capital does not change these partitions and hierarchies (non-human, inferior): e.g., in some developing countries, a man inferiorised because he is born in a lower caste remains a member of this caste (blacksmiths in Sub-Saharan Africa, *dalit* in India, etc.). These attributes stem from non-modifiable events such as birth, and individuals have no freedom vis-à-vis them.

Such norms select an attribute that can neither be removed nor changed (birth, physical feature, etc.), and *ex ante* subsume the whole individual within this attribute – in a 'totalising metonymy' – and then these norms rank these attributes within a hierarchy: some individuals can thus be locked in lower positions and be viewed as 'less' or 'not' human. These inferiorised groups are defined as individuals sharing some common visible feature. The substratum is a percept (e.g., different skin colour, etc.) and in the absence of any salience, the percept can be invented (e.g., 'hook-nosed Jews'). Other groups may attribute to inferiorised individuals some common invisible feature via some common visible feature such as a common language, territory or religion (i.e. from these commonalities to common behavioural traits, as has been the case for Jews in Europe across centuries). The attribution of such features generates the right to dominate or exclude.

In the exploitation of the inferiorised, inferiorisation norms easily allows for dehumanisation. The inferiorised cannot be an equal – a human being – and dehumanisation makes punishment and killing only a matter of technical procedure (Hochschild [1998] on the Belgian colonisation in Congo, among the vast literature on the dehumanisation inherent in mass violence): dehumanisation is a key element of inferiorisation. At the same time, whatever the depth of inferiorisation-dehumanisation, some attributes of humankind can be selected as they can be used for exploitation, e.g., physical strength or gender: the very fact of exploitation reassigns fragments of humanity to the inferiorised. In 'peripheral capitalism', though sharing some features with slavery, such inferiorisation is not a regime of slavery because this inferiorisation can exist together with wage labour and a capitalist mode of production (e.g., as was the case in colonial plantations, mines and the building of railways).

Peripheral capitalist exploitation thus shows that it is possible to have a relationship of exploitation vis-à-vis individuals, though exploiters simultaneously view them as non-members of humankind, which by definition excludes them from any contractual relationship and therefore any relationship of capitalist exploitation (but not slavery of feudal exploitation)[6]. Wage workers in the peripheries have been exploited by capitalism and at the same time represented as non-humans. Indeed, colonisation was justified by bringing 'civilisation' to the 'natives', be it in Latin America, Africa, or elsewhere.

The concept of capitalist exploitation when it involves inferiorising representations therefore inherently displays an aporia and raises the question as to whether it is possible to have a relationship of exploitation with someone or something that is perceived as non-human, or semi-human (non-identical). If so, where to put the boundaries that delimit the state of 'being human'? Can one exploit animals (monkeys, donkeys), or inanimate things? Can one say that some animals exploit other animals? (e.g. social species that exhibit hierarchies, dominant individuals and division of labour, such as great apes). Yet one has the intuition that these activities cannot fall under the concept of exploitation, as the associated concepts of contract, labour or value creation are absent. Similarly, does the extermination, including via forced labour, of people viewed as non-humans fully fall under the concept of exploitation? Considering 'traditional' social rules in 'orders' societies furthers these questions: does the Indian high caste member have the full awareness that he exploits the lower caste *dalit* in the context of beliefs that these 'deserve' their terrible working conditions due to the latter's 'impurity'? The question is the same for the elder that benefit from the free work of his lineage women or younger members (this debate was raised by the French Marxist anthropologists in the 1970s, exploring as to whether kinship and statuses-based societies displayed relationships of exploitation).

An historical example of a solution to this aporia has been the necessity to convert to Christianity the 'natives' discovered with the expansion of capitalism beyond the Western world. In the then prevailing theocratic context, this conversion was viewed as necessary in order to give these 'natives' access to humanity, which in fact could subsequently give them access to the status of being exploited within capitalist relationships[7] (typically in

6. As shown by the 'human zoos' exhibiting people from colonies in the same way as animals in European capitals in the 19th century, which lasted until the WWII [Bancel *et al.*, 2002].

7. And, later, enabled workers to create movements of emancipation…

plantations or mines). This was a pivotal element of the so-called 'Valladolid debate' (1550), which opposed Bartolomeo de Las Casas and Juan Gines de Sepulveda and focused on the question as to whether American Indians that worked in plantations for the Spaniards were free human beings as were colonisers despite their customs (e.g., human sacrifices): if yes, they should be brought to the state of Christians and hence full mankind (Las Casas) – which would actually fully integrate them in modern relationships of exploitation; if in contrast their customs were viewed as 'crimes against nature', they could be fought and exterminated (Sepulveda) [Fonken, 2003] (interestingly and symmetrically, in these pre-capitalist contexts, in order to be killed, animals had to be previously ritually placed out of humankind, as shown by trials in the Middle ages that involved animals said to have committed an offence [Noel, 2017]).

3.3. Capitalist exploitation in 'peripheries' and inferiorisation: conceptual compatibilities?

Markets and capitalism have been historically concomitant with the rise in individualism: in the world of pure markets, individuals are identical agents – and in the capitalist world, the possession of capital or their productivity constitute the elements of differentiation [Sindzingre and Tricou, 2012]. The regimes of exploitation that have been associated with markets and capitalism have thus assumed that the exploited are individuals, and therefore human beings who share some identity with all other economic agents of the capitalist society – even if they are the destitute and despised poor described by Charles Dickens or Jack London, even if payment of poverty-wages may be analysed as 'insulting' [Dobos, 2018].

This link according to which capitalist exploitation requires human beings acting as individuals appeared when feudal-theocratic regime gave way to the premises of capitalism at the Renaissance in Europe. The mankind of people in newly discovered and colonised territories was questioned, and Catholic thinkers urged that before (in order to) being put to work, i.e. entering in the regime of capitalist exploitation, these people needed to get full access to the category of humans, i.e. the same as their masters – and later, for the liberal democracies of the 19th century industrial revolution, even equals, slavery being abolished in 1848. The regime of exploitation based on inferiorisation, e.g. characteristic of slavery, with the emergence of inequalities based on the possession of capital had become unnecessary.

A paradox is that capitalism here has been an emancipatory force from slavery-feudal forms of exploitation grounded on *ex ante* inferiorisation by birth. Simultaneously, however, with the expansion of capitalism outside Europe from the Renaissance onwards, the visible attributes of the people originating from this 'periphery' (the colonised, the immigrant) have generated representations (beliefs) within the societies of the 'centre' that have enabled their rejection back to non-mankind via a variety of cognitive mechanisms ('taste' for discrimination, etc.). A contingent attribute such as the lack of capital of an individual (the 'proletarian') (contingent as mobility is a key mechanism both of market and capitalist regimes) is here transformed into non-contingent, ontological, attributes (e.g., being 'lazy', 'stupid', etc), which place the holder of this attribute in the category of non-mankind and had characterised non-capitalist regimes of exploitation, and typically slavery[8]. In other words, the expansion of capitalism towards its 'periphery' (what was later coined the 'developing world') has simultaneously conveyed a universalist ontology of human beings as all equals (all able to 'voluntarily' enter into a labour contract relationship) and an ontology where some visible attributes assigned those holding them in non-mankind and hence justifying the maintenance of the slavery regime of exploitation.

This paradox therefore raises the question as to whether in capitalist contexts it is exploitation according to the meaning it has *within* the capitalist regime, which occurs when the exploited 'entities' are viewed by the exploiters as not only unequals but even not belonging to mankind (*Untermenschen*): in a capitalist regime, including the 'peripheral' one, can an individual (a human being) exploit an entity who (which?) is not considered as equally human? If at least a modality of equality is attached to the definition of exploitation, this is not possible; but if one can 'exploit' a thing (or an animal), this is possible.

This paradox also implies mental representations, and moreover norms, i.e. representations with a deontic content. Capitalism assumes that social mobility is possible and hence assumes a representation of others where there is 'some' identity between the exploiter and the exploited. In the 'periphery' form of capitalism, the 'inferiorisation' of others relies on a representation where for the exploiter, the exploited have a status of 'non–human'. A capitalist exploitation-cum-inferiorisation that is based on a status, i.e. an

8. E.g., insults against people from these peripheries may use in the same sentence 'monkey' and 'slave', see Alain Rey, "*La danse des mots*", Radio-France-Internationale, 22 December 2016. http://www.rfi.fr/emission/20161219-danse-mots-alain-rey-revolution-mot#./20161219-danse-mots-alain-rey-revolution-mot?&_suid=149866999818403401010022595075 6

antithesis of mobility, can be contrasted with a capitalist exploitation that assumes social mobility (differentiation being achieved by the ownership of capital or means of production). Capitalist exploitation in its 'periphery' involves the representation of the worker in statuses created by birth. It is thus an 'embedded' exploitation: the exploitive economic relationship is embedded in representations, more precisely deontic representations that convey an inferiorisation that justify exploitation. It can thus be viewed as a 'meta-exploitation'.

Capitalist exploitation in developing countries, and including the individuals originating from them, associates with the concept of exploitation representations of inferiorisation that are conceptually antagonistic with the dimensions of 'emancipation' and contract (even an unequal one) that defines capitalist exploitation. The type of capitalist exploitation that includes inferiorisation of the exploited refers to an emancipation of previous modes of exploitation (slavery, serfdom) that is in fact the entry to an original, specific, regime of exploitation: i.e. a capitalist mode of exploitation that is sequentially articulated to non-capitalist modes according to a cascade of hierarchies. Societies of this 'periphery', non-Western developing countries indeed exhibit their own social hierarchies, which reinforce the general inferiorisation of the colonised by colonisers, with some groups being more 'inferiorisable' than others (lower castes, foreigners from poorer developing countries[9]) and can even include slavery in the Marxian meaning. 'Peripheral' capitalism thus implies a double exploitation: from the 'centre' to the 'periphery', where the individual is exploited as a worker and with these developing countries 'proletarians' being 'embedded' in local hierarchies created by birth.

The point is that this doubling of exploitation in capitalist periphery is associated with norms of inferiorisation that may be viewed as a *contradictio in adjecto*. The concept of hierarchy suggests here a solution: the specific regime of capitalist exploitation-cum-inferiorisation in fact intrinsically includes a relationship of domination – as the act of inferiorising an individual implies both the concept of hierarchy and that of domination. This specific regime thus suggests a reconsideration of the usual contract-based definition of the concept of exploitation, i.e., though the two concepts are epistemologically distinct, to conceive it as an original form that is intrinsically both an exploitation and a domination.

9. As shown by the recurrent expressions of contempt in Sub-Saharan Africa against other African foreigners from poorer countries, e.g. in South Africa or RD Congo [Fourchard and Segatti, 2015]; or against Africans in China or India.

4. Economic relationships of exploitation confronted with norms of inferiorisation as particularly stable types of beliefs

Exploitation embedded in inferiorisation occurs in 'central' capitalism, in peripheral capitalism, e.g. as in colonial times, and in 'traditional' societies via their hierarchies. The background of the concept of exploitation for Marx is modernity. The capitalist exploiter is a free individual and collective behaviour is conceptualised as a class, not a group. As inferiorisation involves subjective representations, Marx did not consider that these issues were relevant in his analysis of exploitation, besides his conceptualisation of ideology. The fixation and dissemination of identical beliefs was for Marx an example of alienation, and not an anthropological process. In non-capitalist societies, where markets do not prevail in the organisation of exchanges as well as in ontology, there were feudal and slavery forms of exploitation. Exploitation in traditional societies was a form of these. These partitions, however, are unsatisfactory: 'traditional' forms endure until today (e.g., the Indian caste system), and function smoothly in globalised capitalism, including the 'centre'. Putting these societies in the category of 'feudalism', or slave systems, or 'precapitalism' (or 'remnants' of 'precapitalism') is inaccurate.

Inferiorisation is a set of beliefs or mental representations. Hence the concept of exploitation-cum-inferiorisation may be enlightened by an analysis of that of beliefs, notably false beliefs – what Marx called an ideology, i.e. ideas that legitimate and perpetuate 'objective' exploitation, or an alienation, i.e. the dispossession for the worker of his-her work and exact understanding of his-her conditions.

Indeed, for exploitation to last and be consolidated, some beliefs (representations) of the exploiting but also of the exploited are necessary, as otherwise the exploited ones would revolt (and indeed they do, and pure coercion has historically prevailed in many regimes). The reinforcing of exploitation by beliefs that are subservient to exploitation may be viewed as a smoothing and transaction costs reducing device. In the first centuries of capitalism, beliefs such as those in a social upward mobility associated with the wage system (in contrast with birth-based hierarchies and churches playing on temporal horizons and promising happiness in the future of non-capitalist systems) have been efficient beliefs. Low education levels may have supported these alienating representations – and schools have indeed disseminated a knowledge that could ground the possibility of emancipation.

In 'orders' societies, beliefs are difficult to revise. There are many cognitive devices that make it so that an 'order of things' lasts (Dumont [1980] on the

Indian world, as being organised by the opposition of purity and impurity and maintained via the periodical reversal of the low-caste status in rituals). In such societies, 'meta-beliefs', i.e. beliefs that can question beliefs, do not come from membership institutions and norms themselves, but from the outside [Sindzingre, 2012]. Here capitalism and the associated market for ideas have been tools of emancipation: in allowing for competition and hence the questioning of beliefs [Bowles and Gintis, 1998], capitalism has fostered the erosion of hierarchies created by non-modifiable traits such as birth and physical attributes, and hence the possibility of equality. 'Traditional' exploitation imposed by status societies in the periphery has appeared to the inferiorised individuals to be worse than capitalist exploitation, and their members may have strived to enter the capitalist world of factories and wage labour. Thus, in the feudal, serfdom-based, pre-capitalist societies of the late Middle Ages, the development of markets has been viewed as an emancipation [Fontaine, 2014], though capitalist exploitation has been associated with this transformation [Marciano, 2014], e.g., poor workers of the periphery struggling to sell their blood on a market, or to put their children on labour markets [Basu, 1998], or women struggling to work in sweatshops in Asia, as the 'traditional' rules and hierarchies determined by birth offer no possibility for escape and capitalist exploitation represents a degree of freedom.

Yet while capitalism has been an emancipatory force, it has also continued to alienate and to allow for the persistence of beliefs of inferiorisation regarding large categories of human beings, be they the 'exploiting' or the 'exploited'.

Norms that are common to the exploiting and the exploited may be unnecessary in colonial (or multinationals') exploitation, where the exploiter sees the exploited as inferiors, while these common norms may exist in regimes of exploitation within groups in periphery societies. Here the exploited is exploited by someone of the same group, e.g. via hierarchies by birth (e.g. caste systems). This exploitation is typically maintained by shared beliefs. Group membership is a particularly favourable vehicle for false beliefs and alienation as it mobilises emotions related to individual identity and puts forward common possessions that define the group and with the group being defined as possessing this common property ('our' group, 'our' gods, 'our' ancestors). This commonality is believed by group members to be associated with norms, which by definition cannot be questioned as these norms are consubstantial to the group (both its causes and effects). Here a new information (e.g., 'rational', 'scientific') not only does not revise an existing belief, but may be reinterpreted and reinforce it because these norms in essence define the existence of the group. Besides beliefs related to group membership and identity, religious beliefs are also examples of such shared beliefs that rank and discriminate, as they typically legitimate the 'order of things'. They are particularly prone to propagation and stable as the causalities they use rely on unobservable terms (e.g., gods, etc) and are therefore non-falsifiable in Popperian terms, and as the rewards they promise, being innumerable, are not sensitive to material incentives [Atran and Ginges, 2012].

These sets of false, alienating beliefs have not disappeared with the expansion of capitalism, in the periphery or in the centre. Inferiorisation norms are not remnants of the past, of slavery or feudalism, and have prospered within capitalist regimes. Rankings and status assignment are widespread in capitalist societies despite the fact that they are inefficient and the fact that profitability and competitiveness are more rational criteria of discrimination, e.g. hiring according to productivity in being indifferent ('blind') to the fact that the individual is a woman, has a certain skin, etc. Indeed, discrimination across individuals according to visible features such as skin colour, age, gender, etc, rationally should not last in capitalist regimes; it is not rational in terms of resource allocation and it also diminishes the welfare of the discriminating group [Becker, 1957]. These explanations of such persistence (individual 'taste' for discrimination, statistical discrimination), however, are simplistic (and circular). Similarly, concepts such as 'hybridisation' are superficial and do not explain the representations of individuals, social rules, and their persistence.

Indeed, some representations display a better capacity for collective dissemination to other individuals and persistence than others, and become 'traditions', customs and intergenerationally transmitted norms. Discriminative norms (usually anchored in beliefs an individual has on his membership of groups and the latter' superiority) are typical examples, and they last both for the exploiter vis-à-vis the exploited and across the exploited within their own societies. Usual (behavioural, evolutionary) economic explanations use concepts such as incentives, reward, punishment or multiple equilibria in order to explain the stabilisation of particular norms. However, such concepts do not explain the particular content of norms and their infinite variety in time and space. Also, they do not explain the stabilisation of 'inefficient' norms that organise the unequal sharing of the surplus over millennia [Bowles, 2006]. Anthropological and cognitive psychology explanations are more useful, as they demonstrate that some representations and norms disseminate and stabilise in individuals' minds more than others due to their 'relevance' in given contexts [Sperber, 1994] – and not due to their 'truth' [Boyer, 1994; 2001]. Their nature of 'memes' can also foster such dissemination and stabilisation [Dawkins, 1976]. Similarly, economic theories of endogenous social interactions show the influence on individuals of the choices and characteristics of others and the subsequent feedback loops from the past choices of some individuals to current social contexts and hence future choices of others [Durlauf and Young, 2001], which also induce the persistence of some representations (e.g., in 'group affiliations' or 'neighbourhood' trapping processes, Durlauf [2002; 2003]).

These mechanisms underlying the persistence of inferiorising representations explain the coalescence in peripheral capitalism of a relationship of exploitation instituting some equality (some common humankind) and representations of inferiorisation. Such mechanisms are therefore an element of understanding and solving the aporia of the *ex ante* non-compatibility in capitalist regimes of the concept of exploitation and that of inferiorisation.

5. Conclusion

This article has analysed the concept of exploitation under a dimension that has been under-investigated in the literature, i.e. the links between this concept and that of inferiorisation (of other individuals), taking 'peripheral capitalism' (referring today to developing countries and their population) as a background. Indeed, the inferiorisation of individuals who are caught within relationships of capitalist exploitation is a recurrent empirical observation since the birth of capitalism.

The article has shown that despite this empirical and apparently common-sensical recurrence, at the theoretical level the analysis of the links between the two concepts highlights a puzzle, i.e. that the theoretical definition of the concept of capitalist exploitation appears to be incompatible with that of inferiorisation, and in particular in the context of 'periphery' that involves cascades of hierarchies and norms of inferiorisation. The capitalist contract-based unequal exchange requires individuals who share a common humankind, which is antagonistic toward the inferiorisation that has prevailed in the process of expansion of capitalism towards its periphery, where the people of this periphery have been subsumed within the category of non-humans.

The article has also shown that two mechanisms explain the persistence of the coalescence of the two concepts in the empirical world. Firstly, inferiorisation is an expression of a particular type of hierarchy, i.e. a hierarchy that relies on domination – and therefore the analysis of a capitalist exploitation that includes inferiorisation leads to a more consubstantial inclusion of the concept of domination into that of exploitation. Secondly, norms of inferiorisation – partitions of humans into 'we' and 'them' that stem from the universal organisation of societies into memberships – are particularly stable categories of beliefs, which explains their resilience across regimes of exploitation.

Bibliography

Acemoglu, Daron, Simon Johnson and James A. Robinson [2001], "The Colonial Origins of Comparative Development: An Empirical Investigation", *American Economic Review*, vol. 91, n°5, December, p. 1369-1401.

Acemoglu, Daron, Simon Johnson and James A. Robinson [2002], "Reversal of Fortune: Geography and Institutions in the Making of the Modern World Income Distribution", *Quarterly Journal of Economics*, vol. 117, n°4, November, p. 1231-1294.

Baldwin, Richard [2012], "Supply Chains Changed the Growth Model", *The Economist,* 15 August, http://www.economist.com/economics/by-invitation/guest-contributions/supply-chains-changed-growth-model

Bancel, Nicolas, Pascal Blanchard, Gilles Boëtsch, Eric Deroo and Sandrine Lemaire (eds.) [2002], *Zoos humains: Au temps des exhibitions humaines,* Paris : La Découverte.

Basu, Kaushik [1998], *Child Labor: Cause, Consequence and Cure, with Remarks on International Labor Standards,* Ithaca: Cornell University, Department of Economics, and World Bank, Office of the Senior Vice President, Development Economics.

Becker, Gary [1957], *The Economics of Discrimination,* Chicago: Chicago University Press.

Blanchard, Pascal, Hadrien Dubucs and Yvan Gastaut [2016], *Atlas des immigrations en France,* Paris : Éditions Autrement.

Blattman, Christopher, Jason Hwang and Jeffrey G. Williamson [2004], *The Impact of the Terms of Trade on Economic Development in the Periphery, 1870-1939: Volatility and Secular Change,* Cambridge MA: NBER working paper 10600.

Bowles, Samuel [2006], "Institutional Poverty Traps", in Samuel Bowles, Steven N. Durlauf and Karla Hoff (eds.), *Poverty Traps,* Princeton: Princeton University Press.

Bowles, Samuel and Herbert Gintis [1998], "Recasting Egalitarianism", in Samuel Bowles, Herbert Gintis and Erik Olin Wright (eds), *Recasting Egalitarianism: New Rules for Equity and Accountability through Markets, Communities, and Governments,* London: Verso.

Bowles, Samuel and Sandra Polania-Reyes [2012], "Economic Incentives and Social Preferences: Substitutes or Complements?", *Journal of Economic Literature*, vol. 50, n°2, p. 368-425.

Boyer, Pascal [1994], *The Naturalness of Religious Ideas: a Cognitive Theory of Religion*, Berkeley-Los Angeles: University of California Press.

Boyer, Pascal [2001], *Religion Explained. The Evolutionary Origins of Religious Thought*, New York: Basic Books.

Clastres, Pierre [1972], *Chronique des Indiens Guayaki*, Paris : Plon.

Cliff, Ursula [2009], *Slavery in Ancient Greece.* https://cliojournal.wikispaces.com/Slavery+in+Ancient+Greece

Dawkins, Richard [1976, 3rd ed. 2006], *The Selfish Gene*, Oxford: Oxford University Press.

Dobos, Ned [2018], Exploitation, Working Poverty, and the Expressive Power of Wages, *Journal of Applied Philosophy*, forthcoming.

Dumenil, Gerard and Dominique Levy [2011], *The Crisis of Neoliberalism*, Harvard: Harvard University Press.

Dumont, Louis [1980], *Homo Hierarchicus: The Caste System and Its Implications,* Chicago: University of Chicago Press.

Durlauf, Steven N. [2002], *Groups, Social Influences and Inequality: a Memberships Theory Perspective on Poverty Traps,* Madison: University of Wisconsin, department of economics.

Durlauf, Steven N. [2003], *Neighborhood Effects*, Madison: University of Wisconsin, department of economics, Social Systems Research Institute/SSRI working paper 2003-17.

Durlauf, Steven N. and Henry Peyton Young (eds.) [2001], *Social Dynamics*, Cambridge MA: MIT Press and Washington D.C.: Brookings Institution Press.

Emmanuel, Arghiri [1972], *Unequal Exchange: A Study of the Imperialism of Trade*, New York: Monthly Review Press (first ed., 1969).

Fehr, Ernst and Tony Williams [2013], *Endogenous Emergence of Institutions to Sustain Cooperation.* http://www.fdewb.unimass.nl/meteor-seminar-et/spring-2014/papers-and-abstracts/Paper_williams.pdf

Fleurbaey, Marc [2014], "The Facets of Exploitation", *Journal of Theoretical Politics*, vol. 26, n°4, p. 653-676.

Fonken, Gael [2003], *The Valladolid Debate: An Ambivalent-but-Real Tale Situated in between Worlds,* Collegeville: College of Saint Benedict and Saint John's University, School of Theology, seminary graduate papers. http://digitalcommons.csbsju.edu/cgi/viewcontent.cgi?article=2023&context=sot_papers

Fontaine, Laurence [2014], *Le Marché. Histoire et usages d'une conquête sociale*, Paris : Gallimard.

Fourchard, Laurent and Aurelia Segatti [2015], "Introduction of 'Xenophobia and Citizenship: The Everyday Politics of Exclusion and Inclusion in Africa'", *Africa*, vol. 85, pp 2-12.

Frankema, Ewout and Frans Buelens [2013], "Introduction", in Ewout Frankema and Frans Buelens (eds.), *Colonial Exploitation and Economic Development: The Belgian Congo and Netherlands Indies Compared,* London: Routledge, p. 1-17.

Godelier, Maurice [1969], « La "monnaie de sel" des Baruya de Nouvelle-Guinée », *L'Homme*, vol. 9, n°2, p. 5-37.

Heinrich, Michael [2004, 2012], *An Introduction to the Three Volumes of Karl Marx's Capital,* New York: Monthly Review Press. http://monthlyreview.org/books/pb2884/

Henrich, Joseph, Robert Boyd, Samuel Bowles, Herbert Gintis, Ernst Fehr, and Colin Camerer (eds.) [2004], *Foundations of Human Sociality: Economic Experiments and Ethnographic Evidence from Fifteen Small-scale Societies,* Oxford: Oxford University Press.

Hochschild, Adam [1998], *King Leopold's Ghost: A Story of Greed, Terror, and Heroism in Colonial Africa,* New York: Houghton Mifflin Company.

Hodgson, Geoffrey [1980], "Theory of Exploitation without the Labor Theory of Value", *Science and Society,* vol. 44, n°3, Fall, p. 257-273.

Hopkins, A. G. [1973], *An Economic History of West Africa,* London: Longman.

Huillery, Elise [2008], *Histoire coloniale, développement et inégalités dans l'ancienne Afrique occidentale française*, Paris : EHESS, Doctoral Thesis.

Marciano, Alain [2014], *Exploitation, Mutual Advantage and the Myth of the Samaritan's Dilemma,* Turin: Università degli Studi di Torino, International Centre for Economic Research (ICER), working paper 10/2014.

Marseille, Jacques [1984], *Empire colonial et capitalisme français, histoire d'un divorce*, Paris : Albin Michel.

Marushiakova, Elena and Vesselin Popov [2009], "Gypsy Slavery in Wallachia and Moldavia", in Tomasz Kamusella and Krzysztof Jaskulowski, *Nationalisms Today*, Oxford: Peter Lang, p. 89-124.

Milanovic, Branko [2005], *Worlds Apart: Measuring International and Global Inequality*, Princeton: Princeton University Press.

Milberg, William and Deborah Winkler [2013], *Outsourcing Economics: Global Value Chains in Capitalist Development*, Cambridge: Cambridge University Press.

Moulier-Boutang, Yann [1998], *De l'esclavage au salariat*, Paris : Presses universitaires de France.

Noël, Jean-Philippe [2017], *Ces animaux qui font l'Histoire : 50 aventures d'animaux célèbres*, Paris : Delachaux and Niestlé.

Polanyi, Karl [1966], *Dahomey and the Slave Trade: An Analysis of an Archaic Economy*, Seattle: University of Washington Press.

Prebisch, Raul [1950], *The Economic Development of Latin America and Its Principal Problems*, New York: United Nations, Economic Commission for Latin America.

Roemer, John E. [2017], *Socialism Revised*, New Haven: Yale University, Cowles Foundation for Research in Economics, discussion paper 2089.

Roy, Tirthankar [2010], "Economic Conditions in Early Modern Bengal: A Contribution to the Divergence Debate", *Journal of Economic History*, vol. 70, n°1, p. 179-194.

Sahlins, Marshall [2016], *The Original Political Society*, London: School of Oriental and African Studies, Inaugural Hocart Lecture.

Singer, Hans [1950], "The Distribution of Gains between Investing and Borrowing Countries", *American Economic Review*, vol. 40, n°2, p. 473-485.

Sindzingre, Alice Nicole [2012], *The Relationships between Institutions and Growth in an Evolutionary Perspective: The Relevance of the Concepts of Membership and Hierarchy*, Krakow: European Association for Evolutionary Political Economy (EAEPE) 24th Annual Conference, 18-21 October.

Sindzingre, Alice Nicole [2017], "Understanding the Concept of Gift in Economics: Contributions from Other Social Sciences", *Eidos: A Journal for Philosophy of Culture*, vol. 2, p. 4-20.

Sindzingre, Alice Nicole and Fabrice Tricou [2012], *Hierarchy, Market and Power in Capitalism: Conceptual Remarks*, Paris: Congress of the Association Française d'Economie Politique (AFEP), 5-8 July.

Sperber, Dan [1994], "The Modularity of Thought and the Epidemiology of Representations", in Lawrence A. Hirschfeld and Susan A. Gelman (eds.), *Mapping the Mind: Domain Specificity in Cognition and Culture,* New York: Cambridge University Press.

Van der Linden, Marcel [2008], *Workers of the World: Essays Toward a Global Labor History*, Leiden: Brill.

Vrousalis, Nicholas [2013], "Exploitation, Vulnerability, and Social Domination", *Philosophy and Public Affairs*, vol. 41, n°2, Spring, p. 131-157.

Vrousalis, Nicholas [2017], "Capital Without Wage-Labour: Marx's Modes of Subsumption Revisited", *Economics and Philosophy*, forthcoming.

Wright, Erik Olin [2000], "Class, Exploitation, and Economic Rents: Reflections on Sorensen's 'Sounder Basis'", *American Journal of Sociology*, vol. 105, n°6, p. 1559-1571.

Wertheimer, Alan and Matt Zwolinski [2013], *Exploitation*, Stanford Encyclopedia of Philosophy, Edward N. Zalta ed. http://plato.stanford.edu/archives/spr2013/entries/exploitation

Yoshihara, Naoki [2017], "A Progress Report on Marxian Economic Theory: On the Controversies in Exploitation Theory since Okishio (1963)", *Journal of Economic Surveys*, vol. 31, n°2, April, p. 632-659.

PAIEMENTS, ESCLAVAGE ET EXPLOITATION : ÉLÉMENTS D'UN TRIPTYQUE

Christophe Darmangeat[1]

On construit une base de données portant sur 240 sociétés afin de tester les relations entre stockage, esclavage et paiements. Les résultats confirment globalement les propositions d'Alain Testart. Les paiements constituent un indice globalement sûr de la présence de la richesse et de l'exploitation et, à de très rares exceptions près, c'est au sein de cet ensemble social que se rencontre l'esclavage. Dans une perspective matérialiste, l'origine techno-économique des paiements doit toutefois être située, au-delà du seul stockage alimentaire, plus largement dans la production de biens meubles, durables et nécessitant une importante quantité de travail.

Payments, slavery and exploitation: elements of a trio

We are building a database dealing with 240 societies in order to evaluate the relationships between storage, slavery and payments. As a whole, the results confirm Alain Testart's statements. Payments stand as an overall reliable indication of the presence of wealth and exploitation; with very few rare exceptions, slavery is identified within this set of societies. In a materialistic perspective, we locate the technical-economical origin of payments not only in food storage but, more widely, in the production of movable and durable goods whose manufacturing require a large amount of work ("W goods").

Mots clés : anthropologie sociale, exploitation, compensation matrimoniale, stockage, inégalités, marxisme.

Keywords: social anthropology, exploitation, marriage payments, storage, inequalities, Marxism.

JEL Codes: Z13, B14

1. Université Paris Diderot.

L'exploitation et les structures qui lui sont liées se trouvent au cœur de la sociologie marxiste. Avec le concept de mode de production, Karl Marx entendait établir une typologie des différentes sociétés, qui ne se distinguaient que par « la forme sous laquelle [le] surtravail est extorqué au producteur immédiat » [Marx 1993 (1867), p. 243]. Or c'est peu dire que, depuis lors, ce programme de recherche n'a pas été mené à son terme. C'est vrai des sociétés de classes elles-mêmes, pour lesquelles l'inventaire raisonné des modes de production n'a jamais été achevé – ainsi, la portée géographique et temporelle du mode de production féodal, à elle seule, soulève une foule de questions non résolues. Mais c'est encore plus vrai des sociétés antérieures : les classes sociales n'ont pu se former que suite à un long processus durant lequel l'appropriation du travail d'autrui s'est développée et systématisée. Sous quelles formes et selon quelles trajectoires les sociétés humaines se sont-elles peu à peu organisées autour de l'exploitation ? Pour diverses raisons, ces questions, pourtant soulevées dès le vivant de Marx et Engels, ont finalement été assez peu explorées par la tradition marxiste. Celle-ci s'est souvent contentée de subsumer l'ensemble des sociétés sans classe sous l'appellation largement trompeuse de « communisme primitif », sans s'efforcer de discerner avec précision les mécanismes par lesquels les phénomènes d'exploitation y sont apparus et s'y sont développés.

Typologies des sociétés sans classes

Aujourd'hui encore, on ne dispose comme points de départ possibles à cette réflexion que de deux classifications générales des sociétés, élaborées l'une comme l'autre dans une large mesure hors du cadre marxiste et qui, pour cette raison, ne sont pas formulées en termes de modes de production.

La première est celle du néo-évolutionnisme américain, forgée par Elman Service et largement utilisée en archéologie, qui répartit les sociétés en quatre niveaux de complexité ou d'intégration croissante que sont les bandes, les tribus, les chefferies et les États. Les critères sur lesquels elle repose, bien qu'un peu flous, relèvent avant tout de la sphère politique ; même si cette typologie traduit également l'idée d'une différenciation économique croissante, elle ne se rattache que difficilement à la problématique de l'exploitation. Les bandes sont censées être strictement égalitaires, et il en va globalement de même des tribus. La chefferie implique nécessairement une certaine inégalité de richesse ; mais la tradition néo-évolutionniste, loin de souligner son caractère exploiteur, insiste au contraire sur la redistribution et la réciprocité qui sont censées la caractériser. En somme, l'exploitation ne ferait véritablement son apparition qu'avec l'État, implicitement associé aux classes sociales.

La seconde typologie générale, qui servira de base à notre réflexion, est due à Alain Testart, un penseur qui s'est jadis réclamé du marxisme avant de s'en éloigner. Cette classification divise fondamentalement les sociétés en trois « mondes », selon la place qu'y tient la richesse.

Le monde III, qui inclut notre propre organisation sociale, est celui des sociétés de classes. Ce sont celles où les moyens de production eux-mêmes, à commencer par la terre, sont détenus de manière privative : cette propriété permet à ses titulaires d'être affranchis du travail productif et de vivre de l'exploitation de ceux qui y sont astreints.

Les autres sociétés (traditionnellement dites « primitives ») se caractérisent, *a contrario*, par le libre accès des producteurs aux moyens de production. Elles se divisent en deux mondes, selon que la richesse y existe ou non. N'y permettant pas, par définition, d'acquérir les moyens de production, la richesse ne sert guère davantage aux échanges en raison de la faiblesse de la division du travail ; en revanche, lorsqu'elle existe, elle permet avant tout de solder des obligations sociales, à commencer par celles qui découlent du mariage et de la compensation des dommages physiques [Testart, 2005, p. 28-31].

Le monde I se définit ainsi comme celui des sociétés sans richesse : le mariage s'y effectue par exemple par l'échange « sœur contre sœur », où deux hommes se donnent mutuellement pour épouse deux parentes sur lesquelles ils détiennent des droits ; ou encore, il implique, de la part du futur gendre, une prestation en travail pour le compte des beaux-parents, un « service pour la fiancée » qui dure généralement plusieurs années. Le point crucial est que ces compensations ne font pas intervenir de transferts de biens hormis, le cas échéant, des cadeaux d'une valeur symbolique. Il en va de même pour les blessures ou les meurtres : le monde I est celui de la loi du talion où, sous diverses modalités, on compense une vie par une vie, le sang par le sang ou par le don d'une femme.

Par opposition, le monde II apparaît comme celui des paiements, dont les principaux sont la compensation matrimoniale, connue en ethnologie sous le nom de « prix de la fiancée » ou *bridewealth*, et le « prix du sang » ou *wergild* pour les dommages corporels. Les sociétés qui s'y rattachent sont celles où se développent les mécanismes de l'exploitation : la présence de la richesse fournit à la fois le but et le moyen de capter le travail d'autrui. Typiquement, l'individu riche pourra attirer dans sa dépendance, formalisée ou non, celui qui ne peut réunir les biens nécessaires pour payer un prix de la fiancée et qui s'endettera auprès de lui ; il bénéficiera du travail de ses épouses, dont il pourra convertir les fruits en épouses supplémentaires. Le monde II, tout en ignorant les classes sociales, connaît donc les inégalités socio-économiques : « Qui dit richesse dit différence de richesse, différenciation sociale, et la plus simple qui puisse exister dans une société : entre riches et pauvres. [...] Partout dans ces sociétés où néanmoins chacun a librement accès à la terre, il y a des riches et des pauvres » [Testart, 2005, p. 43].

Une typologie aussi ambitieuse ne peut manquer de soulever bien des questions. On se focalisera ici sur deux d'entre elles.

1. Deux questionnements

1.1 Les déterminants techno-économiques de l'émergence de la richesse

La première constitue une préoccupation très ancienne de la sociologie matérialiste en général, et marxiste en particulier. Elle consiste à identifier les déterminants techno-économiques de l'apparition de la richesse et des inégalités.

La réponse traditionnelle, qui remonte au moins au XVIIIe siècle, situe le facteur décisif dans l'agriculture, qui sépare la « sauvagerie » de la « barbarie », selon la terminologie jadis consacrée. Dans le même esprit, le concept de « révolution néolithique », forgé dans les années 1930 par Gordon Childe, exprimait l'idée que c'est la cohorte d'innovations incluant la sédentarité, la poterie, mais surtout la domestication d'espèces végétales et animales, qui avait ouvert la voie au développement des inégalités. Childe, qui était avant tout archéologue, restait relativement évasif sur les formes sociales précises sous lesquelles ces évolutions étaient censées s'être accomplies. Mais le mécanisme sous-jacent était celui du surplus : avec l'agriculture et l'élevage, pour la première fois, le travail humain avait produit significativement davantage qu'il n'en consommait pour son propre entretien, ce qui avait constitué tout à la fois une condition nécessaire et suffisante de la naissance de l'exploitation.

Or une telle grille de lecture soulève de nombreuses difficultés, à commencer par le raisonnement en termes de surplus, bien qu'il fasse partie du « savoir commun » des sciences sociales – on y reviendra. Sur un plan plus empirique, divers auteurs, au premier rang desquels A. Testart [1982], ont souligné que deux séries de contre-exemples ethnographiques infirmaient la corrélation entre agriculture et inégalités. Ainsi, certains cultivateurs, notamment dans les plaines de l'Amazonie, ignoraient les inégalités de richesse, et leur structure sociale évoquait bien davantage celle communément associée aux chasseurs-cueilleurs nomades. Symétriquement, divers peuples de chasseurs-cueilleurs présentaient des inégalités saillantes, avec parfois un esclavagisme développé et, parmi les hommes libres, une hiérarchie pointilleuse de titres et d'honneur. C'était le cas des tribus installées le long de l'océan Pacifique, du nord de la Californie au sud de l'Alaska – une région connue en ethnologie sous le nom de Côte nord-ouest. C'est là que se déroulaient les célèbres *potlatchs*, ces fêtes où l'on s'honorait et où l'on validait son rang par des distributions de biens munificentes. Sans pratiquer la moindre forme d'agriculture, ces Indiens étaient sédentaires et vivaient dans des villages fixes. Leur principale ressource était le saumon, qu'ils récoltaient en masse une fois par an, le faisant sécher pour le consommer à la morte-saison.

Dans la transition aux inégalités socio-économiques, selon A. Testart, le facteur décisif n'était donc pas l'agriculture, mais la pratique d'un stockage alimentaire à large échelle. Dans l'agriculture céréalière, dont celle apparue il y a quelques millénaires au Proche-Orient, les deux éléments coïncident. En revanche, certaines cultures tropicales, comme celle du manioc, ne s'accompagnent pas de stocks (même si on peut éventuellement fabriquer et conserver de la farine). Les tubercules sont laissés en terre et ramassés au fur et à mesure des besoins. Inversement, les Indiens de la Côte nord-ouest, sans avoir développé la moindre agriculture, étaient des stockeurs, et ce simple fait les rendait socialement semblables aux cultivateurs de céréales.

Cette proposition représentait incontestablement une avancée considérable ; elle réconciliait la théorie avec de nombreux faits demeurés jusque-là inexpliqués. À son tour, elle soulevait néanmoins de nouvelles interrogations, à commencer par l'adéquation de cette nouvelle loi sociale aux données ethnographiques. À notre connaissance, A. Testart n'a jamais testé de manière exhaustive la robustesse empirique de sa proposition. Il n'a pas non plus tenté de rendre compte de certaines exceptions qu'il avait pourtant lui-même signalées, et qui illustrent la nécessité d'identifier la nature de la causalité entre l'existence de stocks alimentaires et le bouleversement des rapports sociaux entraîné par l'émergence de la richesse.

1.2 Le statut de l'esclavage

Dans un autre ordre d'idées, la définition de la richesse proposée par A. Testart pose le problème du statut de cette forme canonique d'exploitation du travail humain qu'est l'esclavage. On sait depuis longtemps que celui-ci est bien antérieur à l'Antiquité ; dans de nombreuses sociétés du monde II, l'esclavage existe, parfois sur une échelle très importante. Seule une certaine idéalisation du « bon sauvage » a pu le faire passer pour une forme douce, voire aimable, de sujétion : les esclaves, dans ces sociétés, n'étaient pas nécessairement mieux traités, ni exploités moins durement, que ceux des temps historiques. Or l'esclavage suscite au moins deux questions fondamentales. La première concerne le passage aux sociétés de classes. On sait que celles-ci sont définies par la propriété des moyens de production – plus exactement, chez A. Testart, par une forme spécifique de propriété dite « fondiaire », qui assure la pérennité des droits sur une terre indépendamment du fait que celle-ci soit travaillée. Or on pourrait arguer à bon droit que tout esclave est possédé en tant que moyen de production, autrement dit que, par définition, il ne dispose pas lui-même du libre accès aux moyens de production censé caractériser le monde II. À première vue, cette contradiction ne peut être résolue que de deux manières : soit en étendant la définition (et, par conséquent, le périmètre) des sociétés de classe à toutes les sociétés pratiquant l'esclavage, soit en justifiant pourquoi l'esclavage, en lui-même, ne représenterait pas nécessairement un rapport de classe. On ne tentera pas de répondre ici à ce problème épineux, caractéristique des transitions d'une forme sociale à l'autre.

On se propose en revanche de traiter de l'autre difficulté, liée à la définition de la richesse. On se souvient que celle-ci, selon A. Testart, se manifeste par l'existence de paiements ; or ce critère est totalement étranger à l'institution de l'esclavage. On pourrait ainsi imaginer qu'il existe des sociétés qui connaissent l'esclavage tout en ignorant les paiements – elles devraient alors être, de manière quelque peu provocante, caractérisées comme sans richesse et classées dans le monde I. Peut-être conscient de cette difficulté, A. Testart avait affirmé avec netteté que l'esclave constituait, par nature, une richesse : « L'esclave en tant qu'il peut être acheté et vendu constitue en lui-même un élément de richesse (il paraît même assez souvent constituer une unité de compte, une unité monétaire), d'autre part [...] il est lui-même un facteur d'enrichissement pour son maître » [Testart, 2005, p. 42-43] ; « [il] est source de richesse et lui-même richesse » [2012, p. 444]. Or cette position, si elle satisfait l'intuition, soulève un problème logique. Soit, en effet, la caractérisation de l'esclave comme une richesse est définitionnelle : il s'ensuit qu'une société à esclaves ne saurait, par principe, être sans richesse. Mais il faudrait alors expliquer pourquoi la classification repose sur le seul critère des paiements, *a priori* fort différent. Soit on est en présence d'une loi sociale, qui énonce que toute société à esclavage est, de fait, une société à paiements ; mais alors, une telle loi appelle une explication. A. Testart a laissé peu d'indications à ce sujet. Il semble bien néanmoins qu'il penchait pour le second terme de l'alternative, ce qu'indique par exemple l'affirmation selon laquelle « une étude systématique montre que l'esclavage n'existe pas dans le monde I » [2005, p. 43]. Je ne suis toutefois pas parvenu à identifier l'étude systématique à laquelle il est fait allusion, et les lignes qui suivent rendent compte de mes propres recherches sur ce point.

2. Une base de données ethnologique

2.1 Méthodologie

On se propose donc de dresser un état des lieux des rapports mutuels entre stockage alimentaire, paiements et esclavage, en construisant une base de données ethnographique dont la matière provient de deux sources.

La première est le célèbre *Ethnographic Atlas*, élaboré par l'équipe de Peter Murdock dans les années 1960, qui code plusieurs dizaines de variables et qui reste la référence majeure pour de nombreuses études comparatives. Sa principale faiblesse vient de ses choix de codages souvent lapidaires, qui empêchent donc d'appréhender les phénomènes d'une manière suffisamment fine. L'esclavage n'échappe pas à cette règle ; au-delà des difficultés objectives de le définir par rapport à d'autres formes lourdes de servitude, les informations proposées par l'*Ethnographic Atlas* restent assez frustes, puisqu'elles se limitent à quatre possibilités : dans l'ordre, « absence ou quasi-absence », « naissant ou non héréditaire », « héréditaire et socialement significatif », et enfin « existant, mais de type inconnu ». Remarquons qu'en rassemblant l'absence et la quasi-absence dans une seule catégorie, on s'interdit de pouvoir différencier les sociétés pour lesquelles l'esclavage était proscrit de celles où il était simplement peu pratiqué. Par ailleurs, les deux catégories intermédiaires confondent deux dimensions qui ne sont pas nécessairement liées, à savoir l'ampleur du phénomène esclavagiste et la transmission du statut servile entre les générations. Quoi qu'il en soit, et malgré les réserves qu'elle peut susciter, cette base est d'une richesse inégalée, puisqu'elle renseigne le type d'esclavage pour 1097 sociétés.

La seconde source de données a été constituée par A. Testart, précisément parce que celui-ci, en étudiant les pratiques liées au mariage, avait pu constater les lacunes de l'*Ethnographic Atlas*. La base *Cartomares* distingue 29 types différents de prestations matrimoniales pour 406 sociétés – à noter que, contrairement à l'*Ethnographic Atlas*, et un peu curieusement, elle ne fournit pas les sources bibliographiques à partir desquelles elle a été établie. Pour les besoins de notre propre problématique – déterminer si une société connaît ou non les paiements en biens, autrement dit, si elle se situe dans le monde I ou II –, ces 29 codes constituent une approche beaucoup trop détaillée. On a donc procédé à un regroupement en trois ensembles, selon que les paiements de mariage sont clairement présents, clairement absents, ou qu'ils existent seulement à titre secondaire[2].

Le croisement des deux bases fournit une liste de 249 sociétés communes. Ces premiers résultats ne sont toutefois pas directement exploitables, pour les raisons suivantes :

1. Le stockage alimentaire ne figure dans aucune des deux bases de départ – cette variable apparaît certes dans un addendum à l'*Ethnographic Atlas* [Murdock et Morrow, 1970], mais en étant renseignée pour un nombre de sociétés trop réduit pour être utilisable.

2. L'absence de paiements de mariage ne suffit pas à conclure à l'absence générale de paiements dans une société donnée. Ce problème avait déjà été signalé par A. Testart à propos des sociétés matrilocales, où la résidence du mari chez sa femme et le rattachement de leurs enfants au groupe de parenté de celle-ci annulent en quelque sorte le dédommagement usuellement dû à la famille de l'épouse. Un des plus fameux exemples de ce cas de figure est celui des Iroquois décrits par Morgan et sur lesquels s'appuie Engels dans *L'Origine de la famille, de la propriété privée et de l'État*. L'existence du prix de la fiancée chez les Iroquois et les Hurons, qui n'est mentionné que par une seule source, apparaît douteuse ; en revanche, la richesse intervenait en de multiples autres occasions, qu'il s'agisse du *wergild* [Brébeuf, 1636, p. 214-222 ; Lalemant, 1646, p. 48-50] ou des dons somptuaires pour certaines cérémonies funéraires [Brébeuf, 1636, p. 264-270 ; Dablon, 1671, p. 60]. Les codes issus de la base *Cartomares* appellent donc un réexamen systématique afin de déterminer si les sociétés dépourvues de paiements de mariage appartiennent effectivement à l'ensemble des sociétés sans richesse.

3. Certains codages (principalement dans l'*Ethnographic Atlas*) apparaissent erronés et doivent être rectifiés.

4. Quelques sociétés de l'échantillon semblent devoir en être évacuées, soit en raison de la parcimonie des informations ethnographiques les concernant, soit parce qu'elles sont marquées par une longue et profonde interaction avec des sociétés de classe – quand elles n'en sont pas elles-mêmes. Neuf cas ont ainsi été éliminés, ce qui laisse un ensemble final de 240 sociétés.

2. Cette réduction de 29 à 3 codes a été effectuée selon le principe suivant : lorsque le mode de mariage dominant impliquait le versement de biens, on a conclu à la présence de paiements. Lorsque le versement de biens figurait dans un mode non dominant, on a qualifié la situation d'intermédiaire. On a conclu à l'absence de paiements là où n'intervenait aucun transfert de biens.

Il serait fastidieux de discuter ici, pour chacun des dizaines de cas concernés, des raisons qui ont motivé nos décisions. Celles-ci, exposées sous une forme succincte, peuvent être consultées en ligne, de même que l'ensemble des valeurs brutes et recodées de notre base de données[3].

Terminons sur ce point en ajoutant que nous sommes conscients des limites de ce travail ; le stockage, en particulier, aurait certainement mérité une approche plus fine qu'un simple codage binaire. En tout état de cause, étant donné le nombre des tribus à examiner et les forces limitées avec lesquelles la tâche a été menée, les valeurs retenues ne peuvent être considérées que comme une première approche. Dans les détails, il est possible, et même probable, que certains choix puissent être contestés.

2.2 Résultats globaux

En plus de la présentation traditionnelle sous forme de tableau, les résultats peuvent être géolocalisés afin de visualiser les différentes aires culturelles. Étant donné la difficulté à représenter trois variables (stockage, esclavage, paiements) sur la même carte, on a choisi ici de ne faire figurer que les deux premières :

Figure 1. La carte est consultable à l'adresse http://cdarmangeat.free.fr/tryptique/carte.html.

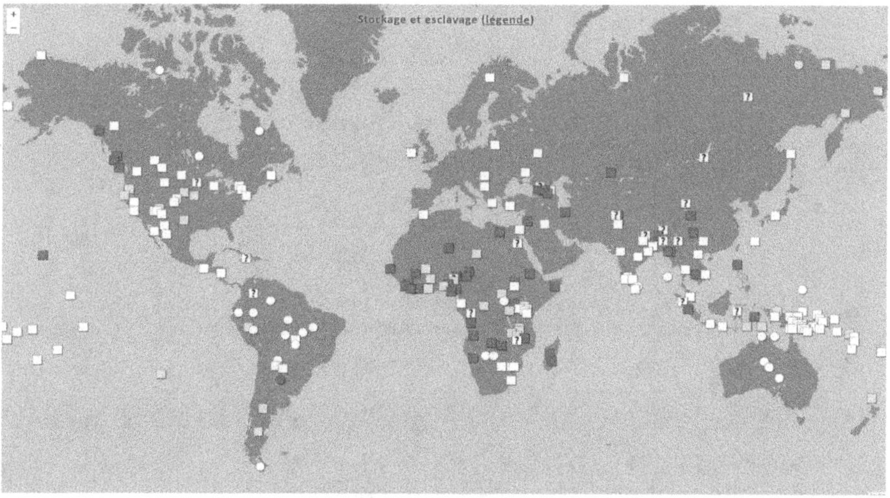

3. http://cdarmangeat.free.fr/tryptique/donnees.html

La représentation la plus féconde est toutefois une cartographie thématique (diagramme d'Euler-Venn), qui localise les sociétés par rapport aux trois ensembles définis par le stockage, les paiements et l'esclavage. Pour d'évidentes raisons de lisibilité, on n'a pas reporté l'intégralité des noms des sociétés concernées, mais seulement ceux des aires culturelles significatives. Les sociétés atypiques, qui seront examinées dans la suite de ce texte, ont été systématiquement signalées ; afin d'enrichir la discussion, on leur a ajouté quelques cas qui ne figuraient pas dans la base originelle (en italiques).

Figure 2. Une cartographie sociale de l'échantillon final

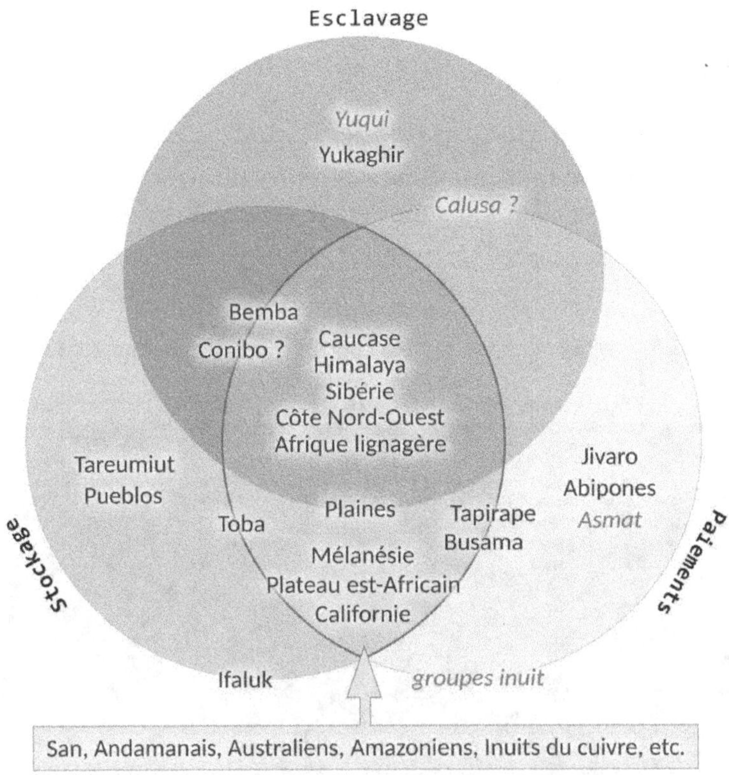

Le schéma délimite ainsi huit zones correspondant aux diverses configurations possibles, selon la présence ou l'absence de chacun des trois caractères – avec, de plus, la possibilité de cas-limites.

3. Éléments de discussion

On constate au premier regard que l'immense majorité des sociétés se concentrent dans deux aires : la première, qui comprend en particulier les chasseurs-cueilleurs « classiques » (San, Andamanais, Australiens, etc.), se situe en dehors de l'espace défini par les trois ensembles. La seconde se trouve à l'intersection du stockage et des paiements. On reconnaît là la division fondamentale des sociétés sans classes identifiée par A. Testart : d'une part, le monde I, celui des sociétés sans richesse, d'autre part le monde II, esclavagiste ou non. Il s'agit d'une « séquence évolutive principale », pour reprendre l'expression forgée par l'astronomie à propos des étoiles : elle englobe la grande majorité des sociétés et constitue une trajectoire évolutive – figurée ici, pour cette raison, par une flèche. Les sociétés du monde I ont précédé chronologiquement celles du monde II, nonobstant quelques cas particuliers d'involution. Autrement dit, à ce niveau de généralité, l'évolutionnisme unilinéaire si souvent décrié possède une indéniable pertinence.

Avant d'examiner les diverses exceptions à cette séquence et la portée qu'on peut leur accorder, on doit commencer par dire quelques mots de la manière dont elle se rattache à la problématique de l'exploitation.

3.1 Richesse et exploitation

Rappelons que si l'esclavage est sans doute une des formes les plus anciennes et les plus banales de l'exploitation, celle-ci peut fort bien exister en dehors de celui-là. Dans un travail précédent [Darmangeat, 2015], je m'étais interrogé sur l'existence de rapports d'exploitation, ou qui pouvaient s'y apparenter, dans les sociétés sans richesses (monde I). Ma conclusion, marquée de toute la prudence nécessaire étant donné la fragilité du matériel sur lequel on est contraint de raisonner, était que si l'on pouvait en déceler quelques ferments, leur nature demeurait cependant ambiguë et leur ampleur limitée.

Certains transferts de travail étaient liés aux positions de parenté ou à l'âge, mais alors, par définition, il s'agissait d'un jeu à somme nulle à l'échelle macrosociologique : tout individu astreint à travailler pour un autre en tant que jeune ou futur gendre pouvait espérer devenir un jour lui-même le bénéficiaire de transferts similaires. Le rapport d'exploitation se dissolvait en quelque sorte lorsqu'on considère les choses dans la durée. Dans d'autres cas, néanmoins, l'exploitation s'inscrivait dans des rapports sociaux qu'on qualifiera, faute de mieux, de « non réversibles » – ainsi, par exemple, lorsqu'elle bénéficiait aux *medecine-men* ou aux chamanes, qui pouvaient parfois s'assurer certains privilèges matériels (ainsi, chez les Inuits ou parmi certains peuples d'Amazonie). Mais ces privilèges, pour des raisons qui ne sont pas si faciles à établir, restaient confinés dans des limites relativement étroites. Ils amélioraient l'ordinaire et participaient sans nul doute du prestige de leur bénéficiaire, mais ils ne lui permettaient pas, sauf cas exceptionnel, d'abandonner son activité productive.

Il faut également évoquer la difficile question de l'éventuelle exploitation des femmes par les hommes. On sait que la domination masculine existe dans la plupart de ces sociétés, sinon dans toutes, contrairement à l'opinion jadis défendue par Engels sur la base d'informations ethnologiques parcellaires. Or il n'est pas du tout évident que cette domination masculine parfois pesante (par exemple, chez certains groupes inuits, chez les Selk'Nam de la Terre de Feu ou dans la majorité des tribus australiennes) ait été convertie sous la forme d'extorsion de travail au détriment des femmes. On manque cruellement d'études chiffrées réalisées dans des conditions préservées, qui auraient fourni des éléments fiables pour raisonner. Mais l'impression générale est que, globalement, les hommes ont bien davantage le souci de contrôler la sexualité des femmes que de s'approprier leur travail sans contrepartie. Autrement dit, il semble que dans ces sociétés, ils dominent les femmes bien plus qu'ils ne les exploitent.

Le passage aux paiements ouvre incontestablement un épisode nouveau : l'indifférence bien connue des sociétés sans richesse pour les possessions matérielles cède le pas à un appât du gain parfois exacerbé ; l'exploitation, jusque-là contenue dans d'étroites limites, semble prendre son essor, en étendue comme en intensité. Des formes nouvelles de dépendance font leur apparition : l'esclavage, bien sûr, qui consacre cette dépendance de la manière la plus absolue, mais aussi l'ensemble des rapports plus ou moins officieux de clientèle, qui permettent à un riche de se constituer une suite d'obligés. Ces profonds bouleversements soulèvent deux séries de questions, les unes concernant l'exploitation elle-même et les autres la forme spécifique de l'esclavage.

Pour rendre compte sinon de la naissance, du moins du développement de l'exploitation dans les sociétés à richesse, deux grandes catégories d'explications, non exclusives, ont été avancées. Les premières mettent l'accent sur la possibilité même de l'exploitation : celle-ci n'aurait pas été rentable dans les sociétés de chasse-cueillette en raison d'une productivité du travail insuffisante. Elle ne le serait devenue qu'avec des innovations telles que l'agriculture – c'est la théorie dite du surplus, souvent invoquée dans la tradition marxiste, à laquelle on a déjà fait allusion. L'autre série d'explications insiste sur les motivations à exploiter le travail humain, qui auraient fait défaut dans les sociétés précédentes et qui seraient apparues seulement avec la richesse.

Il va de soi que les quelques lignes qui suivent ne peuvent prétendre à répondre de manière complète et définitive à des questions aussi difficiles. En ce qui concerne la théorie du surplus, dont on a traité spécifiquement par ailleurs [Darmangeat, 2018a], signalons qu'elle se heurte à diverses objections. Pour commencer, une partie notable des chasseurs-cueilleurs nomades observés auraient fort bien pu entretenir des improductifs – cette proportion étant vraisemblablement encore plus importante dans le passé, alors que de telles sociétés n'avaient pas encore été confinées dans des environnements défavorables par l'essor de l'agriculture ; plusieurs témoignages archéologiques ou ethnologiques montrent d'ailleurs des handicapés ou des malades pris en charge sur de longues périodes, voire toute leur vie, par la collectivité. Quoi qu'il en soit, tout groupe comprenait en permanence une part d'improductifs (jeunes enfants, malades, blessés, vieillards...) et n'aurait pu perdurer si les actifs n'avaient pas dégagé un produit supérieur à ce qui était nécessaire à leur propre consommation, ce qui signifie qu'un homme ou une femme capturés dans la force de l'âge auraient pu, par définition, produire un excédent sur leur propre entretien.

Réciproquement, il est vraisemblable qu'on s'exagère généralement les gains de productivité du travail consécutifs à la naissance de l'agriculture et, plus généralement, au progrès technique ayant précédé la révolution industrielle, pour peu que celui-ci ait concerné la subsistance des producteurs. Le mécanisme connu sous le nom de « piège malthusien » conduisait en effet la population à s'accroître à mesure de ces progrès et, en raison de la loi des rendements décroissants, à annuler ainsi la majeure partie des gains de productivité du travail (principalement agricole). Selon une formule un peu provocatrice, durant des millénaires, le progrès technique a ainsi beaucoup moins servi à réduire la pauvreté qu'à augmenter le nombre de pauvres au kilomètre carré. Pour s'exprimer d'une manière plus conventionnelle, le piège malthusien a limité la croissance de la productivité du travail en la convertissant, pour l'essentiel, en une croissance de la productivité de la terre.

Pour autant, le stockage et l'agriculture ont fort bien pu rendre l'exploitation plus profitable par d'autres voies que par l'augmentation du produit qu'on pourrait dire « brut ». Le bénéfice de l'exploitation, en effet, ne dépend pas seulement du surproduit que l'on peut obtenir du travailleur, mais aussi des frais nécessaires pour l'extorquer. Or un des résultats les moins visibles, mais sans doute les plus tangibles, de la sédentarisation et de l'augmentation de la densité de la population a été de réduire considérablement ces frais. Il est infiniment plus facile de surveiller et contrôler un villageois qu'un chasseur-cueilleur mobile, une population regroupée dans des habitats denses que clairsemée sur de vastes espaces ; il est donc probable que le produit net de l'exploitation ait pu être accru indépendamment d'une augmentation de la productivité du travail.

La sédentarité a également pu agir sur l'essor de l'exploitation par un autre biais. Il est bien connu en effet que le nomadisme des chasseurs-cueilleurs les contraint à limiter leurs possessions au maximum. En supposant même que l'exploitation ait été économiquement profitable et socialement désirable, ce nomadisme faisait donc peser une contrainte forte sur l'échelle à laquelle on pouvait extorquer du travail humain. En ouvrant la possibilité d'accumuler des biens sur une échelle virtuellement sans limites, la sédentarité a donc fait sauter un puissant verrou.

Reste l'autre versant du phénomène, à savoir la dimension incitative représentée par le passage aux paiements. À partir du moment où le transfert de certains biens ouvre des droits sociaux (celui de se marier, de diriger des expéditions guerrières, d'éliminer un gêneur, d'accéder à certains savoirs ésotériques, de procéder à certaines donations publiques, etc.), posséder de tels biens devient évidemment hautement désirable.

Le développement de rapports d'exploitation, parallèlement à la différenciation socio-économique, constitue donc un phénomène complexe qui s'est effectué sous des formes diverses ; il ne peut sans doute pas être réduit à l'action d'une cause unique, à commencer par une augmentation supposée de la productivité du travail qui s'avère très relative. Il est certain, en revanche, que la richesse et l'exploitation, à partir du moment où elles sont apparues, se sont dans une certaine mesure auto-entretenues. Dans les nombreuses sociétés marquées à la fois par la polygynie et le prix de la fiancée, la richesse devenait à la fois le moyen et le but des mariages multiples. Même en dehors de tout lien formel comme celui du mariage, l'existence des paiements était également propice à instaurer une dépendance économique. Le célibataire dépourvu de parents, celui qu'un accident de la vie avait mis en incapacité de réunir les biens nécessaires pour se marier ou payer une amende, pouvait désormais être amené à se placer dans le sillage d'un riche. La Nouvelle-Guinée fournit l'archétype de ces personnages entourés de multiples épouses, ainsi que celui de ses quelques dépendants : célibataire incapable de réunir le prix de la fiancée, homme de rien, *rubbish man*, réfugié, handicapé qui, comme le notait un ethnologue, « en échange de son entretien et de dons occasionnels, [...] sert d'homme à tout faire, coupe et porte le bois de chauffe, surveille les porcs, laboure les jardins, construit les maisons et est, en général, consciencieusement exploité » [Meggitt, 1974, p. 183].

3.2 La forme spécifique de l'esclavage

L'institution particulière qu'est l'esclavage soulève, quant à elle, au moins deux séries d'interrogations.

La première porte sur les facteurs susceptibles d'expliquer pourquoi, au sein des sociétés à richesse, certaines seulement l'ont secrété – parfois sur une échelle très large. L'observation de la carte (figure 1) montre que cette divergence obéit en partie à une distribution géographique : il existe des aires culturelles d'esclavage (les *hill tribes* d'Asie du Sud-Est, le Caucase, la Côte nord-ouest, la majeure partie de l'Afrique noire...), et d'autres où il est entièrement inconnu (la Nouvelle-Guinée étant l'exemple le plus frappant).

Cette question a reçu assez peu d'attention de la part de l'anthropologie et les rares tentatives ne sont pas parvenues à élaborer des raisonnements probants. L'ouvrage fondateur de Nieboer [1900] avançait la thèse que l'esclavage était corrélé à la présence de terres libres : il était dans ce cas nécessaire d'user de la force pour contraindre la main-d'œuvre à s'employer au bénéfice d'un tiers. Plusieurs travaux ultérieurs montrèrent toutes les insuffisances d'un tel raisonnement, tant sur le plan empirique que théorique, sans toutefois parvenir à dégager une explication alternative de portée générale [Siegel, 1945 ; Baks *et al.*, 1966 ; Patterson, 1977]. Plus récemment, A. Testart [2003] reliait l'absence d'esclavage dans certaines aires culturelles à une disposition particulière du droit de la guerre selon laquelle le vainqueur devait, pour conclure la paix, indemniser le vaincu pour ses tués. L'argument, certes séduisant, reste néanmoins quelque peu circulaire ; on ne voit pas pourquoi l'absence d'esclavage résulterait davantage d'un droit de la guerre spécifique que l'inverse. Par ailleurs, si une forte proportion de sociétés non esclavagistes se concentrent en effet dans trois principales aires culturelles, de nombreuses autres se situent en dehors d'elles, auxquelles cette thèse ne peut s'appliquer. On en restera donc ici au constat d'une question qui, en raison de sa complexité, n'a jamais reçu de réponse satisfaisante, et qui constituerait un vaste et passionnant programme de recherche.

3.3 Esclavage et paiements

L'autre problème est celui de savoir pourquoi, dans l'immense majorité des cas, l'esclavage n'est pas apparu dans les sociétés sans richesse (définies ici comme sans paiements) – c'est-à-dire pourquoi, ainsi qu'on peut le constater dans la figure 2, à quelques très rares exceptions près, les sociétés à esclaves sont aussi des sociétés à paiements.

Là encore, on ne peut qu'esquisser des éléments de réponse, qui partent de l'idée assez commune selon laquelle l'exploitation constitue une dimension essentielle de l'esclavage. Bien que de nombreux auteurs aient souligné que l'esclave pouvait servir à de tout autres fins qu'à être économiquement exploité, l'arbre ne doit pas cacher la forêt : d'une manière générale, l'utilisation première de l'esclave, la plus évidente et la plus banale, est d'en tirer un surtravail. Au risque de m'avancer imprudemment, il ne me semble pas d'ailleurs qu'on puisse citer une seule société où les esclaves aient été prioritairement utilisés à d'autres fins. Si ce point de départ est juste, alors la question de la naissance de l'esclavage est subordonnée à celle de la naissance (ou de l'approfondissement) de l'exploitation. En clair, si l'esclavage n'est pas apparu dans les sociétés sans richesse, c'est parce que l'exploitation elle-même y restait sinon absente, du moins embryonnaire. Sans revenir sur des arguments déjà exposés, parmi ces sociétés, beaucoup avaient l'opportunité et la possibilité de faire des esclaves, ne serait-ce qu'avec des prisonniers de guerre. Or, en Australie aborigène, par exemple, on achevait les blessés plutôt qu'en faire des prisonniers ; quant aux captives, elles étaient intégrées comme épouses à part entière dans le groupe. Mais peut-être l'illustration la plus parlante vient-elle des Tupinamba d'Amazonie qui, lorsqu'ils capturaient un ennemi, le conservaient parfois durant des années, lui permettant même de prendre épouse et de vivre une vie normale, avant de l'occire et de le dévorer lors d'une cérémonie spéciale. Les Tupinamba réunissaient toutes les conditions pour exploiter économiquement ces prisonniers. La raison la plus plausible qui puisse expliquer qu'ils ne le faisaient pas est sociale : ignorant la richesse, ils ne voyaient pas d'intérêt à soumettre quiconque pour en produire.

Il reste que quelques sociétés constituent des exceptions, possibles ou avérées, à cette loi sociale générale. Notre échantillon en compte possiblement deux : les Conibo et les Yukaghir du Nord, sur lesquels il nous faut à présent nous arrêter.

Les Conibo étaient un belliqueux peuple d'Amazonie dont l'économie reposait en bonne partie sur le pillage – on dit que les femmes de cette tribu détestaient tisser, et qu'elles parvenaient à se vêtir uniquement avec le fruit de ses rapines. Les Conibo pratiquaient un esclavagisme assez intensif, se distinguant physiquement de leurs voisins au moyen de diverses pratiques, dont l'allongement crânien ou l'excision. Quant au rôle éventuel de la richesse dans cette société, il reste mal connu en raison d'une ethnographie très lacunaire. S'il n'est apparemment pas fait mention de paiements pour des mariages, ni de compensations pour blessures ou meurtres, on relève cependant l'existence de fêtes exubérantes qui rappellent l'usage des biens matériels à des fins de marquage social caractéristiques de ce qu'A. Testart appelait les « ploutocraties ostentatoires » :

> « [La] fête [appelée *ani shreati*, de la puberté des filles], qui avait lieu lors de la pleine lune, agissait comme un signal démographique par lequel le village hôte annonçait disposer d'épouses potentielles à ses voisins qui habitaient en amont ou en aval. Un *ani shreati* réussi attirait des centaines d'invités, qui devaient tous être nourris et servis avec des quantités prodigieuses de bière de manioc. » [DeBoer, 1986, p. 238]

Le second cas de notre échantillon est celui d'un groupe Yukaghir. Ce peuple se rattache à l'ensemble des éleveurs de rennes de l'Extrême-Orient sibérien qui, en règle générale, connaissaient une forme ou une autre de richesse. Chez les Koryak, par exemple, les individus détenaient des troupeaux de tailles très différentes, de quelques têtes pour les plus modestes à plusieurs milliers pour les plus riches. Les premiers servaient souvent de gardiens aux seconds qui, seuls, avaient les moyens de commercer avec les peuples alentour pour acquérir certains objets convoités. Toutefois, au moment où ces observations ont été effectuées (à la fin du XIXe siècle), l'ensemble de ces peuples avait depuis longtemps été soumis à la férule de l'État tsariste, de ses impôts et du commerce des fourrures. Démêler ce qui résultait de cette influence du substrat originel de ces formations sociales tient de la gageure. Il reste néanmoins que chez les Yukaghir septentrionaux dits « de la Kolyma », qui ignoraient manifestement toute forme de paiements et d'inégalités de richesse, la présence d'esclaves, prisonniers de guerre astreints à accomplir le travail domestique normalement dévolu aux femmes, semble fermement attestée [Jochelson, 1926].

Un troisième cas, sans doute le plus troublant de tous, mérite de s'inviter dans cette discussion quand bien même il ne figure pas dans la base de données initiale. Étudiés par la récente thèse de D. Jabin [2016], les Yuqui sont des Indiens de l'Ouest amazonien, chasseurs-cueilleurs nomades ne connaissant aucune forme de stockage alimentaire ni, semble-t-il, de paiements. Or leur société était traversée par une stratification palpable. Leurs chefs, contrairement à la règle générale en Amazonie, jouissaient de privilèges tangibles. En particulier, ils détenaient des esclaves qu'ils avaient manifestement à cœur d'exploiter économiquement, les astreignant aux tâches les plus pénibles et les nourrissant de rebuts. Une coutume yuquie ne laisse aucun doute quant à la nature de l'institution : la « mort d'accompagnement » [Testart, 2004], banale dans les sociétés esclavagistes non étatiques, et qui consiste, au décès d'un personnage important, à exécuter un ou plusieurs de ses dépendants pour qu'ils continuent de le servir dans l'au-delà.

On ne cachera pas les difficultés que soulèvent ces trois cas. Faut-il les considérer, au sens strict, comme des exceptions, c'est-à-dire comme des singularités qui échappent aux règles générales en raison de circonstances très spécifiques, et donc peu significatifs du point de vue des lois de l'évolution sociale ? Faut-il y voir au contraire – et cette hypothèse est évidemment plus stimulante – les révélateurs d'une trajectoire évolutive alternative, en particulier en Amazonie ? Toute réflexion sur ce point impliquerait en tout cas de prendre au sérieux les récents progrès de l'ethnoarchéologie de cette région ; ceux-ci nuancent sérieusement l'image traditionnelle de peuples uniformément dépourvus de stratification sociale et de différenciation politique. La dévastation causée par la conquête et les épidémies nous a définitivement privés d'informations capitales à ce propos, mais il semble dorénavant assez clair que l'état des sociétés amazoniennes telles qu'elles ont été étudiées par l'ethnologie des deux derniers siècles n'est guère représentatif de leur situation originelle. En particulier, l'archéologie a établi que le manioc, longtemps considéré comme la nourriture par excellence de toute cette région, avait en bien des lieux été précédé par le maïs, disparu depuis lors ; loin d'être un cultigène immémorial, le manioc pourrait bien avoir été une solution de repli permettant à ces populations de faire face au choc démographique, politique et économique de la colonisation [Rostain, 2016]. Cela signifie que certaines au moins de ces sociétés avaient connu le stockage et, sans doute, tout ou partie des transformations sociales qui en découlent, avant d'être contraintes d'en revenir à des formes d'économie plus rustiques. Quant à l'esclavage, longtemps considéré comme absent de tout le continent, de récents travaux ont rappelé son existence chez plusieurs de ces peuples [Santos-Granero, 2009].

3.4 Stockage et paiements

Le dernier axe de questionnements de cet article concerne les rapports entre stockage alimentaire et paiements. Les données collectées vérifient, dans l'immense majorité des cas, la corrélation entre les deux phénomènes. Celle-ci, dans une perspective matérialiste, s'interprète comme une causalité : les paiements sont la conséquence du stockage (ou d'un phénomène qui lui est intimement lié) – on n'imagine pas que l'absurde thèse inverse puisse être sérieusement défendue. Il reste néanmoins à préciser la nature exacte de cette causalité, un problème sur lequel A. Testart lui-même a longtemps avoué achopper. Répétons-le, la proposition selon laquelle c'est le stockage alimentaire et non, comme on l'a longtemps pensé, l'agriculture, qui est corrélé aux inégalités socio-économiques, a représenté un progrès majeur dans la compréhension de l'évolution sociale. Mais bien qu'elle soit plus conforme aux faits, cette loi sociale se voit, elle aussi, contredite par deux séries d'exceptions symétriques qui indiquent la direction dans laquelle peut se trouver la solution de l'énigme.

3.4.1 Des paiements sans stockage

Il existe en effet quelques sociétés qui, sans connaître de stockage significatif, ont néanmoins vu émerger, à un degré ou à un autre, paiements et inégalités économiques. Notre échantillon en fournit deux cas limites (Busama et Tapirape) et deux autres plus nets, tous deux situés en Amérique latine : Jivaro et Abipons. Ces derniers étaient une tribu du Grand Chaco qui avait adopté le cheval suite à la pénétration espagnole et dont l'alimentation reposait entièrement sur la chasse et la cueillette. Soulignons que le cheval domestique, qui représentait pour ce peuple le bien économique majeur, ne constituait pas une nourriture (contrairement à ce qui pouvait être le cas, il y a quelques millénaires, dans les steppes de l'Asie centrale) ; il n'existait donc rien, chez cette tribu marquée par la richesse, qui puisse être assimilé au stockage alimentaire.

Bien qu'ils ne figurent pas dans notre base, d'autres exemples pourraient également être convoqués : ils se rapportent notamment à cette catégorie de peuples situés dans des environnements privilégiés et qui pouvaient, grâce à l'abondance des ressources, vivre dans des villages fixes sans pour autant pratiquer de stockage significatif.

Tel était par exemple le cas des Calusa de la côte occidentale de la Floride. Anéantis bien avant d'avoir pu être étudiée par des ethnologues professionnels, ils ne sont connus que par quelques témoignages de marins espagnols du XVIe siècle – ainsi, bien sûr, que par l'archéologie. Dans cette société profondément stratifiée, plusieurs dizaines de villages versaient tribut à un chef qui siégeait sur un trône et dont le front était orné d'or et de perles. Au bas de l'échelle sociale se trouvait une couche de dépendants dont certains étaient exécutés pour l'accompagner dans la mort. L'essentiel de l'alimentation reposait sur les plantes sauvages et sur les produits de la pêche. S'ils cultivaient marginalement quelques plantes, les études archéologiques confirment qu'ils ne connaissaient pas le maïs, la céréale de base dans toute l'Amérique.

L'autre cas est celui d'un peuple de la côte sud de la Nouvelle-Guinée : les Asmat. Ne pratiquant eux non plus presque aucune agriculture, ils tiraient leur subsistance de la pêche, mais aussi, et surtout, de la farine du palmier sagoutier qu'ils allaient abattre et récolter en forêt. La société asmat ne connaissait pas une stratification aussi marquée que celle des Calusa, mais elle se situait incontestablement dans le monde des paiements et des inégalités. Le mariage, comme les dommages corporels, donnait lieu à des compensations matérielles. Sans être la seule condition de la réussite sociale, la richesse en représentait un élément incontournable. C'est ainsi que lorsqu'un leader voulait fabriquer un de ces mâts ornés qui ont fait la célébrité des Asmat, il devait nourrir sur ses ressources personnelles les graveurs durant les deux à trois mois que durait leur travail. Et pour l'inauguration de l'ouvrage, en plus du sang de têtes ennemies fraîchement coupées qui servait à imbiber les mâts, le commanditaire devait fournir, à ses frais, les vivres d'un repas festif qui pouvait rassembler jusqu'à 2 000 convives.

A. Testart avait identifié ces diverses catégories, qualifiant les Abipons de chasseurs-cueilleurs « montés » et les Calusa et les Asmat de peuples sédentaires « en raison de conditions écologiques favorables » [2012, p. 357]. Il n'en avait toutefois pas tiré, nous semble-t-il, toutes les conséquences théoriques, dans la mesure où leur existence – de même que celle des Jivaro – démontre que les paiements peuvent apparaître en l'absence de tout stockage alimentaire. La condition techno-économique de cette apparition doit donc être reformulée de manière à inclure cet ensemble de sociétés. On suggère ainsi que cette condition ne tient pas, en elle-même, à l'existence de stocks alimentaires, mais à la production, sur une échelle relativement large, de biens tout à la fois durables, meubles, et ayant nécessité une importante quantité de travail individuel, que l'on propose d'appeler « biens *W* » pour plus de commodité[4]. Ces biens *W* ne prennent généralement une certaine importance que dans les sociétés sédentaires ; les stocks alimentaires, par définition, en font partie, mais les peuples qui font de tels stocks fabriquent

4. Ce choix est lié au fait qu'en anglais, la lettre *W* se trouve être à la fois l'initiale du travail (*work*) et de la richesse (*wealth*).

aussi d'autres biens à valeur ajoutée plus élevée ; c'est ce qui explique que ce sont généralement ces biens, et non la nourriture, qui font office de monnaie.

Il est difficile de savoir quels pouvaient être les biens *W* chez les Calusa ; mais chez les Asmat, les pirogues, qui exigeaient un temps de travail prolongé et devaient être fournies au futur beau-père par tout prétendant, en constituent manifestement un exemple. Chez les Abipons, ce sont évidemment les chevaux qui constituaient l'essentiel du *bridewealth*. Dans le cas des Tapirape et, plus nettement encore, des Jivaro, l'ethnographie suggère que c'est la pénétration de biens *W* occidentaux qui a entraîné un début de transition vers les paiements, à partir d'un fonds culturel duquel ils étaient initialement absents[5]. On pourrait sans doute ajouter à cette liste le cas de différents groupes inuits, marqués par la relative sophistication de l'équipement matériel (dont les chiens, les traîneaux ou les kayaks) et dont une étude attentive suggère que la transition vers les paiements y était amorcée [Kjellström, 1973].

Il est ainsi possible de proposer une explication matérialiste du passage aux paiements : c'est à partir du moment où, dans la production économique, un temps de travail prolongé s'est cristallisé dans certains biens meubles que la société a pu commencer à tenir ces biens pour équivalents à un temps de travail prolongé. C'est donc sur cette base que l'on a considéré que la perte d'une femme (ou d'une vie, dans le cas du *wergild*) pouvait – voire, ou devait – être compensée non plus par du travail vivant, mais par du travail passé, cristallisé dans des biens matériels.

Reste à savoir si les biens *W* constituent une condition suffisante du passage aux paiements. À cette interrogation, notre base de données semble suggérer une réponse positive. Il faut toutefois rappeler qu'elle ne code que le seul stockage alimentaire et non les biens *W* en général ; le dossier ne peut donc être considéré comme clos, et son investigation appellerait des recherches spécifiques.

3.4.2 Le stockage sans paiements

On le disait, il existe une autre série d'exceptions à l'adéquation entre la présence de stocks alimentaires (ou même, des biens *W*) et celle des paiements. Dans notre base de données, elles sont représentées, entre autres,

5. Pour l'ensemble des références ethnographiques concernant Calusa, Asmat ou Jivaro et un exposé plus détaillé des raisonnements qu'on peut en inférer sur la naissance des paiements, voir Darmangeat [2017].

par les Inuits du Nord de l'Alaska (Tareumiut), par les Indiens pueblos (Hopi, Zuni) et, peut-être, par les Bemba d'Afrique australe. Ce dernier peuple fait figure de cas limite ; les paiements semblent y avoir été très faibles, mais il connaissait l'esclavage et un chef suprême y prélevait un tribut qui rémunérait sa suite de conseillers et d'hommes de main. Cette société nous paraît illustrer *a contrario* notre hypothèse sur les biens *W*, dans la mesure où la faiblesse des paiements découlait peut-être de la faiblesse de la production de biens durables :

> « Si les possessions matérielles des Bemba sont peu nombreuses, elles sont aussi périssables. [...] Cela, à soi seul, exerce un impact sur l'attitude des gens vis-à-vis de la propriété, et sur les valeurs sociales associées à son accumulation. » [Richards, 1994 (1939), p. 210]

Concédons néanmoins que ce raisonnement laisse dans l'ombre les raisons pour lesquelles, sur une telle base matérielle, cette société avait édifié un appareil politico-économique aussi élaboré.

Quoi qu'il en soit, on ne peut invoquer cette explication à propos des Tareumiut ou des Pueblos, chez qui le stockage alimentaire et la production de biens *W* atteignaient incontestablement un niveau élevé. À l'absence commune de paiements correspondait néanmoins une profonde différence d'allure entre ces différentes sociétés. Par bien des aspects, les Tareumiut représentent une illustration classique du monde II. Les personnages proéminents, dont un ethnographe a pu écrire qu'ils y formaient « une classe dominante ordinaire, riche et aristocratique » [Murdoch, 1892, p. 429], étaient les *umialit,* propriétaires des baleinières et des plus grosses réserves ; ils attiraient dans leur dépendance les individus moins bien lotis. Chez les Pueblos (Hopi et Zuni), en revanche, les inégalités socio-économiques semblent si discrètes qu'elles en sont presque invisibles – la plupart des ethnographies qui leur ont été consacrées n'en font aucune mention. Quelques rares chercheurs soulignent néanmoins que l'égalitarisme de ces sociétés n'était qu'apparent : « Chez les Zunis, la richesse va de pair avec les activités cérémonielles : seul l'homme riche a le temps et les ressources nécessaires pour participer à la totalité des activités religieuses » [Farb, 1972 (1968), p. 106].

Les quelques sociétés à biens *W* de notre échantillon qui, contrairement à la règle générale, sont dépourvues de paiements, n'en sont donc pas moins structurées par la richesse. Ceci nous paraît illustrer le fait que les paiements constituent une excellente approximation de la richesse dans le monde II, mais qu'ils n'en sont pas une définition. Autrement dit, si la richesse, dans ce monde, sert essentiellement à solder ses obligations sociales, elle ne sert pas uniquement à cela ; et, dans quelques cas, elle se manifeste sous d'autres formes. Chez les Tareumiut, la puissance qu'elle procure est directement liée à la possession, dans un usage strictement encadré par un contrôle social, d'un moyen de production essentiel (la baleinière). Mais la richesse est également ce qui ouvre la possibilité de jouer un rôle proéminent dans les importants échanges intertribaux ; on lit ainsi que « les hommes qui commerçaient fréquemment et en grandes quantités avaient tendance à être appelés *umialik*, qu'ils possèdent une baleinière ou non » [Johnson et Earle, 2000, p. 177]. L'impression qui se dégage des sociétés pueblo est bien différente : la richesse ne semble pas conférer le prestige et l'influence par elle-même, mais uniquement dans la mesure où elle permet d'accéder aux offices religieux les plus élevés.

Il est permis de penser que cette différence renvoie à une dimension profonde. Chez les Pueblos, ce ne sont pas seulement les paiements, mais la richesse elle-même qui semble sinon absente, du moins bridée à l'extrême. Il existe certes des propriétés individuelles – dont celle, féminine, de la maison – et même des conflits sur la possession de la terre. Mais l'ensemble des transactions économiques semble enserré dans des liens de parenté, ou religieux, qui limitent la magnitude des transferts et des obligations auxquelles ils donnent lieu. Les Zuni et les Hopi, dont on lit par exemple que « beaucoup de richesses, qu'elles soient réelles ou intangibles, sont contrôlées par des groupes d'individus, généralement une organisation clanique » [Beaglehole, 1978 (1937), p. 12], semblent représenter le degré le plus poussé d'un collectivisme présent chez bien d'autres peuples tels, par exemple, les Iroquois. Or ce collectivisme (auquel la filiation matrilinéaire n'est peut-être pas étrangère), semble avoir pour effet de neutraliser, au moins partiellement, les effets dissolvants et différenciateurs de la richesse qui, dans d'autres sociétés du monde II, s'épanouit sans entrave, comme en témoigne cette observation sur les Yurok de Californie :

> « Chaque blessure, chaque privilège, tort ou transgression est calculé et compensé. Tant que la somme n'est pas intégralement versée, un *feud* ne peut prendre fin qu'avec l'élimination totale de l'un des protagonistes, le mariage n'est qu'une disgrâce publique durant des générations, la cérémonie nécessaire pour préserver l'ordre du monde n'est pas organisée. Par conséquent, les préoccupations d'un Yurok [et des Indiens qui sont ses voisins immédiats] sont tournées, par-dessus tout, vers ses possessions. Dans les moments d'inactivité, il songe à l'argent ; lorsqu'il est dans le besoin, il cherche à s'en procurer. Il manigance en permanence des occasions de déposer une réclamation ou d'échapper à une obligation. » [Kroeber, 1925, p. 2]

Dans cette perspective, il serait sans doute nécessaire de mieux comprendre par quels mécanismes la divergence principale qu'établissait A. Testart, au sein du monde II, entre ploutocraties ostentatoires et « semi-États », divergence qui, selon lui, procédait d'un critère exclusivement politique, trouve un si puissant écho du côté des structures économiques.

Conclusion

Ce vaste tour d'horizon, selon ce que l'on souhaitera en retenir, pourra laisser des impressions contradictoires.

D'un côté, il confirme que les bases jetées par A. Testart s'avèrent remarquablement solides et se prêtent volontiers à une interprétation matérialiste de l'évolution sociale, en particulier sur la question centrale de l'émergence des inégalités de richesse et de l'exploitation. Ces avancées peuvent être prolongées, ainsi qu'on a tenté de le montrer, par la prise en compte des biens *W* plutôt que des seuls stocks alimentaires. Cette modification améliore l'adéquation de la loi sociologique avec les faits observés et clarifie le lien de causalité qui la fonde. Elle ouvre également quelques horizons à l'archéologie, dans la mesure où la présence d'un certain type de productions matérielles pourrait être considérée comme un indice dorénavant sûr de l'existence d'inégalités socio-économiques – que l'on pense, par exemple, aux récents débats concernant la possible stratification sociale dès les premiers millénaires du Paléolithique eurasiatique [Testart, 2016 ; Guy, 2017 ; Darmangeat 2018b].

Ces succès bien réels ne font cependant pas oublier l'ampleur de la tâche qui reste à accomplir et dont témoignent les nombreuses questions non résolues soulevées au cours de ce texte. Si ce champ d'investigation a été, en tout cas en France, largement délaissé par une certaine tradition anthropologique, souhaitons qu'il mobilise à l'avenir les énergies à hauteur de l'intérêt qu'il présente pour la compréhension de l'évolution sociale.

Références

Baks, C., Breman, J., Nooij, A. [1966], « Slavery as a system of production in tribal society », *Bijdragen tot de Taal-, Land- en Volkenkunde*, vol. 122, n° 1, p. 90-109.

Beaglehole, Ernest [1978 (1937)], *Notes on Hopi Economic Life*, New York: AMS Press, 88 p.

Brébeuf, Jean de [1636], *The Jesuit relations and allied documents: Travels and explorations of the Jesuit missionaries in New France 1610-1791*, Reuben Gold Thwaites (ed.), vol. X, Cleveland: The Burrows Brothers Company, 328 p.

Dablon, Claude [1671], *The Jesuit relations and allied documents: Travels and explorations of the Jesuit missionaries in New France 1610-1791*, Reuben Gold Thwaites (ed.), vol. LV, Cleveland: The Burrows Brothers Company, 322 p.

Darmangeat, Christophe [2015], « Certains étaient-ils plus égaux que d'autres ? 2. Formes d'exploitation sous le communisme primitif », *Actuel Marx*, n° 58, p. 144-158.

Darmangeat, Christophe [2017], « La pirogue et le grenier : les déterminants techno-économiques du passage aux paiements », *Artefact*, n° 6, p. 133-151.

Darmangeat, Christophe [2018a], « Le surplus et la stratification sociale : une causalité au-dessus de tout soupçon ? », *Bulletin de la Société préhistorique française*, tome 115/1.

Darmangeat, Christophe [2018b], « Art, sédentarité et inégalités. La hutte des glaces au Paléolithique supérieur », *L'Homme*, n° 227-228, juillet-décembre.

DeBoer, Warren R. [1986], « Pillage and Production in the Amazon: A View through the Conibo of the Ucayali Basin, Eastern Peru », *World Archaeology*, vol. 18, n° 2, « Weaponry and Warfare », p. 231-246.

Farb, Peter [1972 (1968)], *Les indiens. Essai sur l'évolution des sociétés humaines*, Paris : Seuil, 354 p.

Guy, Emmanuel [2017], *Ce que l'art préhistorique dit de nos origines*, Paris : Flammarion, 339 p.

Jabin, David [2016], *Le Service éternel : ethnographie d'un esclavage amérindien (Yuqui, Amazonie bolivienne)*, thèse soutenue à l'Université Paris Ouest.

Jochelson, Waldemar [1926], *The Yukaghir and the Yukaghirized Tungus*, The Jesup North Pacific Expedition vol. IX, Memoir of the American Museum of Natural History, Leiden: Brill, 469 p.

Johnson, Allen W., Earle, Timothy [2000], *The Evolution of Human Societies – From Foraging Group to Agrarian State*, Stanford: Stanford University Press, 440 p.

Kjellström, Rolf [1973], *Eskimo marriage*, Nordiska museet, [Solna: Saelig], 267 p.

Kroeber, Alfred [1925], *Handbook of the Indians of California*, Bureau of American Ethnology, Bulletin n° 78, 995 p.

Lalemand, Hierosme [1646], *The Jesuit relations and allied documents: Travels and explorations of the Jesuit missionaries in New France 1610-1791*, Reuben Gold Thwaites (ed.), vol. XXVIII, Cleveland: The Burrows Brothers Company, 320 p.

Marx, Karl [1993 (1867)], *Le Capital*, Livre I, Paris : PUF, 940 p.

Meggit, Mervyn [1974], « Pigs Are Our Hearts! The Tee exchange cycle among the Mae Enga of New Guinea », *Oceania*, vol. 44, n° 3, p. 165-203.

Murdoch, John [1892], « Ethnological results of the Point Barrow Expedition », *Ninth Annual Report of the Bureau of Ethnology*, Washington: Government Printing Office, 704 p.

Murdock, G. P., Morrow, Diana O. [1970], « Subsistence Economy and Supportive Practices: Cross-Cultural Codes 1 », *Ethnology*, vol. 9, n° 3, p. 302-330.

Nieboer, Herman Jeremias [1900], *Slavery as an industrial system: Ethnological researches*, The Hague: Martinus Nijhoff, 474 p.

Patterson, Orlando [1977], « The structural origins of slavery: a critique of the Nieboer-Domar hypothesis from a comparative perspective », *Annals of the New York Academy of Sciences*, vol. 292, p. 12-34.

Richards, Audrey [1994 (1939)], *Land, labour and diet in Northern Rhodesia: an economic study of the Bemba tribe*, Ann Arbor: UMI, 425 p.

Rostain, Stephen [2016], *Amazonie. Un jardin sauvage ou une forêt domestiquée : essai d'écologie historique*, Arles-Paris : Actes Sud-Errance, 262 p.

Santos-Granero, Fernando [2009], *Vital Enemies: Slavery, Predation, and the Amerindian Political Economy of Life*, Austin, TX: University of Texas Press, 280 p.

Siegel Bernard [1945], « Some methodological considerations for a comparative study of slavery », *American Anthropologist New Series*, vol. 47, n° 3, p. 357-393.

Testart, Alain [1982], *Les chasseurs-cueilleurs ou l'origine des inégalités*, Paris : Société d'Ethnographie (Université Paris X-Nanterre), 254 p.

Testart, Alain *et al.* [2003], « Du droit de la guerre », *Droit et cultures*, vol. 45, n° 1.

Testart, Alain [2004], *La servitude volontaire* (2 vol.), Paris : Errance, 264 p. et 140 p.

Testart, Alain [2005], *Éléments de classification des sociétés*, Paris : Errance, 160 p.

Testart, Alain [2012], *Avant l'histoire*, Paris : Gallimard, 549 p.

Testart, Alain [2016], *Art et religion de Chauvet à Lascaux*, Paris : Gallimard, 380 p.

DÉBATS

QUELLE PLACE POUR LE CONCEPT D'EXPLOITATION ?

Stéphane Haber

Les grands thèmes de la théorie sociale critique (comme la domination, l'aliénation, la réification, l'exclusion ou l'exploitation) ne répondent pas au portrait idéalisé que se plaît à dépeindre une épistémologie rigoriste selon laquelle seuls ont une vraie valeur les concepts dont on a fixé le sens et les applications une bonne fois pour toutes. Le contenu essentiel de ces thèmes, sans être obscur ni indéfinissable, comporte des marges d'indétermination, et il y a forcément un peu de vague quand on les utilise. On peut, par exemple, admettre l'intérêt du concept de domination (typiquement : un groupe ou une classe sociale est durablement capable de modeler à son profit la vie d'un autre groupe ou d'une autre classe) sans croire qu'il présente des contours parfaitement nets : est-il applicable par exemple et, si oui, à quelles conditions, au rapport entre soignants et soignés, entre vieux et jeunes, entre enseignants et élèves ? Ce n'est pas certain. Ne faudrait-il pas passer à des notions plus souples (influence, pouvoirs, asymétries…), quitte à renoncer à la belle simplicité que suggère le thème de « la domination » prise comme un fait global, voire comme *le* phénomène caractéristique du monde social en général ?

De ce point de vue, il faut bien dire que les grandes théories sociales critiques du XXe siècle ne se sont pas montrées très avisées. Qu'il s'agisse des différentes variétés du marxisme ou de la sociologie bourdieusienne, le pari consistait plutôt, implicitement, à s'emparer de *l'une* de ces catégories, à entreprendre ensuite de figer dans le marbre de la Science une définition que l'on voulait claire et distincte, puis à prétendre, sur cette lancée, que la catégorie sur laquelle on avait jeté son dévolu était la seule légitime, en tout cas la plus intéressante, la plus féconde. Le théoricien de l'exploitation pouvait alors s'en prendre aux théories de l'aliénation pour les considérer comme des survivances de l'âge métaphysique de la pensée[1] ; le théoricien de la domination ou du pouvoir pouvait décrire tout ce que prétend dévoiler le thème de l'exploitation comme quelque chose d'assez secondaire et subordonné, au moins de bien trop partiel[2] ; le philosophe de la réification pouvait présenter ce concept comme s'il s'agissait d'une clé

1. Voir L. Althusser, *Pour Marx*, Paris : Maspero, 1965.

2. Voir M. Foucault, *Surveiller et punir*, Paris : Gallimard, 1973.

universelle permettant d'oublier le côté rugueux des dénonciations venues du mouvement ouvrier, majoritairement axées sur la critique de l'injustice et de la dépossession des habiletés[3]. Bien sûr, dans la réalité des travaux savants, les choses apparaissaient souvent plus compliquées parce que des idées officiellement récusées ou ostensiblement négligées pouvaient survivre dans les marges des élaborations théoriques à tendance moniste. Sous un nom ou sous un autre, le paradigme de l'exclusion, tout comme celui de l'aliénation, ont ainsi une place chez Bourdieu, par exemple, et ce que l'on avait essayé autrefois de dire grâce à eux, sous leur conduite, parvenait tout de même à l'expression dans certains moments de l'argumentation. Mais le choix de la bannière unique apparaissait tout de même comme le plus déterminant, comme un symbole de sérieux autant que comme un gage d'originalité.

Fort heureusement nous n'en sommes plus là. Nous nous trouvons plutôt dans une situation post-dogmatique, beaucoup plus respirable, qui permet de comprendre ce qui se passe après l'orgueil propre à une critique insuffisamment critique, trop légère en matière de vigilance épistémologique. Cette situation, on peut la qualifier globalement de pluraliste. Et elle peut se décrire fort simplement.

Partons du fait que les théoriciens qui ont fait confiance aux grands concepts socio-critiques pour, à la fois, éclairer le réel, le présent historique, en l'occurrence, et les placer dans une perspective critique (que peut-on lui reprocher ?, en quoi est-il insatisfaisant ?, en quoi autorise-t-il la recherche d'alternatives ?) ont *eu raison.* À un certain niveau, ces concepts sont purement et simplement irremplaçables, contrairement à ce que pourrait laisser penser une position positiviste ou empiriste mal dégrossie. Nous nous retrouvons donc dans une « situation herméneutique », autrement dit une situation dans laquelle la lecture des textes du passé (en l'occurrence, ceux qui relèvent de la philosophie sociale[4] et des sciences sociales critiques), ainsi que l'appropriation de certaines traditions théoriques, peuvent jouer un rôle majeur (mais pas unique) dans le savoir. Cependant, il se trouve que les théoriciens en question ont sûrement sous-estimé la plasticité de tels concepts, ou plus simplement le fait qu'ils comportent plusieurs facettes, comme le dit parfaitement M. Fleurbaey, de même qu'ils ont sous-estimé le fait que, selon les phénomènes qu'ils viseront à éclairer, ces concepts comporteront des accentuations variées et s'agrégeront à des réseaux d'hypothèses qui ne

3. Voir G. Lukács, *Histoire et conscience de classe* [1923], Paris : Minuit, 1961.

4. Voir F. Fischbach, *Manifeste pour une philosophie sociale*, Paris : La Découverte, 2009.

se recoupent pas tout le temps. Historiquement, le terme « aliénation », par exemple, a servi à orchestrer différents types de malaise devant le monde moderne : cela a pu aller de l'appréhension vague que fait naître l'émergence de contraintes d'un genre nouveau (liées à l'univers industriel et urbain ou au développement de l'État) jusqu'à la crainte qu'engendre la tendance à privilégier l'anonymat des grandes structures organisationnelles qui privent les individus de la possibilité d'agir et de participer, voire jusqu'à la tendance, encore plus précise, à faire triompher l'automatisme sur l'intelligence délibérée. Il existe bien des liens forts entre toutes ces idées, et entre toutes les intuitions qui les sous-tendent, même si le degré de cohérence qu'elles présentent n'est pas extrêmement élevé. Ainsi, une « théorie de l'aliénation » (de même qu'une théorie de la domination, etc.) apparaissent toujours comme des constructions risquées, problématiques, immanentes à l'histoire, immanentes à une vie sociale-historique où il y a pas mal de bigarrure et du rapiéçage. Mais les théoriciens critiques ont surtout sous-estimé le fait que ces grands concepts socio-critiques, très généraux, devaient se garder de toute velléité exclusiviste ou impérialiste. Quand il s'agit d'explorer le monde social en faisant droit aux perspectives critiques, ce n'est pas *ou bien* la domination *ou bien* l'exploitation, par exemple. C'est la domination pour certains aspects des choses, en fonction de certains objets d'enquête, par rapport à certaines méthodes d'investigation, etc., et puis l'exploitation pour d'autres. Certes, tout n'est pas à mettre sur le même plan : il y a sans doute des facteurs plus importants que d'autres à un moment donné et dans une société donnée, ce qui justifie le choix de mettre stratégiquement en avant l'un ou l'autre de ces concepts. Mais il n'y a sûrement pas, en revanche, de signifiant-maître ou de méta-concept englobant (quand bien même on admettrait qu'il comporte des facettes, des variétés ou des nuances) de la théorie sociale qui se veut critique. La fragmentation lui va plutôt bien.

Un tel libéralisme épistémologique n'est pas nouveau dans son principe. Dans les années 1970, l'idée selon laquelle il n'existe pas de force unique ou d'enjeu exclusif de la résistance et de la rébellion politiques apparaissait déjà comme acquise : elle constituait alors la conséquence d'une prise en compte de l'étroitesse du marxisme. Bref : le prolétariat en lutte pour son émancipation n'était plus la seule force de progrès sur laquelle il fallait compter. Au moment de la création du « Groupe d'information sur les prisons », Foucault avait exprimé avec éloquence cette sensibilité, qui prend acte des limites du mouvement ouvrier : « sont intolérables : les tribunaux, les flics, les hôpitaux, les asiles, l'école, le service militaire, la presse, la télé, l'État et d'abord les prisons ». En d'autres termes, ce qui existe, ce n'est pas une classe dont les intérêts coïncident par chance avec ceux de toute l'humanité. Ce qui existe, ce sont des affects (le sentiment de l'intolérable) qui peuvent être partagés par *n'importe qui* et qui mettent en question des aspects *différents* de la réalité sociale, chaque fois questionnables pour des raisons *différentes*, lesquelles ne se réduisent jamais à l'abaissement d'une classe ou d'un groupe déterminé au sein de la société. Cependant, Foucault lui-même n'a pas orienté ses recherches dans une direction qui permettrait d'étayer un tel pluralisme. Et quand, après lui, le motif de la fragmentation de la critique sociale a été repris, c'est plutôt dans le cadre d'une théorie politique, voire d'une surpolitisation de la théorie. La question posée était en effet : comment les luttes peuvent-elles converger ? ; comment des groupes et des mouvements sociaux aux langages différents peuvent-ils créer des alliances[5] ? Du coup, le problème de la variété des catégories de la critique sociale et de sa fécondité heuristique face à une réalité sociale multidimensionnelle se trouvait occulté. C'est un dossier que l'on peut aujourd'hui rouvrir plus sereinement.

Tout cela rappelé, une des questions que l'on peut adresser à Marc Fleurbaey est la suivante. Son texte défend une position pluraliste. L'exploitation, dit-il de façon lumineuse, a plusieurs facettes, plusieurs causes (dotations inéquitables, échange inégal, instrumentalisation des personnes, contributions insatisfaisantes aux intérêts publics). Mais ce pluralisme de premier niveau (le concept d'exploitation a plusieurs facettes) a-t-il comme corrélat un pluralisme de second niveau (le concept d'exploitation forme *un concept parmi d'autres de la théorie sociale-critique* ou, plus sobrement, d'une théorie sociale attentive aux enjeux politiques de ses énoncés) ? Ou bien faut-il au contraire conserver la thèse d'une primauté épistémologique du concept d'exploitation lorsqu'il s'agit d'aborder les rapports sociaux avec un œil critique/normatif (il serait plus clair, plus riche, plus large, etc., que des concepts apparemment de rang égal, tels qu'exclusion, domination, aliénation…) ?

Chacune de ces deux solutions présente des avantages et des difficultés. Mais, en faveur de l'hypothèse d'un pluralisme fort, et même d'un pluralisme fort qui pourrait aller au-delà de ce que suggère le texte de Marc Fleurbaey, on peut s'interroger sur le point de savoir s'il ne faudrait cesser de demander *trop* au concept d'exploitation.

Soit le thème de la réification ou de l'instrumentalisation des personnes auquel Marc Fleurbaey fait référence dans son texte en évoquant une

5. Voir E. Laclau, Ch. Mouffe, *Hégémonie et stratégie socialiste* [1985], Besançon : Les Solitaires intempestifs, 2009.

troisième facette du concept d'exploitation. On en comprend la légitimité sans difficultés. Il existe des intuitions morales (peu importe le jeu de langage particulier qui les exprime et les renforce) qui nous suggèrent qu'une personne humaine diffère essentiellement d'une chose, au sens d'un objet que l'on peut manipuler et utiliser sans restrictions en fonction de notre bon vouloir. C'est sur cette base que nous condamnons habituellement les arrangements sociaux qui semblent conduire à violer cette frontière (les êtres humains y sont réduits à l'état de choses – l'esclavage a souvent servi de modèle-repoussoir pour l'appréhender), et nous attendons des gens qu'ils les condamnent aussi. Cependant, il existe bien des manières de déroger à l'impératif de la considération ou du respect. Le terme de « violence » s'impose pour rassembler toutes ses formes extrêmes, celles qui impliquent une brutalité constatable, mais, sous des formes moins dramatiques, il existe aussi quelque chose comme une inattention excluante (l'invisibilisation, l'indifférence) qui confine au mépris, comme lorsque l'on dit qu'il y a des personnes que l'on ne remarque pas, auxquelles on n'adresse que des signes minimaux de reconnaissance, parce qu'elles occupent une place hiérarchiquement inférieure dans la façon dont la société se représente les dignités et les importances, et parce que la majorité des gens a intériorisé cette représentation[6]. Entre la violence et l'impolitesse, tout un dégradé d'attitudes se dégage. Ces attitudes peuvent toutes être qualifiées de réifiantes.

Il existe alors trois solutions pour prolonger l'argument : soit le concept de réification représente une spécification du concept d'exploitation (c'est la position de M. Fleurbaey), soit le concept d'exploitation représente une spécification du concept de réification, soit il s'agit de concepts de même niveau qui visent des aspects distincts de la réalité sociale. La dernière solution semble la plus simple, la plus commode. Mais, à la réflexion, la seconde solution se révèle peut-être plus attirante car moins tranchée, plus subtile. On affirmerait, à l'inverse de M. Fleurbaey mais selon une méthode proche de la sienne, que l'exploitation constitue un *cas particulier* d'instrumentalisation/réification d'autrui (autrui au sens large, puisque la thématique de l'exploitation animale est sans doute en train de faire évoluer le débat). Car si A s'arroge une part excessive des fruits du travail de B (la part du lion), l'image qui constitue le centre de gravité du motif de l'exploitation, c'est qu'il envisage B *a priori* d'une manière qui exclut l'égalité et le souci de ses intérêts. Il le chosifie, le déshumanise. En d'autres termes, il semble

6. Voir G. Le Blanc, *L'Invisibilité sociale*, Paris : PUF, 2009.

conforme à nos habitudes mentales et linguistiques (on peut leur accorder un crédit minimum) de parler de l'exploitation (au sens où ce mot a été popularisé dans la pensée sociale par des expressions telles que « exploitation de l'homme par l'homme ») comme d'une modalité particulière de la réification instrumentale, plutôt que de concevoir cette réification comme un aspect de l'exploitation, perçue alors comme une sorte de grande catégorie synthétique regroupant tout ce qui cloche (le *wrong*) dans la vie sociale, une sorte de synonyme de l'injustice en général. Que, une fois ce point accordé, il faille aller plus loin dans la relativisation du concept d'exploitation (le placer sur le même plan que l'aliénation ou la domination, par exemple) n'est sans doute pas obligatoire logiquement, mais reste une possibilité intéressante qui s'ouvre pour la réflexion dès le moment où l'on a pris conscience du fait que ce concept ne pouvait pas tout subsumer.

QUE DÉSIGNE LE TERME D'EXPLOITATION ?

Claire Pignol[1]

Dans « The facets of exploitation » (2012), Marc Fleurbaey détache la notion d'exploitation de l'approche marxienne afin de rendre compte, à travers une typologie formalisée, des différents sens que donnent l'expérience et le langage commun au terme d'exploitation. Appréhendée à travers quatre formes – répartition inégale des ressources ; échange inégal ; usage d'autrui comme moyen ; usage opportuniste des ressources collectives –, l'exploitation rend compte de ce qui est en jeu dans les conflits sociaux. Si des individus souffrent d'exploitation, si ce sentiment les anime dans les luttes sociales qu'ils mènent, l'analyse économique peut dire dans quelle mesure ce sentiment est justifié et quelle en est l'origine. Sont en jeu les normes de justice implicites aux jugements des agents, normes au regard desquelles les formes d'exploitation constituent des écarts qui suscitent légitimement souffrance et colère. L'exploitation est toujours une injustice, c'est-à-dire un écart à une norme de justice. Renoncer au terme d'exploitation, ce serait pour MF être aveugle à certaines formes d'injustice sociale. En faire une typologie, c'est mettre au jour les origines de l'injustice sociale.

La typologie proposée par MF offre donc l'avantage d'inclure une multiplicité de formes d'exploitation. Elle est aussi l'occasion de questionner les interprétations des différentes injustices ressenties en termes d'exploitation. Ce questionnement est double. D'une part, gagne-t-on toujours à identifier comme exploitation toute injustice ressentie, toute situation qui, pour pénible ou injuste qu'elle soit, ne résulte pas de l'action d'un agent directement préjudiciable à un autre ? Parler d'exploitation sans relation d'échange ou de production n'est-il pas donner un sens trop large au terme d'exploitation ? D'autre part, la typologie, aussi ouverte qu'elle soit, permet-elle d'inclure tous les types de jugements exprimant une désapprobation des validations marchandes des activités au regard de normes morales ?

1. Université Paris I – PHARE. claire.pignol@univ-paris1.fr. Je remercie Carlo Benetti et Jean Cartelier pour leurs commentaires sur une première version de ce texte.

À l'origine de l'exploitation en termes d'inégales dotations, le don, toujours immérité

La première forme d'exploitation mise en évidence par MF est un écart à une juste répartition des ressources. Pour la définir, il lui suffit d'établir une relation entre les dotations et les « avantages » qu'en retirent les agents [Fleurbaey, 2012, p. 7-8]. L'écart à une répartition juste, nommé exploitation, peut ainsi porter sur un bien qui n'est ni nécessaire à la production ni à l'origine d'aucun revenu mais procure seulement une utilité, sans être pour autant le seul bien utile. Va-t-il de soi de nommer exploitation un tel écart à une norme ? Pour examiner cela, considérons quelques exemples imaginaires.

Imaginons donc qu'un agent possède – sans que l'on sache par quel heureux hasard – tous les Vermeer du monde dont il serait seul à jouir ; ou, pour se dispenser de toute référence à des ressources externes, imaginons qu'il soit pourvu d'un talent de chanteur dont il jouit sans en tirer aucune rémunération ; ou même qu'il soit l'objet d'un amour dont il tire un bonheur que tous désirent. Tout cela produit des différences de bien-être, dont l'origine est sans doute imméritée, comme l'est tout don, et peut être ressenti comme une injustice par ceux qui en sont dépourvus. De là à parler d'injustice sociale et d'exploitation, il y a un pas. Tous les hommes de Grèce, dit-on, désiraient posséder Hélène. Ménélas – avant le rapt d'Hélène par Pâris – pouvait être jugé chanceux. Certainement pas exploiteur. Le génie poétique d'un Rimbaud, le génie scientifique d'un Majorana, dont on peut supposer qu'ils tirèrent des jouissances inouïes, n'en font pas davantage les bénéficiaires d'une exploitation qui se serait exercée au détriment de l'humanité ordinaire. Il ne suffit pas pour qu'il y ait exploitation que les uns bénéficient pour leur bien-être de ressources dont d'autres sont privés. Il faut que ce bénéfice résulte d'un *préjudice* commis par un agent (ou un groupe d'agents) *au détriment* de ses semblables. Un don, entendu comme chose désirable qui ne résulte pas – ou pas seulement – d'un effort, peut certes susciter de l'envie : le sentiment d'être mal loti sans l'avoir mérité ; le sentiment de préférer, si l'on pouvait choisir, être à la place d'autrui plutôt qu'à la sienne, être autrui plutôt que soi. Sentiment dont chacun peut faire l'expérience à moins de s'aveugler sur ses propres avantages ; sentiment social certes, puisqu'il suppose la comparaison à autrui, mais qui ne saurait être compris comme la conséquence d'un *tort* fait par autrui[2]. Si le don vient de

2. Il est possible que la possession d'un don suffise à porter tort à autrui. Le Salieri du film *Amadeus* de Milos Forman se voit privé, par le seul fait du talent de Mozart, de la seule chose qui lui importait : l'idée qu'il créait, mieux que personne, une musique divine. Le génie de Mozart le prive de la jouissance de son propre talent. Il y a là préjudice, même sans intention de nuire. Mais peut-on nommer exploitation un tel préjudice ?

circonstances naturelles, son origine n'est pas sociale ; s'il vient de ce qu'un agent quelconque a, par un acte sans contrepartie, choisi de faire bénéficier un agent d'un avantage, elle ne l'est pas davantage.

Surtout, l'identification de l'exploitation appelle une action pour la supprimer. Or que signifierait la volonté d'égaliser les dotations de manière à ce que chacun éprouve le même bien-être que celui dont jouit autrui ? Elle impliquerait l'interdiction de tous les dons, c'est-à-dire de tous les bienfaits immérités dont nous jouissons – qu'ils aient été accordés par la nature ou par le libre consentement de quelques-uns de nos semblables. MF sans doute ne pense pas que l'amour, qui est toujours en partie immérité, doive être réparti également entre tous. Les ressources, internes comme les talents, ou externes, doivent-elles l'être lorsqu'elles ne proviennent pas d'une spoliation ? Le seul fait de l'inégalité des dotations est-il spoliation ? C'est, remarquons-le, l'interprétation qu'a donnée de Rousseau Clifford Orwin, pour qui « Rousseau [...] le premier [...] osa dire aux riches qu'ils étaient injustes *du simple fait* qu'ils étaient riches, et que les pauvres, à l'inverse, étaient opprimés pour la simple raison qu'ils étaient pauvres » [Orwin, 1994, p. 112][3]. Que l'inégalité et l'injustice dénoncées par Rousseau soient en réalité tout autres ne nous intéresse pas ici. Rousseau nous importe parce qu'il récuse les comparaisons par lesquelles MF fait apparaître l'exploitation en termes de dotations.

Lorsque MF compare l'avantage dont jouit un agent grâce à ses dotations et l'avantage qu'il retirerait d'autres dotations (celles qui résulteraient d'un partage égal des ressources totales ou celles d'un autre agent), on ne sait qui compare, mais sans doute peut-on supposer que l'économiste n'est pas seul à comparer, que les agents eux-mêmes comparent. De telles comparaisons, dit Rousseau, sont la source de maux infinis, et il faut les prévenir plutôt que les susciter : « Point de ces sentiments qui nous forcent de nous comparer aux autres ; car ces comparaisons ne se font jamais sans quelque impression de haine contre ceux qui nous disputent la préférence, ne fût-ce que dans notre propre estime. Alors il faut s'aveugler ou s'irriter, être un méchant ou un sot : tâchons d'éviter cette alternative. Ces passions si dangereuses naîtront tôt ou tard, me dit-on, malgré nous. Je ne le nie pas [...] ; je dis seulement qu'on

3. Là serait pour Orwin son erreur, car même si Rousseau lui-même pouvait bien n'avoir pas de haine envers les riches, « il aspirait à leur enseigner la haine d'eux-mêmes et ne pouvait qu'inciter les autres à les haïr ». Ainsi inspira-t-il la Terreur, conclut Orwin, car « rien ne pouvait attester la compassion pour la souffrance océanique et infinie des opprimés, hormis une rage également infinie envers l'oppresseur » [Orwin, 1994, p. 113]. Voulant encourager la compassion politique dans l'espoir de modérer la dureté des riches, il aurait appris aux riches la haine de soi, aux autres la haine des riches.

ne doit pas leur aider à naître » [Rousseau, 1969, p. 510][4]. Que de telles comparaisons existent, que les agents en fassent l'expérience intime à partir de ce qu'ils ne peuvent pas ne pas observer dans la vie sociale, cela ne suffit pas à en faire une marque d'injustice ou d'exploitation. Cela n'indique pas qu'elles doivent constituer un critère de ce qui est juste ou ne l'est pas[5]. Cela ne met sur la voie d'aucune solution pour supprimer cette souffrance.

Si de semblables comparaisons sont aussi au cœur des théories de la justice comme équité, auxquelles MF a contribué, c'est parce que la notion d'envie n'est pas pour MF aussi péjorative, chargée de sentiments mauvais, que pour Rousseau. À ses contradicteurs (qui récusent l'usage du terme d'envie pour caractériser les situations qui suscitent un désir de redistribution), MF objecte que l'envie comporte plusieurs degrés, parmi lesquels on trouve un jugement sur le caractère indésirable de l'inégalité, qui suscite un désir de redistribution « qui n'est pas encore un désir de destruction [...], forme extrême et repoussante de l'envie » [Fleurbaey, 1996, p. 224]. Ce désir de redistribution joue, dit-il, un rôle moteur dans les mouvements de révolte. Certes, l'inégalité des dotations tient un rôle dans les révoltes sociales. Certes, une disposition généreuse trouve son expression dans un désir de redistribution. On ne cherche pas ici à l'exclure. Mais l'essentiel est ailleurs : il est des inégalités de dotation qui font souffrir les uns ou rendent les autres compatissants mais ces inégalités ne suscitent pas de révolte sociale ou de désir de redistribution au seul motif qu'elles affectent le bien-être des agents. Des dotations inégales sont comprises comme une exploitation lorsqu'elles ont pour origine non pas un don mais une spoliation ou lorsqu'elles produisent une dépendance nécessaire de ceux qui sont désavantagés dans la distribution, de sorte qu'ils ne peuvent survivre sans faire appel à ceux qui sont bien pourvus, lesquels profitent de cette dépendance pour les extorquer. On se souvient de l'ironie de Marx à propos de la fable bourgeoise de l'accumulation primitive :

« Il y avait autrefois, mais il y a bien longtemps de cela, un temps où la société se divisait en deux camps : là, des gens d'élite, laborieux, intelligents, et surtout doués d'habitudes ménagères ; ici, un tas de coquins faisant

4. Ou encore : « Aussitôt que l'on prend l'habitude de se mesurer avec d'autres, et de se transporter hors de soi, pour s'assigner la première et meilleure place, il est impossible de ne pas prendre en aversion tout ce qui nous surpasse, tout ce qui nous rabaisse, tout ce qui nous comprime, tout ce qui étant quelque chose nous empêche d'être tout » [Rousseau, 1959, p. 806].

5. Au contraire, pour Rousseau, aucune justice comportementale n'est possible si les agents sont prisonniers de ces comparaisons : l'envie qu'elles suscitent rend impossible la perception de la souffrance d'autrui, et en premier lieu du pauvre.

gogaille du matin au soir et du soir au matin. Il va sans dire que les uns entassèrent trésor sur trésor, tandis que les autres se trouvèrent bientôt dénués de tout. De là la pauvreté de la grande masse qui, en dépit d'un travail sans fin ni trêve, doit toujours payer de sa propre personne, et la richesse du petit nombre, qui récolte tous les fruits du travail sans avoir à faire œuvre de ses dix doigts. [...] Et ces insipides enfantillages, on ne se lasse pas de les ressasser. [...] Dans l'histoire réelle, c'est la conquête, l'asservissement, la rapine à main armée, le règne de la force brutale, qui ont joué le grand rôle. » [Marx, 1963, p. 1167-1168]

Marx ne dénonce pas là un don qui aurait attribué aux uns et non aux autres des richesses (ou des dispositions à les créer et à les épargner). Il dénonce l'inégalité des richesses comme le *résultat* du brigandage, d'une spoliation. Et il dénonce une organisation économique qui perpétue la spoliation en contraignant les uns à travailler pour les autres. L'exploitation, antérieure ou pas à la société capitaliste, ne s'exprime pas seulement dans l'inégalité des ressources, même si elle l'exige : l'exploitation n'est indépendante ni de l'origine des ressources ni de leur usage dans la production et l'échange. L'inégalité des dotations n'est pas exploitation seulement parce qu'elle produit des différences de bien-être. Elle l'est parce qu'elle empêche les exploités de faire usage de leurs propres ressources sans en passer par ceux qui sont avantagés dans la répartition initiale. Pour qu'il y ait injustice, exploitation et révolte, il ne suffit pas d'établir une relation entre les dotations individuelles et la jouissance issue de ces dotations : il faut encore que la relation entre ressources et jouissance soit médiée par la production et l'échange.

Dispositions à l'échange et normes morales

La deuxième forme d'exploitation mise au jour par MF gît précisément dans l'échange : elle apparaît lorsque l'échange est inégal, *i.e.* s'effectue à des prix qui diffèrent des prix « justes ». Ceux-ci ne sont pas nécessairement déterminés par les quantités de travail contenues dans les biens, et ne sont pas nécessairement définis comme « les » prix concurrentiels puisque ceux-ci, en général, dépendent des dotations initiales. Il peut exister certes un lien entre dotations inégales et échange inégal mais il peut aussi exister un écart entre les deux, soit que l'inégalité des dotations s'observe sans échange inégal, soit que l'effet de l'échange inégal soit contraire à l'inégalité des dotations [Fleurbaey, 2012, p. 14]. Pour MF, l'échange est inégal lorsque le solde de ce qu'un agent verse à un autre diffère de ce qu'il lui verserait si les paiements étaient justes. La détection de l'échange inégal requiert donc un vecteur de prix ou de « paiements justes » de chacun à chacun. Comment se détermine ce vecteur ? C'est un point que MF ne précise pas.

Mais la notion d'échange inégal, à des prix qui contrediraient les valeurs partagées par les agents, soulève une question relative aux jugements moraux portés par les agents sur l'évaluation marchande des différents talents et ressources. Cette question s'exprime dans les témoignages que rapporte l'écrivain biélorusse Svetlana Alexievitch dans *La fin de l'homme rouge*. Elle fait entendre des ex-Soviétiques, enseignants et intellectuels qui ont soutenu la Perestroïka et se sont considérablement appauvris dans les années 1990 avec le développement du commerce. Leur appauvrissement certes n'a pas résulté des seuls échanges : le brigandage, le pillage des ressources communes, y tint sa part. Mais une part des trajectoires individuelles tient à une disposition au commerce que des agents ont utilisée à leur profit quand d'autres soit en étaient dépourvus soit, et c'est plus intéressant, ne se sont pas autorisés à la développer.

Ceux-là expriment une réprobation devant les revenus procurés par une disposition à commercer. Ils ne se plaignent pas d'avoir été mal dotés, ne souhaiteraient pas être plus habiles au commerce mais réprouvent le talent de commerçant et refusent de l'exercer à leur profit. Un homme raconte comment il décida avec sa femme de vendre des glaces et conclut : « C'était ma femme qui vendait, moi [...] j'étais prêt à faire n'importe quoi, du moment que je ne vendais pas. Pendant longtemps, je me suis senti gêné » (Alexievitch, 2013, p. 37). Qu'il faille vendre pour survivre est vécu comme une déchéance morale : « On apprenait à nos enfants que c'était honteux de faire du commerce » (Alexievitch, 2013, p. 581). À l'inverse de la situation précédente, le problème ne concerne pas les dotations initiales mais leur valorisation sociale, les paiements auxquels elles donnent droit. Quand les paiements effectifs sont tels que des individus ne peuvent pas tirer usage des ressources qu'ils considèrent comme des richesses, quand ils voudraient, afin d'exercer une activité qu'ils jugent digne, des prix différents, il y a écart entre les prix effectifs et une structure de prix jugés moralement normaux. Mais ces jugements moraux ne sont pas unanimes puisque, réciproquement, d'autres qui se sont enrichis se sont réjouis de l'évolution des normes morales : « Nous étions pauvres. À l'école, je revendais des jeans [...]. Les trafics habituels. À l'époque soviétique, on écopait de trois à cinq ans de prison pour ça. Mon père me courait après avec une ceinture en hurlant : "espèce de sale spéculateur !" [...] Mes parents s'attendaient à ce qu'on vienne m'arrêter [...]. Ce qui était un crime hier, aujourd'hui, c'est du business » (Alexievitch, 2013, p. 52).

Le paradoxe est que les rémunérations de l'époque soviétique, davantage compatibles avec une morale réprouvant l'activité commerciale, ne satisfaisaient pas les besoins de consommation qui se sont révélés considérables au moment de la Perestroïka, à la surprise même de ceux qui les éprouvaient. Les agents ruinés par le développement du commerce trouvaient leur place dans une société qui, par ailleurs, ne satisfaisait pas leurs besoins.

Si le terme d'exploitation désigne le caractère illégitime d'une appropriation des ressources, l'illégitimité étant toujours due à un écart à une norme de justice, l'interprétation des formes d'exploitation mise au jour par MF se révèle ambiguë, soit que le caractère social de l'injustice n'apparaisse pas de manière évidente, soit qu'on puisse discerner, dans les jugements des agents économiques, des critères de jugement – sur les prix pratiqués au regard de normes morales – difficilement compatibles avec les conditions d'équilibre économique.

Bibliographie

Alexievitch, Svetlana [2013], *La fin de l'homme rouge*, Arles : Actes Sud.

Fleurbaey, Marc [1996], *Théories économiques de la justice*, Paris : Economica.

Fleurbaey, Marc [2012], « Facets of exploitation », FMSH-WP-2012-11. 2012. <halshs-00702100>, 34 p. [*Journal of Theoretical Politics*, vol. 26, n° 4.]

Marx, Karl [1867 (1963)], *Le Capital, Œuvres*, tome I, Paris : Gallimard, Bibliothèque de la Pléiade.

Orwin, Clifford [1994], « Rousseau et la découverte de la compassion politique », *La pensée politique. Écrire l'histoire du XXe siècle*, n° 2, Paris : EHESS, Le Seuil-Gallimard, p. 98-116.

Rousseau, Jean-Jacques [1761 (1959)], *Rousseau juge de Jean-Jacques, Œuvres complètes*, tome I, Paris : Gallimard, Bibliothèque de la Pléiade.

Rousseau, Jean-Jacques [1761 (1969)], *Émile ou de l'éducation, Œuvres complètes*, tome IV, Paris : Gallimard, Bibliothèque de la Pléiade.

QUEL HORIZON NORMATIF POUR LA CARTOGRAPHIE D'UNE EXPLOITATION MULTIDIMENSIONNELLE ?

Élisabeth Tovar

Penser l'exploitation avec, et au-delà de, Marx et Roemer

L'apport de la notion d'exploitation est de mettre l'accent sur la causalité de l'inégalité des conditions, l'exploitation étant définie comme une situation où un individu ou un groupe d'individus tire un bénéfice indu d'un phénomène économique (échange, travail, financement des biens publics) aux dépens d'un autre individu (ou groupe d'individus).

Suivant Roemer dans sa rupture avec l'ancrage marxien de la notion d'exploitation sur la théorie de la valeur travail, l'article de Marc Fleurbaey, « The facets of exploitation », replace le concept d'exploitation dans la pensée contemporaine sur la justice sociale. Au-delà de Marx puis de Roemer, la contribution de M. Fleurbaey à la notion d'exploitation se veut être une étape dans une pensée collective en évolution. Loin d'un travail d'exégèse des travaux de Marx ou de Roemer, de la confrontation de ces approches ou de la remise en question de leurs prémisses, il s'agit de proposer un cadre analytique théorique, abstrait et général qui permette d'englober et de prolonger ces deux approches.

Cette démarche est à la fois particulièrement fructueuse et très ambitieuse.

Fructueuse car la généralité de son cadre théorique lui permet de proposer une réelle cartographie de la *pluralité* des formes d'exploitation. Le cadre théorique proposé permet en effet de décliner l'exploitation en quatre facettes jusqu'à présent pensées de façon éparse : en cela, il n'y a pas rupture mais prolongement avec les littératures sur l'exploitation, tant celle de Marx que celle de Roemer.

Ambitieuse car il faut convaincre les dogmatiques de délaisser leurs versions préférées de l'exploitation pensée comme un échange inégal ou un différentiel de dotation. Il faut aussi fédérer les sceptiques qui pourraient renâcler à ranger sous la bannière de l'exploitation l'ensemble des concepts cartographiés dans l'article, et notamment le différentiel de dotation ou le financement des biens publics. Il faut enfin justifier la place de cette notion dans le champ des travaux sur la justice sociale : une société juste serait-elle une société sans exploitation ?

Au-delà de la binarité exploiteur/exploité : la multidimensionnalité de l'exploitation

La rigueur théorique du cadre formel unifié proposé par M. Fleurbaey lui permet de montrer comment l'exploitation peut être issue de quatre mécanismes distincts : le différentiel de dotations initiales (A-exploitation), l'échange inégal, l'aliénation au travail (M-exploitation), et enfin la présence de passagers clandestins dans le financement des biens publics (la D-exploitation).

Un aspect particulièrement innovant de cette conception multidimensionnelle de l'exploitation est qu'elle permet de sortir d'une pensée binaire opposant exploiteurs et exploités pour comprendre comment certains groupes peuvent se retrouver simultanément des deux côtés de cette relation, indépendamment de leur niveau de revenu ou de leur maîtrise du capital. Cela suppose une rupture radicale avec la pensée de Marx : impossible dès lors de penser des classes sociales opposées définies de part et d'autre d'une relation d'exploitation. Si l'on accepte le cadre théorique de M. Fleurbaey, la société est constituée d'individus qui peuvent tous basculer de part et d'autre de chacune des quatre formes d'exploitation.

Cette sortie de la binarité est intéressante, mais elle apporte deux questions.

La première question porte sur le fait de savoir s'il existe une hiérarchie des formes d'exploitation. Se valent-elles toutes ? Certaines touchent-elles à des aspects plus fondamentaux de la dignité humaine ? On aimerait savoir s'il est, par exemple, plus grave d'être M-exploité que D-exploité, le caractère aliénant de son travail étant moralement plus grave que le fait de contribuer plus que de juste à la fourniture de biens publics. L'empiriste convaincue par le cadre théorique de M. Fleurbaey aimerait pouvoir construire un indicateur d'exploitation, et pour ce faire il lui faut savoir comment pondérer les 4 dimensions, ainsi qu'appréhender leur caractère substituable ou complémentaire.

La seconde question ramène à l'approche marxienne et à sa théorie des classes sociales. Il ne s'agit pas de réclamer à l'auteur une présentation systématique des 16 situations dans lesquelles les individus pourraient se trouver (depuis « exploité dans les 4 dimensions » à « exploiteur dans les

4 dimensions »). Ce serait demander une typologie artificielle de 16 pseudo-classes dont on serait bien en peine de dépeindre les relations. Cependant, certains déterminants de l'exploitation sont mentionnés dans l'article : dotations en capital, effort, préférences pour les loisirs, système redistributif... On aimerait que l'auteur complète sa cartographie de la quadruple relation d'exploitation en explicitant comment ces déterminants peuvent se combiner pour expliquer qui se trouve dans quelle situation d'exploitation, pourquoi et par qui. Pour cela, il faudrait accepter d'incarner le modèle par le choix, nécessairement discutable et imparfait, de formes fonctionnelles déterminées pour les fonctions d'utilité, la fonction de production et la fonction de redistribution. Cette perte en généralité ouvrirait cependant la porte à des possibilités de quantification séduisantes pour l'empiriste, et utiles en termes de propositions de politiques publiques.

Lutter contre la M-exploitation est-il bien souhaitable ?

Parmi les quatre facettes de l'exploitation, la notion de M-exploitation est particulièrement intéressante. L'auteur la place sous l'égide philosophique de Kant : la M-exploitation est présentée comme le prolongement de l'esclavage défini comme une situation où le maître considère l'esclave comme un moyen et non comme une fin. Si on accepte de laisser de côté le fait que c'est l'ensemble de l'analyse économique de l'échange qui repose sur cette prémisse, et d'indexer l'analyse au contexte moderne des rapports entre offreurs et demandeurs d'effort sur le marché du travail, la M-exploitation renvoie à une situation où l'exploiteur tire plus de bénéfice de l'augmentation de la productivité de l'exploité que celui-ci.

Ce qui rend cette facette de l'exploitation si intéressante est qu'elle subsiste même lorsque le salaire versé à l'exploité est élevé, lorsque le revenu de l'exploité augmente, voire même lorsque le revenu de l'exploité est supérieur à celui de l'exploiteur. L'exploité n'est plus l'ouvrier paupérisé soumis à la « loi d'airain » des salaires : le travailleur est exploité dès lors qu'il subit un échange inégal dans le partage du surcroît de productivité qu'engendre son travail. En ce sens, la M-exploitation définie par M. Fleurbaey est un mal de nature plus profonde que l'exploitation qui résulterait uniquement d'une mauvaise prise en compte de la valeur du travail : elle se niche dans la structure des relations d'échange entre le travailleur et l'employeur.

Cependant, cette définition de l'exploitation n'est pas sans poser question. Le cadre théorique utilisé par M. Fleurbaey repose en effet sur un modèle général où chaque individu est assimilé à une entreprise individuelle échangeant de façon indifférenciée son capital et son effort. Dans la dernière partie de l'article, il est suggéré de formuler la M-exploitation comme le fruit d'un échange où travailleur et employeur échangent du travail incomplet, dans le sens où l'échange ne porte que sur le temps de travail et non sur l'effort des employés. Dans ce cadre, si on comprend bien l'article, éviter l'exploitation impliquerait que les travailleurs puissent être payés exactement à leur productivité marginale.

On peut se demander ce que cela implique pour le monde réel, où le marché du travail est loin de fonctionner de façon pure et parfaite. Au-delà du caractère savoureux de ce résultat (la concurrence pure et parfaite garante de l'absence d'exploitation), que dire du salariat, où les travailleurs sont payés au temps de travail, indépendamment de leur effort effectif, où il existe un salaire minimum, et où les salaires sont rigides – notamment dans la fonction publique ? Faut-il remettre en question ce mode de fixation de la rémunération des travailleurs, condamné de par sa nature même à engendrer de la M-exploitation ?

Que dire du post-salariat à la Uber, avec le retour du paiement à la tâche et la délégation du risque en capital sur le travailleur faussement autonome ? Faut-il applaudir cette innovation technologique et entrepreneuriale, au motif que ce mode de rémunération exclut par nature toute exploitation ?

Le cadre théorique bâti par M. Fleurbaey n'a pas pour objet de répondre à ces questions épineuses, mais celles-ci émergent immanquablement si on cherche à l'utiliser en tant qu'outil normatif destiné à éclairer la réalité. À quoi ressemblerait un marché du travail libre d'exploitation ? S'il n'est pas sûr qu'un tel marché du travail nous soit trivialement acceptable, cela signifie que l'absence d'exploitation entre en conflit avec d'autres paradigmes normatifs.

Mérite et inconfort d'une pensée *économique* sur la justice sociale

Il faut reconnaître que cette demande d'une confrontation de la pensée de l'exploitation aux théories de la justice sociale est assez effrontée car un autre aspect remarquable de l'article est que l'auteur ne se dérobe pas face aux inconforts de la pensée économique sur la justice sociale. La plupart du temps, la justice sociale est pensée de façon statique, à l'équilibre : on définit les caractéristiques d'une société juste et on se donne des critères pour mesurer l'écart entre l'idéal et la réalité.

Par contraste, ici, l'auteur raisonne dans le cadre d'un modèle *économique* intégré, où il faut tenir compte des préférences des agents économiques ainsi que des rétroactions possibles entre les marchés. Ainsi, par exemple, explique-t-il, un transfert de capital ne réduirait pas nécessairement l'exploitation car cela pourrait affecter les prix et, ce faisant, plus que compenser l'effet sur les dotations. Les comportements individuels sont également abordés, par exemple la tentation du riche de limiter son effort et sa contribution au financement des services publics afin de bénéficier de plus de loisirs.

Le revers de la médaille de cette démarche si rare et méritante est que chacun des comportements et canaux de transmission proposés peut être critiqué, discuté, disséqué. Par exemple, l'utilité ne pourrait-elle pas dépendre également des dotations en capacités c, dans une interprétation à la Sen où la capacité d'agir entre dans définition du bien-être ?

Par ailleurs, l'asymétrie entre la valorisation du produit, défini objectivement, indépendamment de l'utilité de celui qui le consomme, et la valorisation de l'effort du travailleur, exprimée, elle, en termes de son utilité, pose question. Cela implique que la M-exploitation ne dépend pas du bénéfice tiré par les exploiteurs du point de vue de leur utilité. Pourquoi cela ? Y aurait-il une valeur objective des choses produites ? Mais dans ce cas ne devrait-on pas également objectiver l'effort fourni par les producteurs ? Dans la même veine, la D-exploitation se manifeste via l'inégale contribution à la production de services publics, mais quid de leur consommation ? En effet, les riches pourraient exploiter les pauvres en captant de façon disproportionnée les dépenses publiques.

Enfin, l'exploitation est depuis Marx une question de classes sociales et de transmission intergénérationnelle des positions sociales. Par contraste, dans l'article, les groupes exploiteurs et exploités sont définis *a posteriori* parmi les gagnants et les perdants des échanges de marché. Comment, dans ce cadre, rendre compte de la dynamique intergénérationnelle des inégalités des dotations, de la question de l'héritage et de la dette ?

Cela débouche de nouveau sur les politiques publiques légitimes qu'il conviendrait de mettre en place pour limiter l'émergence de l'exploitation. Quelle structure pour ses prélèvements obligatoires ? Pour son organisation des processus de production ? Pour ses règles d'héritage ? Pour sa distribution de la consommation de services publics ? Pour son système éducatif ?

Il faut reconnaître que la critique est potentiellement sans fin, chacun souhaitant enrichir le modèle de ses propres obsessions… Et si l'auteur a le grand mérite de nous offrir une cartographie de l'exploitation, vouloir tirer de son outil analytique une carte au 1:1 à la Borges n'a que peu de sens.

Sans marché, pas d'exploitation ? Questionnements aux frontières du modèle

Un autre angle de critique ne porte plus sur les caractéristiques internes du modèle, mais sur ses frontières. Le cadre unifié du modèle repose en effet sur le postulat d'échanges marchands entre des individus rationnels. Cela signifie-t-il que l'exploitation n'est possible que dans ce domaine de définition ?

Peut-il donc y avoir exploitation lors d'activités productives non marchandes, comme lors de la fourniture d'un bien public ou d'une activité bénévole ? Qui est l'exploiteur si l'individu (par exemple un fonctionnaire) travaille pour la collectivité, celle-ci captant l'essentiel d'un accroissement de sa productivité ? Le SDF à qui un maraudeur offre un café exploite-t-il ce bénévole, à moins que ce soit l'association à laquelle celui-ci appartient ? Il semble peu pertinent de parler d'exploitation dans ces deux exemples, mais on peine à trouver un argument théorique qui justifie de les dispenser du cadre d'analyse proposé par M. Fleurbaey.

On peut également se poser la question de la possibilité d'une exploitation des individus altruistes ou désintéressés. Si un individu présente un goût pour l'effort indépendant de la rentabilité de celui-ci, ou consent à être utilisé par les autres pour le bien de la collectivité, peut-il être exploité ? Que faire si l'exploitation n'affecte pas l'utilité des individus, ou, pire, l'augmente – comme dans l'exemple du maraudeur qui accepte consciemment d'être exploité par le SDF et son association ?

L'exploitation est définie dans le cadre de M. Fleurbaey comme une réalité objective ; c'est un mal « en soi ». Doit-elle être combattue au détriment des préférences des individus ? En d'autres termes, définit-elle un horizon normatif indépassable ou doit-elle céder le pas face à d'autres principes normatifs ?

Exploitation et justice sociale : pas d'exploitation dans une société juste ?

On retrouve ainsi la question de la charge normative du concept d'exploitation. À la fin de l'article, l'auteur positionne l'exploitation vis-à-vis de la question plus générale de la justice sociale. Il semble suivre Roemer pour qui l'exploitation ne peut être, au mieux, qu'un concept informant cette dernière, plus légitime et complète. Logiquement, dans l'article, les formes d'exploitation sont donc définies comme des écarts à une norme de justice, certes non précisée (quoiqu'implicitement égalitariste) qui se situe en surplomb des structures économiques et sociales engendrant l'exploitation. On pourrait questionner cette hiérarchie. La façon dont le modèle est construit, en subordonnant l'exploitation à une norme de justice sociale externe, semble interdire techniquement une telle question, mais on peut quand même se permettre de poser le débat de fond. Peut-il y avoir de l'exploitation dans une société juste ?

Renversant la hiérarchie, on pourrait alors envisager de poser l'absence d'exploitation comme une condition nécessaire de la validité de théories de la justice plus englobantes.

L'EXPLOITATION ET SES MULTIPLES FORMES : RÉPONSE AUX COMMENTAIRES

Marc Fleurbaey

Les commentaires reçus suggèrent de multiples pistes de recherche économique et d'analyse conceptuelle, ce qui est très stimulant. La proposition la plus ambitieuse est celle d'Élisabeth Tovar, consistant à élaborer un modèle calibré de l'économie et de la société permettant de décrire comment apparaissent les formes d'exploitation et en fonction de quels paramètres. C'est une excellente idée, et le modèle que j'ébauche dans *The Facets* se voulait un premier pas dans cette direction, mais il s'agit d'un pas très modeste.

Ici je vais me limiter à quelques réflexions inspirées par les commentaires, tout en répondant à certaines objections. Pour fixer la terminologie de cet article, je vais parler, pour désigner les formes d'exploitation distinguées dans *The Facets*, d'avantage indu, d'échange inégal, de traitement comme moyen, et de passager clandestin.

Brève épistémologie : Stéphane Haber donne une vision très convaincante des vertus d'une approche non dogmatique et s'attachant aux faits plutôt qu'à l'exégèse des textes d'auteurs. Il est en effet important de ne pas laisser des notions telles que l'exploitation ou l'aliénation tomber dans le désintérêt parce que des écoles de pensée particulières se les accaparent. Il y a une vie des concepts et n'ayons pas peur de faire bouger les lignes en cherchant comment nous pouvons les mettre, avec les concepts contemporains, au service d'une meilleure compréhension des mécanismes sociétaux et des injustices.

Exploitation et justice : La relation entre exploitation et justice, scrutée par É. Tovar, me paraît déterminée par la présence de normes spécifiques dans trois de ces notions d'exploitation : norme de distribution pour l'avantage indu, norme de prix pour l'échange inégal, norme de contribution pour le passager clandestin. Le traitement comme moyen n'a pas vraiment une norme standard, puisque la norme ne s'applique qu'à des variations des parts conditionnelles à un changement de productivité, mais on peut quand même considérer cela comme une norme. L'injustice-exploitation est dans les quatre cas un écart à la norme, ce qui implique bien qu'une société juste ne peut pas avoir d'exploitation relative à la norme fixée par cette même théorie. Une théorie de la justice peut cependant fixer une norme dans un de ces domaines particuliers et ignorer les autres aspects. Par exemple, une théorie qui se focalise sur l'égalité des dotations peut ne pas définir de norme de prix, ne pas considérer le problème des biens publics ou du traitement comme moyen. Pour les aspects que cette théorie ignore, il ne peut pas y avoir d'exploitation, du fait de l'absence de norme pertinente. Donc il semble possible d'affirmer qu'une société juste ne peut pas avoir d'exploitation.

É. Tovar suggère d'aller plus loin et de concevoir une notion d'exploitation indépendante des normes de la justice, et fonctionnant comme un critère nécessaire de justice. C'est sans doute possible mais les notions que j'ai étudiées me paraissent mal disposées à remplir cette fonction. Ce qui est intéressant, c'est que la notion d'exploitation deviendrait alors une norme première de justice, mais je ne parviens pas à trouver un exemple d'une telle norme qui ne soit pas en même temps tributaire d'une conception particulière de la justice.

Les maux de la société : S. Haber propose de replacer la notion d'exploitation dans la famille générale des formes d'injustice : domination, réification, aliénation, exclusion... On pourrait ajouter à cette liste l'inégalité, tout simplement. C'est très judicieux de penser que certaines formes d'exploitation (tel le traitement comme moyen) peuvent être en même temps des formes de réification. Des intersections, et pas seulement des concomitances, entre toutes ces notions semblent possibles dans des formes particulières d'injustice. Il me semble que le projet de définir la liste des maux sociaux est important et n'a pas été vraiment mené à bien, peut-être justement à cause de ce que décrit S. Haber, à savoir l'ambition illusoire des penseurs de trouver un principe unificateur dans l'une des formes particulières. Au contraire des unifications artificielles, il faut traquer la diversité des injustices, touchant aux ressources (inégalité, exploitations diverses...), au pouvoir (domination, dépendance, obligations indues...), au statut (exclusion, mépris, infériorisation...), ou à d'autres formes d'interaction comme le partage d'information (rétention, tromperie...) ou le contact (violence, harcèlement...).

Taxonomie ou caractérisation : Faut-il classer les types d'exploitation par ordre d'importance, comme le suggère É. Tovar ? Ce serait difficile à faire parce que chaque forme peut être observée à des degrés quantitatifs divers. On peut être un peu ou beaucoup exploité dans chaque forme. Mais il est intéressant, quand on regarde un type de société donnée, de se poser la question : quelle est la forme d'injustice la plus caractéristique (exploitation ou autre) et, parmi les formes d'exploitation présentes, quelle est celle qui est la plus emblématique de l'injustice observée ? J'ai l'impression que l'injustice la plus grave du capitalisme est, selon les cas, les avantages indus entre riches propriétaires et travailleurs pauvres (cas d'une société très inégalitaire en ressources, et où les salaires sont trop bas, impliquant donc une combinaison d'avantage indu et d'échange inégal), ou bien la domination associée à un manque inévitable de respect (dont le traitement comme moyen, au moins au niveau symbolique sinon au niveau du partage des ressources, est une composante).

Notons que, ce faisant, cette approche individualiste et taxonomique se révèle tout à fait compatible avec l'analyse de certaines sociétés comme systématiquement fondées sur un type principal d'exploitation ou d'une autre injustice. Une chose est de définir des catégories, autre chose est d'analyser un cas concret. Marx voyait le capitalisme, et en forçant le trait les sociétés précapitalistes, au prisme de l'échange inégal (et de la domination), avec pour le cas de l'esclavagisme et du servage un « prix » du travail non déterminé par un marché (encore que les marchés d'esclaves donnent un prix du « capital humain » qu'on y achète).

Exploitation et don : L'exemple du servage montre que le marché n'est pas indispensable à l'émergence de l'exploitation. Mais peut-il y avoir exploitation dans des relations non marchandes comme le don, avec un donateur exploité ? Considérons les quatre formes d'exploitation successivement. L'avantage indu ne s'applique pas qu'au marché, mais suppose un mécanisme qui déduise les situations finales des dotations initiales. Le don, s'il ne s'inscrit pas dans un mécanisme systématique, est difficile à placer dans ce cadre. L'échange inégal suppose quant à lui un échange (pas forcément marchand), pas une relation unilatérale, et l'on voit de tels échanges même dans le servage (travail contre protection) et l'esclavage (travail contre prise en charge). Le traitement comme moyen suppose une production commune dont on se partage les fruits, ce qui ne convient pas au don simple. Le passager clandestin est tout à fait compatible avec du don ; par contre, si l'on considère une situation où la contribution au bien public est un don à la collectivité, le passager clandestin est alors un récipiendaire du don collectif.

Réexamen des formes d'exploitation : Claire Pignol s'interroge sur le rôle de l'inégalité dans la définition de l'avantage indu. Certes, ce n'est pas l'inégalité des ressources elle-même qui constitue l'exploitation, mais le fait qu'elle procure un avantage à ceux qui ont plus. En outre, cela ne fonctionne ainsi que si l'inégalité est injuste. Il pourrait y avoir une autre norme de distribution et dans ce cas c'est la comparaison à cette norme, pas à l'égalité, qui déterminerait s'il y a avantage indu. C. Pignol a donc raison de dire que si l'inégalité ne reflète pas une réelle injustice, il est difficile de qualifier d'injustes les avantages et désavantages qui en découlent.

Que cela exige en plus que l'injustice provienne d'une interaction répréhensible plutôt que d'une injustice naturelle n'est pas évident. Peut-être n'est-il pas injuste que certains soient doués comme Mozart (et en tirent avantage), et cela semble intuitif parce que tout le monde bénéficie, au lieu de pâtir, de la présence de Mozart ; mais il est clairement injuste que certains soient nés gravement handicapés. Qu'ils en pâtissent eux-mêmes est triste mais parfois difficilement évitable ; que les autres en tirent avantage (au sens où leur sort serait moins bon en l'absence du handicap des autres, par exemple à cause d'une concurrence accrue) paraît problématique, ne serait-ce que parce que cela implique qu'il est dans leur intérêt d'empêcher des traitements curatifs des handicaps en question. Si l'on ne veut pas appeler cela de l'exploitation, trouvons un autre mot, mais il s'agit bien d'un avantage indu issu d'une inégalité injuste. Je considère que les inégalités naturelles, et pas seulement celles résultant de choix humains, peuvent être injustes, au sens où si l'on pouvait les éliminer il serait impératif de le faire. Les conséquences sous forme d'avantages indus sont alors également injustes.

En ce qui concerne les prix injustes donnant lieu à échange inégal, C. Pignol suggère qu'il peut arriver que les agents aient en tête des prix justes qui ne sont pas rationnels, ou pas soutenables. Toute l'idée de l'échange inégal repose effectivement sur le principe que l'écart au prix juste est problématique parce que le prix juste fait sens, quel qu'il soit. Et si la théorie ne précise pas comment se détermine le prix juste, c'est parce que, quel que soit le prix juste, il y a échange inégal si le prix effectif est différent. Ce serait effectivement intéressant de définir une théorie du prix juste pour avoir un critère plus précis pour analyser les situations concrètes.

Par exemple, on peut associer l'avantage indu et l'échange inégal en adoptant une théorie du prix juste selon laquelle les prix justes sont les prix qui se réalisent quand les dotations sont elles-mêmes justes. Si les inégalités modifient les prix du marché, ceux-ci deviennent injustes s'ils désavantagent encore davantage les défavorisés, et l'on observe alors un double mécanisme d'exploitation. Les plus riches sont à la fois avantagés par leurs dotations et par les prix biaisés en leur faveur. Ce scénario est très plausible : à revenu moyen donné, des inégalités plus grandes correspondent à un nombre plus grand de pauvres qui sont prêts à louer leurs services, ce qui déprime leurs salaires par rapport à la situation égalitaire.

En ce qui concerne le traitement comme moyen, É. Tovar se demande s'il est plus affirmé dans le paiement au temps que dans le paiement à la tâche (ou salaire aux pièces). Il est vrai que le paiement à la tâche semble à première vue réduire un aspect répugnant du paiement au temps, à savoir l'incitation de l'employeur à pressurer le travailleur au maximum, puisque le salaire aux pièces augmente en proportion de la production effective. Mais en réalité, il n'élimine pas ce problème, car pressurer le tâcheron reste utile pour amortir plus rapidement le capital. De sorte que le paiement à la tâche n'élimine pas le fait que l'employeur espère avoir des travailleurs plus productifs et en tirer un avantage potentiellement plus grand que les travailleurs eux-mêmes.

L'exemple d'Uber est éclairant à cet égard : avec un pourcentage fixe sur toutes les transactions, la plateforme a intérêt à ce que le chauffeur travaille 24h/24. C'est même le summum du traitement comme moyen, puisque le chauffeur n'est qu'un pur moyen d'obtenir un pourcentage fixe de son revenu, et il y a très peu de relations entre le travailleur et la plateforme autres que celle-ci (hors formation initiale). Si on installe Uber sur son smartphone, on reçoit en permanence une invitation à devenir chauffeur : un chauffeur est sans doute en moyenne un plus grand moyen, pour Uber, de faire du bénéfice, qu'un client.

Je voudrais finalement remarquer que le passager clandestin est un trait caractéristique du capitalisme qui est plus profond que je ne pensais précédemment. Les entreprises capitalistes sont en effet des machines à externaliser les coûts sociaux et environnementaux, ainsi que les risques financiers du fait de leur responsabilité limitée (légale ou liée au phénomène « too big to fail »). Elles jouent donc de façon systématique un rôle de passager clandestin nuisant à la santé physique et mentale des travailleurs, à la stabilité économique, et à l'équilibre des écosystèmes, tout ceci induisant des charges pour l'État et les contribuables chargés de prendre en charge les conséquences. Il y a bien sûr beaucoup d'entreprises vertueuses qui s'efforcent de se comporter de façon responsable, mais les incitations économiques ordinaires ne les y poussent guère.

En conclusion, il me semble que cet échange nous encourage à continuer à dresser la liste des injustices et à cerner les relations entre les différents types d'injustice. Une telle analyse conceptuelle pourrait être le prélude à un renouvellement et une extension des mesures d'inégalité usuelles, qui n'abordent qu'un pan très partiel de l'injustice.

REVUE D'HISTOIRE DE LA PENSÉE ÉCONOMIQUE
N°6, 2018 – 2

CLASSIQUES GARNIER

6, rue de la Sorbonne 75005 Paris – France
Courriel : librairie@classiques-garnier.com
COMMANDEZ EN LIGNE : www.classiques-garnier.com

21

REVUE FRANÇAISE DE SOCIO-ÉCONOMIE

SECOND SEMESTRE 2018

Rf*se*

Futurs économiques

coordonné par Roland Canu et Hélène Ducourant

Ce dossier propose d'explorer les conditions d'émergence et d'existence des « futurs économiques », c'est-à-dire des anticipations de ce qui devrait advenir dans le domaine économique. Cette exploration couvre une série de questionnements à la fois techniques et politiques. Techniques puisque projeter des futurs économiques, les anticiper, c'est le plus souvent utiliser une métrologie qui permet de les *prévoir* et *calculer* (prévision et calcul que l'on retrouve notamment derrière la notion de « risque »). Politiques puisqu'être doté d'une telle capacité de prévision, c'est pour une technique ou un savoir se voir attribuer un pouvoir, celui d'orienter les conduites du présent, non pas seulement celui de décrire mais aussi de *produire* l'économie à venir.

Théories économiques, discours journalistiques, activité des prévisionnistes et des analystes financiers, usages de *big data*... À partir de plusieurs focales, les articles de ce dossier examinent les données, l'outillage cognitif et matériel, les professions et les institutions, les collectifs et les techniques, qui fondent les futurs économiques. Ils interrogent également la force avec laquelle ces anticipations pèsent en retour sur le présent, ou encore la légitimité qui entoure certains savoirs et certaines expertises dans la production et la circulation des représentations des mondes économiques de demain.

Éditorial. Politiser les catastrophes naturelles, dénaturaliser les politiques environnementales
Benoît LALLAU

Prix Doctoriales Économie & Sociologie et RFSE 2017
Pratiques comptables ordinaires et travail des femmes : inégalités sociales face à la crise en Ukraine
Pierre DEFFONTAINES

DOSSIER
Futurs économiques

Introduction. Genèse des futurs économiques
Roland CANU et Hélène DUCOURANT

Faire entrer l'environnement dans l'économie. Temps, incertitudes et irréversibilités
Géraldine FROGER et Gaël PLUMECOCQ

Un futur antérieur. Le rapport aux données dans le travail de prévision macroéconomique
Olivier PILMIS

Comment la finance investit le futur des entreprises : une analyse des dispositifs de liquidité à l'œuvre
Isabelle CHAMBOST

Les machines à produire des futurs économiques. Entre prédiction et prévision
Jean-Sébastien VAYRE

Lire l'avenir économique dans la presse. Une exploration des discours journalistiques pendant la crise des subprimes
Roland CANU

« Orienter l'action économique vers le futur est un trait central du capitalisme moderne »
Entretien avec Jens Beckert, réalisé et traduit par Jean Finez et Sidonie Naulin

HORS-DOSSIER
L'invention de l'indemnisation du chômage aux États-Unis. Le capitalisme raisonnable, l'emploi et la responsabilité sociale de l'entreprise selon J.R. Commons et l'école du Wisconsin
Laure BAZZOLI et Thierry KIRAT

NOTES CRITIQUES
COMPTES RENDUS D'OUVRAGES
COMPTES RENDUS DE THÈSES SOUTENUES

ISBN 978-2-348-04088-7 25 €

SCIENCES ÉCONOMIQUES
AUX ÉDITIONS L'HARMATTAN

Dernières parutions

INTÉGRATION OU... DÉSINTÉGRATION ?
Comment refonder la dynamique de l'intégration régionale en Afrique ?
Groupe Initiative Afrique
Pour traiter les grands problèmes qui se posent aux pays africains, l'échelon national est de moins en moins pertinent. Le niveau régional apparait même comme le seul réaliste pour parvenir à une véritable émergence. Pour transformer la région en véritable « force » économique l'architecture générale de l'intégration doit être simplifiée et les structures régionales renforcées. Pour jouer leur rôle de pôle d'organisation, 5 mesures sont essentielles, au plan interne comme au plan international. Face à ces défis, des opportunités considérables se présentent à l'Afrique. Les saisir impliquerait cependant un changement d'attitude dans la manière de négocier l'insertion de l'Afrique dans la mondialisation.
(Coll. Harmattan Côte-d'Ivoire, 76 p., 8 euros)
ISBN : 978-2-343-16175-4, EAN EBOOK : 9782140104602

AFRIQUE-OCCIDENT : LE NEW DEAL INDUSTRIEL
Stratégie et politique économique
Amos René Martin Tonye
Ce livre jette les bases d'un front commun à bâtir entre l'Afrique et l'Occident pour pouvoir stopper l'immigration clandestine qui décime la jeunesse africaine en Méditerranée et qui risque de détruire les Occidentaux. Il propose une alternative et formule des modèles économiques qui sont en adéquation avec les ressources budgétaires et naturelles des États africains pour parvenir à améliorer les facteurs de production afin de préparer une véritable industrialisation de l'Afrique et créer des emplois sur le sol africain sans provoquer ni le chômage ni l'inflation dans les économies occidentales.
(Coll. Points de vue, 342 p., 29 euros)
ISBN : 978-2-343-16004-7, EAN EBOOK : 9782140102646

LE TRAVAIL NON RÉMUNÉRÉ
Enjeux pour le développement
Barbara Ky
Préface de Jacques Charmes
Le constat de l'importance du travail des femmes traduit un hiatus relatif à la manière dont l'analyse économique appréhende la contribution productive des femmes et l'intègre à la lutte contre la pauvreté. Le travail des femmes, souvent non rémunéré, est largement sous-estimé dans les pays en développement.Cet ouvrage établit le lien entre l'évolution dans la pensée économique du discours sur la pauvreté, l'intégration progressive des rôles sexués à l'analyse économique et la comptabilisation du travail non rémunéré en prenant comme cas pratique le Burkina Faso. Il propose une alternative en faveur d'un développement humain reposant sur des fondamentaux économiques soucieux d'équité.
(Coll. Éthique Économique, 270 p., 28 euros)
ISBN : 978-2-343-14685-0, EAN EBOOK : 9782140102684

LE TRANSFERT ÉLECTRONIQUE DE FONDS
Le transfert rapide d'argent et la monnaie électronique
Cheikh Abdou Wakhab Ndiaye
Préface de Abdoulaye Sakho
Ce livre est une mise à disposition des nouveautés juridiques que la BCEAO a prises dans le domaine

de la finance numérique. Il est aussi une contribution à la réflexion sur le droit et la prise en charge des nouveaux rapports économiques issus de la révolution numérique. Quel droit pour favoriser l'innovation et accélérer la croissance dans le pays ? Quelles conditions juridiques pour développer de l'économie numérique au Sénégal ?

(Coll. Harmattan Sénégal, 154 p., 17,5 euros)

ISBN : 978-2-343-15690-3, EAN EBOOK : 9782140101526

L'ÉVOLUTION DES TRANSPORTS MARITIMES EN AFRIQUE DE L'OUEST ET DU CENTRE (1968-2018)

Serigne Thiam Diop

Préface de Lamine Fadika - Postface de Mamadou Ndione

Ce livre retrace l'histoire des transports maritimes en Afrique de l'Ouest et du Centre de 1968 à 2018. De manière exhaustive, l'auteur revient sur les combats victorieux, les échecs et les compromis menés par les acteurs gouvernementaux et associatifs en Afrique. Il étudie également le fonctionnement des organismes africains du secteur des transports maritimes, les difficultés qu'ils rencontrent, les défis qu'ils ont permis de relever et les perspectives qui s'ouvrent aux pays africains, dans un secteur en pleine mutation

(Coll. Harmattan Sénégal, 394 p., 38 euros)

ISBN : 978-2-343-15611-8, EAN EBOOK : 9782140101410

DID YOU SAY FREE TRADE ?

The economic'Partnership' Agreement European Union - west Africa

Jacques Berthelot

Prefaces of Mamadou Cissokho and Ken Ukaoha - Translated by Jean Lucien Dibombe Tshamulamba

The headlong rush of the European Union (EU) in Free Trade Agreements reaches the paroxysm of absurdity when it imposes them on West Africa, whose per capita GDP is 21 times lower than its own. This Economic Partnership Agreement (EPA) would make West Africa lose 76% of its customs revenue on its imports from the EU and lead to a sharp rise in unemployment due to the loss of competitiveness of its companies including the informal sectors.The latter will be worsened by the premature signing, with support from the EU, of the Continental Free Trade Area by 13 of 16 West African States, all this based on a number of untruths from the European Commission, as identified in this book.

(144 p., 15,5 euros)

ISBN : 978-2-343-15840-2, EAN EBOOK : 9782140100451

L'ÉCONOMIQUE, UNE PSEUDO-SCIENCE HOSTILE À L'ÉCONOMIE DURABLE

Pour un XXIe siècle durable soutenu par une citoyenneté rebelle

Jean Cornelis

Préfaces de Jean-Marc Nollet, Olivier De Schutter et Pierre Santacatterina

Le développement durable est d'une impérieuse nécessité au XXIe siècle. Parce qu'une économie qui dégrade les écosystèmes de la Terre n'est pas une politique responsable. Et qu'une économie qui produit une inégalité abyssale entre classes n'est pas une politique éthique. L'économique du XXIe siècle est une pseudo-science, incompétente à guider l'économie durable, mais elle est socialement dominante. Le citoyen rebelle doit refuser d'être privé de démocratie par des économistes arrogants. Ce livre décrit les conditions pour réussir la révolution scientifique et la révolution politique de l'économie durable.

(Coll. Les Impliqués, 264 p., 27 euros)

ISBN : 978-2-343-15142-7, EAN EBOOK : 9782140100864

MARX : LIMITES D'UNE OEUVRE INACHEVÉE

Conséquences historiques

Pierre Roubaud

La science est inachevée comme l'Histoire. Tout au long de notes de lectures éparses sur des textes de

Marx et divers auteurs de sa postérité, Pierre Roubaud pense avoir démontré que Marx s'est contredit et trompé sur des questions théoriques importantes.

(Coll. Questions contemporaines, 254 p., 26,5 euros)

ISBN : 978-2-343-15266-0, EAN EBOOK : 9782140099076

QUAND LES STATISTIQUES MINENT LA FINANCE ET LA SOCIÉTÉ

Risque, responsabilité et décision

Sylvestre Frézal

Face à l'incertitude, les outils statistiques aident à décider et à se justifier. Mais ils biaisent notre perception, dégradent la qualité de la prise de décision et déresponsabilisent. Cet ouvrage montre que les outils de quantification des risques sont issus de la transposition illégitime et mal maîtrisée des concepts statistiques depuis un champ où ils avaient du sens vers un domaine où ils n'en ont pas. Il détaille plusieurs cas d'école, montrant comment l'économie et la finance se fourvoient et expliquant pourquoi la société est incapable d'appréhender le risque. Surtout, ce livre permet d'identifier les limites de ces outils et propose une alternative.

(Coll. L'esprit économique, 162 p., 17,5 euros)

ISBN : 978-2-343-15216-5, EAN EBOOK : 9782140098581

LA DÉPRÉCIATION DU FRANC CONGOLAIS (2001-2018)

Effet d'hystérèse

Blaise Sary Ngoy

Ce livre aborde la dépréciation à répétition du franc congolais, caractérisée par l'effet d'hystérèse. Il affirme qu'aucune politique monétaire ou budgétaire ne peut porter des fruits dans le contexte actuel, car la monnaie représente la santé de l'économie. Elle est malade. Tant que celle-ci souffre, la valeur de la monnaie reflète ces maux. L'auteur suggère de soigner le virus qui ronge cette économie. La stabilité de la monnaie ira de soi, dès lors que les réformes structurelles permettent l'équilibre de ses fondamentaux.

(Coll. Études africaines, 240 p., 24,5 euros)

ISBN : 978-2-343-14982-0, EAN EBOOK : 9782140098482

BOMB "N": RESSOURCES, MYSTERIES AND OPPORTUNITIES OF THE CONGO BASIN

Advocacy of Denis Sassou N'Guesso for the protection of the planet

The green vision reviewed and deepened

Michel Innocent Peya

this book is devoted to the Congo basin, the second largest reserve in the world: its natural ressources, its mysteries, legal and institutional framworks, national, subregional and international levels that protect it. The basin of Congo is an African opportunity for the whole world. its preservation and its protection over time are an action of conscience, will, commitment, determination ans sacrifies for the benefit of humanity.

(268 p., 28 euros)

ISBN : 978-2-343-15595-1, EAN EBOOK : 9782140098154

MOSAICA JAPONICA

Lecture Culturelle du Japon socio-économique

Philippe Huysveld

Préface d'André Jaumotte

La mondialisation croissante de ces dernières années conduit le manager, tout comme le citoyen du monde, à faire l'effort de comprendre et d'accepter la pensée de l'autre. L'objectif de cet ouvrage à caractère socio-économico-culturel s'inscrit dans cette démarche et consiste à amorcer une réflexion en profondeur sur les liens et les analogies entre l'économique et le culturel au Japon.

(210 p., 22,5 euros)

ISBN : 978-2-343-15309-4, EAN EBOOK : 9782140097539

INITIATION À LA RECHERCHE EN SCIENCES ÉCONOMIQUES

Guide de travail des masters et doctorats

Mathias Marie Adrien Ndinga

Préface Moustapha Kasse

Cet ouvrage, qui n'a pas la prétention de proposer une panacée, est un outil pour gouverner les premiers pas des étudiants chercheurs dans l'univers de la méthodologie de recherche. Les étudiants en sciences économiques trouveront en cet ouvrage un outil d'accompagnement dans la rédaction de leur mémoire de master ou leur thèse de doctorat.

(128 p., 14,5 euros)

ISBN : 978-2-343-14290-6, EAN EBOOK : 9782140096860

LA CHAMBRE DE COMMERCE ET D'INDUSTRIE DE CÔTE D'IVOIRE

Pouvoir économique et instrument politique (1908-2008)

Tanoh Raphaël Bekoin

La Chambre de commerce et d'industrie de Côte d'Ivoire a accompagné l'histoire de ce pays sur près d'un siècle. Elle a régenté pratiquement la vie économique de la Côte d'Ivoire pendant et après la colonisation. Après l'indépendance de 1960, la Chambre de commerce fut reformée par l'Etat et joua un rôle important dans l'animation de la vie économique. Elle est demeurée pendant un siècle le baromètre de la vie économique ivoirienne.

(Coll. Études africaines, 536 p., 49 euros)

ISBN : 978-2-343-14008-7, EAN EBOOK : 9782140096259

L'ÉMERGENCE DE L'EMPIRE RUSSE

L'Europe byzantine jusqu'à Catherine II

Jean-Paul Guichard

L'émergence de l'Empire russe est le premier opus d'un ensemble de trois ouvrages présentant l'histoire et la géopolitique de l'Europe byzantine du cinquième siècle à aujourd'hui. Le divorce religieux entre Rome et Constantinople est un élément essentiel de la coupure de l'Europe, entre l'Occident et l'Orient dont le substrat religieux est orthodoxe. Avec la chute de Constantinople et alors que les Balkans passent sous domination ottomane, Moscou s'affirme comme la Troisième Rome, la Russie étant la principale héritière du monde byzantin. Débarrassée de la domination turco-mongole, elle devient, au dix-huitième siècle, un empire puissant ouvert sur l'Europe et le monde.

(Coll. Questions contemporaines, 248 p., 26 euros)

ISBN : 978-2-343-15327-8, EAN EBOOK : 9782140096204

POLITIQUES MONÉTAIRE ET DE CHANGE

Le franc CFA, un choix optimal pour l'Union monétaire ouest-africaine ?

Bassambié Franck Bationo

Préface d'Adama Diaw

Ce livre expose les grands principes de gouvernance des banques centrales, la pertinence du choix des régimes de change, les stratégies de mise en oeuvre de la politique monétaire commune, les résultats obtenus ainsi que les perspectives envisageables pour l'Union monétaire ouest-africaine (UMOA). Il est le fruit d'une réflexion issue d'une longue expérience dans la pratique, l'analyse et la recherche économique, monétaire et financière.

(Coll. Études africaines, 322 p., 33 euros)

ISBN : 978-2-343-15108-3, EAN EBOOK : 9782140096037

Structures éditoriales du groupe L'Harmattan

L'Harmattan Italie
Via degli Artisti, 15
10124 Torino
harmattan.italia@gmail.com

L'Harmattan Hongrie
Kossuth l. u. 14-16.
1053 Budapest
harmattan@harmattan.hu

L'Harmattan Sénégal
10 VDN en face Mermoz
BP 45034 Dakar-Fann
senharmattan@gmail.com

L'Harmattan Cameroun
TSINGA/FECAFOOT
BP 11486 Yaoundé
inkoukam@gmail.com

L'Harmattan Burkina Faso
Achille Somé – tengnule@hotmail.fr

L'Harmattan Guinée
Almamya, rue KA 028 OKB Agency
BP 3470 Conakry
harmattanguinee@yahoo.fr

L'Harmattan RDC
185, avenue Nyangwe
Commune de Lingwala – Kinshasa
matangilamusadila@yahoo.fr

L'Harmattan Congo
67, boulevard Denis-Sassou-N'Guesso
BP 2874 Brazzaville
harmattan.congo@yahoo.fr

L'Harmattan Mali
Sirakoro-Meguetana V31
Bamako
syllaka@yahoo.fr

L'Harmattan Togo
Djidjole – Lomé
Maison Amela
face EPP BATOME
ddamela@aol.com

L'Harmattan Côte d'Ivoire
Résidence Karl – Cité des Arts
Abidjan-Cocody
03 BP 1588 Abidjan
espace_harmattan.ci@hotmail.fr

L'Harmattan Algérie
22, rue Moulay-Mohamed
31000 Oran
info2@harmattan-algerie.com

L'Harmattan Maroc
5, rue Ferrane-Kouicha, Talaâ-Elkbira
Chrableyine, Fès-Médine
30000 Fès
harmattan.maroc@gmail.com

Nos librairies en France

Librairie internationale
16, rue des Écoles – 75005 Paris
librairie.internationale@harmattan.fr
01 40 46 79 11
www.librairieharmattan.com

Librairie l'Espace Harmattan
21 bis, rue des Écoles – 75005 Paris
librairie.espace@harmattan.fr
01 43 29 49 42

Lib. sciences humaines & histoire
21, rue des Écoles – 75005 Paris
librairie.sh@harmattan.fr
01 46 34 13 71
www.librairieharmattansh.com

Lib. Méditerranée & Moyen-Orient
7, rue des Carmes – 75005 Paris
librairie.mediterranee@harmattan.fr
01 43 29 71 15

Librairie Le Lucernaire
53, rue Notre-Dame-des-Champs – 75006 Paris
librairie@lucernaire.fr
01 42 22 67 13

www.ingramcontent.com/pod-product-compliance
Lightning Source LLC
LaVergne TN
LVHW011256061026
849535LV00005B/1277
* 9 7 8 2 3 4 3 1 6 5 0 9 7 *